臺灣歷史與文化 研究輯刊

初 編

第 3 冊

臺灣海東四子研究（下）

楊明珠 著

花木蘭文化出版社

國家圖書館出版品預行編目資料

臺灣海東四子研究（下）／楊明珠 著 ── 初版 ── 新北市：花
木蘭文化出版社，2013〔民 102〕
目 2+188 面：19×26 公分
（臺灣歷史與文化研究輯刊 初編：第 3 冊）
ISBN：978-986-322-256-9（精裝）
1. 臺灣文學　2. 文學評論
733.08　　　　　　　　　　　　　　　　　　102002940

ISBN-978-986-322-256-9

9 789863 222569

臺灣歷史與文化研究輯刊
初　編　第三　冊

ISBN：978-986-322-256-9

臺灣海東四子研究（下）

作　　者　楊明珠
總 編 輯　杜潔祥
出　　版　花木蘭文化出版社
發 行 所　花木蘭文化出版社
發 行 人　高小娟
聯絡地址　235 新北市中和區中安街七二號十三樓
　　　　　電話：02-2923-1455／傳真：02-2923-1452
網　　址　http://www.huamulan.tw 信箱 sut81518@gmail.com
印　　刷　普羅文化出版廣告事業
初　　版　2013 年 3 月
定　　價　初編　30 冊（精裝）新台幣 60,000 元

臺灣海東四子研究（下）

楊明珠　著

目次

上 冊

第一章 緒 論 ……………………………………………… 1
　　第一節 「臺灣海東四子」義界 …………………………… 1
　　第二節 研究動機與目的 …………………………………… 10
　　第三節 研究資料的範圍與目前研究成果檢討 …………… 14
　　第四節 研究方法與研究目的 ……………………………… 19
第二章 海東四子的生平與著作 …………………………… 27
　　第一節 施士洁的生平與著作 ……………………………… 27
　　第二節 許南英的生平與著作 ……………………………… 37
　　第三節 丘逢甲的生平與著作 ……………………………… 47
　　第四節 汪春源的生平與著作 ……………………………… 59
第三章 海東四子的形成與變化 …………………………… 65
　　第一節 海東四子的形成背景 ……………………………… 65
　　第二節 海東四子的形成 …………………………………… 83
　　第三節 海東四子的變化 …………………………………… 88
第四章 海東四子的交游與活動方式 ……………………… 113
　　第一節 施士洁的交游 ……………………………………… 113
　　第二節 許南英的交游 ……………………………………… 119
　　第三節 丘逢甲的交游 ……………………………………… 123
　　第四節 汪春源的交游 ……………………………………… 126
　　第五節 交游活動方式 ……………………………………… 127

中 冊

第五章 海東四子的詩觀 …………………………………… 157
　　第一節 晚清的詩史精神 …………………………………… 157
　　第二節 臺灣的樂府風潮 …………………………………… 162
　　第三節 海東四子的詩觀 …………………………………… 168
　　第四節 海東四子的新樂府 ………………………………… 182
第六章 創作藝術的時代特徵 ……………………………… 191
　　第一節 形式上的特徵 ……………………………………… 191
　　　　一、體 製 ……………………………………………… 192
　　　　二、組 詩 ……………………………………………… 194
　　　　三、序、引 ……………………………………………… 207
　　　　四、長 題 ……………………………………………… 221

　　　五、詩　注 ······················· 229
　　第二節　散文化的風格 ··············· 242
　　　一、以文爲詩 ····················· 244
　　　二、以賦爲詩 ····················· 260
　　　三、議論爲詩 ····················· 269
　　第三節　作品語言的時代特徵 ········· 281

下　冊
第七章　作品內容的時代意識 ············· 301
　　第一節　政權更迭下的省思 ··········· 301
　　　一、施士洁的認同傾向 ············· 305
　　　二、許南英的認同傾向 ············· 310
　　　三、丘逢甲的認同傾向 ············· 318
　　　四、汪春源的認同傾向 ············· 325
　　第二節　西方的衝擊及反省 ··········· 327
　　　一、海東四子與西學接觸的環境 ····· 327
　　　二、海東四子面對西學的態度 ······· 334
　　　三、海東四子接觸西學的內容 ······· 341
　　　四、對傳統思想、文化的反省 ······· 357
　　第三節　世變中的人世關懷 ··········· 374
　　　一、國內政治的問題 ··············· 375
　　　二、外權入侵的問題 ··············· 383
　　　三、社會民生的問題 ··············· 393
　　第四節　季世裡的自我影像 ··········· 405
　　　一、施士洁 ······················· 408
　　　二、許南英 ······················· 416
　　　三、丘逢甲 ······················· 425
　　　四、汪春源 ······················· 436

第八章　結　論 ························· 439

引用文獻及參考文獻 ····················· 445

附　錄 ································· 461
　附錄一　時事年表 ····················· 461
　附錄二　海東四子年表 ················· 469
　附錄三　海東四子長題詩作統計表 ······· 481

第七章　作品內容的時代意識

第一節　政權更迭下的省思

　　人們藉著通過對歷史事實的選擇、重組與遺忘，以強化人群組合的凝聚，並形成族群的認同；在社會環境變遷導致人群利益關係重整之後，人們又再一次以選擇、重組與遺忘的歷史記憶，來強化人群組合的凝聚，並形成族群的認同；這就是族群認同所以變遷的主要因素。而一個人是如何去選擇、創造、重組及遺忘過去歷史，以形成其個人之認同，是在血緣關係、政治社會、鄉土地域、家庭背景、教育環境、個人遭逢、現實利益，以及對未來的預期等各種因素互相牽制影響而產生出來的；因此，即便是共同生活在同一時空之下，有其共有的歷史記憶的人群之間，卻也存在著認同對象、認同範圍不同，以及認同程度差異的複雜多樣現象。這種現象，在受到異族侵略、改朝換代，以及歷史發展變遷頻繁急劇的社會裡更是明白顯著。〔註1〕

　　明清改朝換代之際，王船山等人提出強烈的「夷夏之防」思想，並且蔚為風潮，希望藉此號召漢人起而反滿；滿清入主中原之後，展開禁毀書刊、興文字獄等強制行動，再以推動儒學教育、科舉功名來收攏文士，這一連串的行動，逐漸抹煞了人們有關換代之際滿、漢之爭的歷史記憶；到了後來，

〔註1〕　見羅久蓉：〈救亡陰影下的國家認同與種族認同〉、李國祁：〈滿清的認同與否定——中國近代漢民族主義思想的演變〉、王明珂：〈過去、集體記憶與族群認同：臺灣的族群經驗〉，皆收入中央研究院近代史研究所主編：《認同與國家：近代中西歷史的比較論文集》（臺北：中央研究院近代史研究所，1994年6月）。

「夷夏之防」的觀念慢慢淡薄，傳統知識分子並視滿清朝廷為當然的中央政權而為之效命了。所以，隨著滿人入主中原時間日久，漢滿之間融合日愈加深，夷夏之防的想法也就日愈消失於無形。到了道光、咸豐年間，西方列強入侵，「夷夏之防」說法再次盛行，不過，此時之「夷」指的是西方列強。當時的中國知識分子視種族、文化皆不同的西方人為「夷」，但也不得不承認西方船堅礮利之勝，因此而有魏源「師夷長技以制夷」的主張，之後，又有張之洞「中學為體，西學為用」的理論，他們主張學習西人長處，以追求國家的富強壯大；這些運動推動目的所欲富欲強的「國」，指的都是滿清朝廷；一直到光緒年間的康有為、梁啓超發起的維新運動，仍是以「保皇」為目標，仍是以滿、漢為一體的。但是，甲午戰敗、庚子拳亂、日俄在中土爭戰、立憲一再延遲……等事件接連著發生，清廷愈顯得顧頇無能，人民對清廷的不滿也就越加積累，再加上新學培養出來的新知識分子有更為強烈的國家民族意識，為避免中國被列強瓜分，「排滿」的思想也就日益盛行。事實上，光緒二十年（1894）孫中山成立興中會，以「驅除韃虜，恢復中華，建立合眾政府」為誓詞，就傳達出滿、漢並非一體的思想，只是當時風氣未開，支持者不多；但是到了晚清，滿清政權在現實上的挫敗，使得新知識分子在思考如何追求國家富強的前景時，接受了西方傳入的現代國家觀念，已不再把「國」和滿族政權視為一體，並試圖恢復被滿清壓抑了數百年的漢族歷史記憶，如章太炎於光緒三十一年（1905）創立國學保存會，主張「以國粹激勵種性」，即是藉發揚漢民族之語言、歷史等屬於漢族的歷史記憶，來區分漢、滿的分別；〔註2〕鄒容在《革命軍》一書中，更是直截而強烈地提出「非排滿無法興國」的想法。一般人民也因顧及本身的利益，對清政府在商戰、鐵路國有、中美工約風潮等一連串事件中的不當處置反感，轉而支持革命主張，排滿、覆滿之漢民族主義思想也就如燎原之火展開了。

　　至於海東四子的故鄉——臺灣，其開墾經營始自鄭成功父子，在三百多年來急劇轉變的歷史發展中，臺灣人民的認同因政局變易頻繁而有著普遍性的困惑及焦慮，也因人群認同對象的轉化差異而產生許多的矛盾及衝突，引發多次的械鬥、民變、爭戰，造成臺灣社會浮動與不安。

　　鄭成功經營臺灣以求恢復明朝的勤王大業雖然失敗，但他的赤膽丹心與

〔註2〕　王汎森：〈清末的歷史記憶與國家建構〉，收入《中國近代思想與學術的系譜》（臺北：聯經出版事對有限公司，2003 年 6 月），頁 97。

磅礴氣魄留下千古英名，後人瞻仰祭拜不絕，一直到光緒朝，臺灣文士對鄭成功的忠義精神仍稱頌不斷。〔註3〕康熙皇帝亦承認鄭成功的地位，明詔宣示：「成功為明室遺臣，非朕之亂臣賊子。」光緒元年（1875），沈葆禎應臺灣人民之請，奏建延平郡王祠，並撰聯頌讚云：「開萬古得未曾有之奇，洪荒留此山川，作遺民世界。極一生無可如何之遇，缺陷還諸天地，是創格完人。」鄭成功為臺灣人民留下遺民忠義精神的最佳典範。

　　鄭氏部將施琅與鄭成功決裂，並在投靠清廷之後，於康熙二十二年（1683）率軍攻打在臺的鄭氏政權，後受封為靖海將軍。施琅入臺時有「為國家事重，不敢顧私」的考量，因此未快意誅殘；清領臺灣之後，施琅在清廷君臣以臺灣險遠欲墟其地時，提出「臺地不可棄狀及寬減賦額」的奏議，所以，說起來他對臺灣的發展是有所助益的；但正如他自己所自言的，領清兵攻陷臺灣乃「滅國之罪」，〔註4〕所以他留下的是「叛臣」的形象，再且，施琅之後並未能有積極建議以建設臺灣，因此未能得到臺人對他的肯定，如連橫將之與宋張宏範並比，並加以抨擊貶抑。〔註5〕

　　在清領時期，臺灣人民的認同，或有歸向明朝，或有歸向清朝。清廷在取得臺灣後，先是設立一府三縣推動建設，接著成立學校、設定科舉名額，有力地在臺灣促成以中華文化為主要內涵的臺灣內地化，也加深了臺灣知識分子對清廷的向心力。但事實上，康熙、乾隆年間的「朱一貴、林爽文等之起事，皆以光復為號召；漢官威儀，一時重見」；〔註6〕道光、咸豐時之李石、林恭之變，則大書「興漢滅滿」為旗幟；〔註7〕而「家居此二百數十年矣」的連橫家族，仍以明朝為「故國」，故「自我始祖興位公以至我祖、我父，皆遺

〔註3〕 如洪棄生前後兩篇〈鄭成功論〉長文，收入《寄鶴齋選集》（臺灣：臺灣銀行經濟研究室，1972年8月），頁1、頁97。林朝崧〈謁延平王祠〉，收入《無悶草堂詩存》（臺灣：臺灣銀行經濟研究室，1960年2月），頁89。連橫《臺灣通史》、《雅堂文集》、《雅言》等書中，一再稱譽鄭成功「精忠大義」、「保正朔於東都」、並「尊延平於本紀，稱曰建國」。

〔註4〕 黃典權等編纂：《重修臺灣省通志・人物志》（南投：臺灣省文獻委員會，1998年6月），頁246～頁250。

〔註5〕 連橫《雅言》：「夫琅為鄭氏部將，得罪歸清；遂藉滿人，以覆明社，其罪大矣！昔宋張宏範為元滅宋，刻石崖山，大書『張宏範滅宋於此』。至明陳白沙先生過其地，為加一字，曰『宋張宏範滅宋於此』。一字之貶，嚴於斧鉞；雖有孝子慈孫，百世不能改也。」（臺灣：臺灣銀行經濟研究室，1963年2月），頁69。

〔註6〕 連橫：《雅言》，頁76。

〔註7〕 連橫：《臺灣詩乘》（臺北：臺灣銀行經濟研究室，1960年1月），頁180。

命以明服殫」。〔註8〕所以說，臺灣人民的「漢民族意識」，在不同的時期、對不同的人而言，其所指稱的對象也有所不同。

同時，我們也要注意到臺灣人民「臺灣意識」的發展。在清領早期，臺灣的械鬥事件多以閩粵、漳泉爲名，就這個情形來看，那時的臺灣移民仍多以大陸的祖籍爲認同對象，尚未產生「臺灣意識」。但是，自道光三十年（1850）開始，情形有了改變，如苗栗葉阿來事件是客家人之間的械鬥；後來又有同是泉州人的清水、大甲械鬥事件；再來又有同是漳州人的羅東、宜蘭械鬥事件，這些都是以臺灣居住地爲認同對象的械鬥事件。這說明了這時的臺灣人民的認同發展出不同的認同層次，在祖國、祖籍之外，又多了「臺灣意識」，這是一種地方意識，認同的對象是臺灣這一片土地，因爲這是他們成長的故鄉，這種「在地意識」與政治無關，卻是臺灣社會「土著化」發展成功的證明。〔註9〕

日本佔領臺灣的初期，臺灣人民將清朝視爲父母之國，並以之爲認同對象；在民國元年之後，中華民國則成爲臺灣人民心目中的祖國；而不論是在早期以清廷爲認同對象，或在後期以中華民國爲認同對象，都是臺灣人民「民族意識」的自覺，其目的在於強化區分己身與日本有別的「夷夏之防」思想。乙未割臺之後，無論是內渡大陸或留在臺灣，臺灣人民普遍有「棄地遺民」之慨嘆，家鄉臺灣淪爲日本的殖民地，是他們生命中永久的烙印；至於佔領這塊土地的日本人在他們眼中是外來的入侵者，是「夷」。即使在臺灣割讓四十年之後，日人仍深感到臺灣居民之「漢民族意識」深不可拔，又因臺灣和福建、廣東只有一衣帶水之隔，往來頻繁，「故其以支那爲祖國的情感難於拂拭」。因此，在日本殖民威權限制之下，以及與祖國頻密的接觸，臺灣人民在身份認同的追索過程中「臺灣意識」更爲強烈。不過，在日本的威嚇與拉攏之下，也有一些臺灣人民歸順。

對日本的態度，在中國的情況又與在臺灣的情形不同。在國家意識與人種觀念及進化論思想的糾結混雜之下，中國人民一方面視日本爲敵，擔憂日本的侵略造成國家滅亡，另一方面卻又認爲中、日兩國「同文同種」，所以日

〔註8〕 連橫：《雅言》，頁76。

〔註9〕 李亦園：〈評當代知識分子的「鄉土意識」〉，收入中國論壇編輯委員會主編：《知識分子與臺灣發展》（臺北：中國論壇雜誌出版，1989年10月），頁216。陳其南：〈社會分類意識與土著化〉、〈論清代漢人社會的轉型〉，收入《臺灣的傳統中國社會》（臺北：允晨文化股份有限公司，1987年3月），頁92、頁159。

本在日俄戰爭的勝利，間接證明了中國強盛的可能。因此，在日本帝國主義勢力入侵中國的同時，中國到日本學習的留學生人數卻也與日俱增。〔註 10〕這種矛盾現象，正說明了處在這轉變劇烈時代的人們在認同問題上所遭逢的困惑與多歧性。

　　海東四子正是處在這轉變劇烈的晚清時期，在一連串的政局變化、文化衝擊的過程中，必須面對家國認同的困境，並且思考如何做出抉擇；尤其，在臺灣割讓給日本之後，海東四子被迫離開家鄉內渡到大陸，這個「棄地遺民」的身份，在四子的認同追尋過程中，更增添了一番曲折。臺灣海東四子的身份認同，有著怎樣的曲折轉化？這是這一節所要分析的。

一、施士洁的認同傾向

　　施士洁家族是在他祖父那一代來臺灣定居的，他在〈司訓立軒盧公家傳〉一文中說：「自予先王父僑籍七鯤，與盧氏衡宇比者，蓋三世矣。」〔註 11〕那時，清廷在臺灣建立政權已有一百多年的時間，「夷夏之防」的觀念已逐漸淡化，這對施士洁在認同選擇時是有所影響的；而影響最大的決定因素應該是他身爲施琅後代的身份。他肯定施琅攻克臺灣的戰績，認爲施琅東征成功乃得神助，也曾多次表示身爲施琅後代的榮傲。〔註 12〕他在〈和同年易哭菴觀察「寓臺詠懷」〉詩裡說：「泣呼靖海先襄壯，千載英靈起怒潮。」〔註 13〕又在〈盧用川齮尹以墨拓魏碑、壽山石印相貽，作此謝之，兼柬其尊甫坦公〉詩中說：「昔年吾家靖海建節處，短衣長揖軍門來。」〔註 14〕〈疊前韻〉詩中亦云：「遺民幾見尊韋复？忘祖何辭咎籍談（先靖海侯襄壯公功德在臺，滄桑以後，令人有今昔之感）。」〔註 15〕「建節」、「功德在臺」這些詞語，明白顯示出施士洁對施琅的肯定及崇仰態度。

〔註 10〕 羅久蓉：〈救亡陰影下的國家認同與種族認同〉，收入中央研究院近代史研究所編：《認同與國家：近代中西歷史的比較論文集》（臺北：中央研究院近代史研究所，1994 年 6 月），頁 69。
〔註 11〕 施士洁：《後蘇龕合集》，頁 433。
〔註 12〕 施士洁〈臺灣北港增修朝天宮碑記〉：「吾先靖海侯襄壯公平臺時，尤護神之助順。」《後蘇龕合集》，頁 372。他也一再提及自己爲施琅後代的身份，如〈老去〉云：「七鯤水已經三淺，何況當年靖海孫。」《後蘇龕合集》，頁 256。
〔註 13〕 施士洁：《後蘇龕合集》，頁 74。
〔註 14〕 施士洁：《後蘇龕合集》，頁 190。
〔註 15〕 施士洁：《後蘇龕合集》，頁 197。

　　由於對施琅的肯定，因此，施士洁稱鄭成功為「割據者」，〔註16〕在提到鄭成功復臺的史事時，說那些煙消雲散的往事只是助興談話的傳說而已：「草雞漫話前朝事（鄭成功有草雞之讖），半日茶禪品趙州。」〔註17〕又說那些空留遺憾的事蹟只是詩作的題材而已：「鹿耳鯤身水一方，草雞仙去霸圖荒！茫茫天地此煙景，寂寂江山空夕陽！不覺目隨高鳥遠，悠然心引片雲長。園林到處供詩料，誰弔瀛南古戰場？」〔註18〕他對施琅、鄭成功的評價，在他「宗風靖海思先烈，落日延平弔古魂」〔註19〕二句詩中就已表露無遺。

　　臺灣割讓給日本，施士洁被迫離臺，幾年之後，他寫下〈榕城除夕夢臺南明延平郡王祠古梅〉一詩：

> 草雞夜鳴七鯤穴，怒潮幾度變成血：中有寒香三百年，年年花開傲紅雪。憶昔婆娑洋未通，蠻烟瘴雨猶鴻濛；那有然犀到牛渚，更無仗劍入蛟宮。自從夾板荷蘭駛，鑿齒雕題皆赤子，扶餘國未王張骨，巿分城已築徐市。此花生長古蓬萊，曾見昆明萬劫灰。栟櫚南海訶陵種，楊柳金城元子栽。一朝冠帶騎鯨至，異姓王封牛革地。桔秩門高赤手開，蒜茶井在紅毛避。於今老幹幾滄桑，剩有芳祠弔夕陽。赤嵌鹿耳伯圖盡，紫色鼃聲閏位亡。紛紛草竊□尚有，朱林張戴亂梟首（朱一貴、林爽文、張炳、戴萬生）。武陵桃笑世人迷，白社蓮為方外友。蜃樓一瞥又飛煙，獨樹亭亭冷可憐。翠羽縞衣雜荊棘，冰肌玉骨染腥羶。我與梅花相伯仲，餘生已斷羅浮夢。銅缾紙帳泣飄零，塵中何處遁仙洞？〔註20〕

　　施士洁在詩中將延平郡王祠裡栽種的古梅與臺灣三百年來的歷史發展交相疊寫，以古梅「於今老幹幾滄桑」來映襯臺灣人民在政權更迭之下的顛沛流離；詩末，施士洁將自己家山淪陷、流離飄泊的遭逢，與古梅「蜃樓一瞥

〔註16〕 施士洁〈游開元寺次拙菴韻〉：「何年割據者，留此招提跡？羈業久煙塵，空門長歲月。」《後蘇龕合集》，頁36。〈臺灣雜感和王蔛畇孝廉韻，胡鎔華太守同作〉：「闉闍門高割據來（鄭氏改安平門曰『闉闍』，以春秋鄭國有此門也）」《後蘇龕合集》，頁53。

〔註17〕 施士洁：〈浴佛前一日，唐維卿廉訪招同倪耘太令、楊稺春孝廉、張漪菉廣文、熊瑞卿上舍、施幼笙茂才遊竹溪寺，次廉訪韻〉，《後蘇龕合集》，頁52。

〔註18〕 施士洁：〈登赤嵌樓望安平口〉，《後蘇龕合集》，頁51。

〔註19〕 施士洁：〈感懷用前韻答辛陔〉，《後蘇龕合集》，頁50。

〔註20〕 施士洁：《後蘇龕合集》，頁87。這首詩曾於明治35年2月28日時刊載在《臺灣日日新報》上，也就是光緒二十八年時，此詩的寫作時間應在此之前。

又飛煙，獨樹亭亭冷可憐。翠羽縞衣雜荊棘，冰肌玉骨染腥羶」的形象並疊，強調身為臺灣遺民的痛楚。雖然「一朝冠帶騎鯨至，異姓王封牛革地。桔秩門高赤手開，桸茶井在紅毛避」這些話是比較正面地談到鄭成功，不過，「赤嵌鹿耳伯圖盡，紫色鼃聲閏位亡」這兩句，仍是貶抑鄭氏在臺的建設。宣統三年他在〈寄答基隆石坂文庫主人日本石坂莊作〉中說：

草雞銜鼠拍水鳴，橫飛鹿耳騎神鯨。

郡王原是秀才爾，讀書種子真文明。

吾家靖海奮貔虎，手挈黃圖歸聖武。

二百餘年教養兼，聞說海濱號鄒魯。〔註21〕

施士洁在這幾句詩裡將鄭成功與施琅在臺推動文教的成就並比，終究說來，也還是認為自己的先祖施琅對臺灣的造福要多過鄭成功。由於對施琅抱持著肯定的態度，因此，施士洁對清廷的認同程度也要比較高。光緒九年間，法國染指中國藩屬國越南，中、法因此在越南開戰，清軍戰捷的消息傳到臺灣，施士洁興奮寫下〈越南聞捷，與祁莘垞同年夜談聯句〉、〈疊前韻〉等詩，對當時的輔臣疆將讚賞有加：

狼烽關外飛，忍令英雄老？劉（三宣副提督永福）馬（建威將軍培之忠）與吳（建威將軍鏡堂永安）丁（振威將軍衡三槐），毅然申天討。太原出奇兵，殺敵如斬草。法夷膽盡寒，勢潰壓山倒。去甲復拋戈，淒風動蒼昊。燕雀處幕中，豈足供一掃？遠涉笑徒勞，所性實輕燥。〔註22〕

他稱頌慈禧「我后燭萬里」，〔註23〕對於被派遣到臺治軍防備的劉銘傳、張幼樵更是期待甚殷：

茫茫毘舍耶，豺狼久當道。星駕幸觀止，痌瘝想在抱。

整率首官吏，優劣細探討。庶機申伯歌，其風仍肆好。

芻蕘倘見采，古治追軒昊。〔註24〕

施士洁對清廷全然的接受，因此，對於朱一貴、林爽文、戴萬生等人的

〔註21〕施士洁：《後蘇龕合集》，頁193。

〔註22〕施士洁：〈越南聞捷，與祁莘垞同年夜談聯句〉，《後蘇龕合集》，頁320。

〔註23〕施士洁：〈聞劉省三爵帥到臺，張幼樵星使到省有感，仍用前韻〉，《後蘇龕合集》，頁321。

〔註24〕施士洁：〈聞劉省三爵帥到臺，張幼樵星使到省有感，仍用前韻〉，《後蘇龕合集》，頁321。

起事，皆冠以「亂」、「反」，對率兵平靖事件的將領則稱以「忠烈」。〔註25〕

光緒二十一年乙未割讓臺灣，對於朝廷無能，簽約割臺，臺灣人民又抗日失利，施士洁滿懷深沉的悲痛與憤慨：

援絕臺城渺紙鳶，奄嵫斜日薄虞淵！

神州劫重將陸沈，杞國憂深或墜天！

未向楚師加矢一，似聞秦賦罰鍰千。

紅毛樓上空回首，十萬人家冷竈煙！〔註26〕

「矧茲憂患身，虎口餘生□，田廬既兵燹，眷屬復疫癘」〔註27〕的施士洁內渡大陸廈門，自此開始他顛沛流離的生涯，但是，他責怪的是與日本議和簽約的李鴻章，「尚方願賜微臣劍，先斬和戎老檜頭」，〔註28〕對於無能護衛東南疆土的清廷卻毫無怨懟：

仰體皇仁暫止戈，那知東海又揚波。

臣衷自矢拌孤注，戎柄何堪倒太阿。〔註29〕

一直到了光緒二十八、九年，在經歷了戊戌政變、八國聯軍、列強分地強租諸事之後，施士洁對時局憂心重重，「時局艱危不忍聞」、「況談時局鼻常酸」，但仍對清廷有十足的信靠，反對革命黨員的起事：

吾華今已無神權，封建之制亦蕩然；地廣人稠政懦緩，刑寬稅薄民

安便。豈有風潮由內激，無病而呻徒自惑。亂人藉口愛同胞，一飲

狂泉天地黑。噫吁嘻！前車既覆鑒者誰，國民教育知不知？〔註30〕

民國成立後，施士洁的遺民身份多了另一層意涵──清朝遺民。或許因為反對革命，施士洁並未在詩作中提及革命黨的發展，對當時政局的風雲變化也沒有太多的敘述；但是民國成立之後，他多次感慨「心跡略同前進士，頭銜合署古先生」〔註31〕、「今日遺民前進士，墜天何與杞人憂」，〔註32〕並

〔註25〕 施士洁〈榕城除夕憶臺南明延平郡王祠古梅〉：「紛紛草竊□尚有，朱林張戴亂梟首（朱一貴、林爽文、張炳、戴萬生）。」《後蘇龕合集》，頁87。施士洁〈諸羅忠烈羅參戎祠〉：「『鴨王』飼鴨兼飼賊，手弄鯤洋成鴨國。」、「參戎一躍入賊圍，大節牾完而已矣！……咄哉安平咫尺五忠祠，忠魂歷劫千載誰得知（安平鎮有『五忠祠』，亦公同時殉此難者，今妃矣）！」《後蘇龕合集》，頁147。

〔註26〕 施士洁：〈和哭菴「續寓臺詠懷」〉，《後蘇龕合集》，頁75。

〔註27〕 施士洁：〈贈蘇次杉明府〉，《後蘇龕合集》，頁84。

〔註28〕 施士洁：〈感時示諸將和陳仲英廉訪韻〉，《後蘇龕合集》，頁71。

〔註29〕 施士洁：〈瀛南軍次再疊前韻示同事諸子〉，《後蘇龕合集》，頁72。

〔註30〕 施士洁：〈法蘭西國大革命歌〉，《後蘇龕合集》，頁139。

〔註31〕 施士洁：〈衛齋書感〉，《後蘇龕合集》，頁205。

未改變自己清朝科宦出身的身份認同；面對日新月異的新時代，他總是感嘆：「休怪老民頑到底，問誰宜古復宜今」、〔註33〕「吾國少年吾老矣，忍拋舊學說新書」；對於民國新政局也沒有多少寄望：「政界風潮到處生，泮橋面首聽鵬聲。名場自昔譏狼藉，世道於今失鵠正。」〔註34〕、「鶉維窮土看天醉，蟾魄離弦惜月諸。極目神州荊棘遍，讓兒撞壞好家居。」〔註35〕尤其，當南北軍閥爭戰連年，使得人民淪落水火幾至無以為生之際，施士洁對於當政者更是怨怪連連，他在民國七年寫下〈戊午除夕〉一詩，大肆抨擊為政者的不力：

> 無吏不殃民，無兵不比匪、無身不遭劫，無家不被燬。……高牙大
> 纛爾何人？肉食乘軒識者鄙！漁人一綱在其旁，看爾相持鷸蚌死。
> 〔註36〕

日本佔領臺灣之後，總督府採籠絡政策誘使內渡者返臺，有些內渡者因困於生計或對家鄉的不捨陸續返臺；〔註37〕施士洁雖然思鄉情殷、雖然內渡生涯不易，而且日本駐廈門歷任領事如山吉盛義、菊池義郎等對待施士洁禮遇有加，但他不曾接受日人的勸誘招攏而回到臺灣，〔註38〕並且在與日人的往返詩作中，不避諱地說出「千秋孤憤梅花知（延平祠有古梅，王所手植）……鄭王寂寞三百年，老醜東施愧顏色」、「三淺桑田認劫灰，延平祠下尚殘梅。鯤身豈是閒甌脫？曾隸黃輿故籍來」〔註39〕這些話，表明對日人侵臺的抗議。

〔註32〕 施士洁：〈補作六十述懷寄示諸同人索和〉，《後蘇龕合集》，頁252。

〔註33〕 施士洁：〈允白和『心』字韻七律三首，自鷺江郵寄鷺門；觸我吟懷，感書時事，疊韻答之〉，《後蘇龕合集》，頁229。

〔註34〕 施士洁：〈三疊前韻寄答恕齋〉，《後蘇龕合集》，頁212。

〔註35〕 施士洁：〈十疊前韻〉，《後蘇龕合集》，頁216。

〔註36〕 施士洁：〈戊午除夕〉，《後蘇龕合集》，頁288。

〔註37〕 《臺灣日日新報》明治三十一年九月四日：「今者寰海鏡清，傳聞縉紳先生相率歸里者指不勝屈，聞秋涼以後，又有接踵爭至者。又聞駐廈領事上野君及督府委員寺師氏，於旋臺紳民招呼備，除繳公款每名兩金幷補水以外，一切禁止胥吏私索漏規。」《臺灣日日新報》明治三十一年十二月二十二日：「厥後因聞政府治臺，招攜以德，能致近悅遠來，所有前此退棄宗邦、遠託異地者，今皆旋歸桑梓，重整舊家矣。」《臺灣日日新報》明治三十二年六月十三日：「政府日繫心傷，特遣景美辦務長谷信敬赴廈招撫，使諸君子互相引，以冀盡羅一綱中，且誓以重入國門。」

〔註38〕 施士洁〈次米溪「感事詩」〉、〈次景度餞米溪韻〉、〈贈日本領事菊池義郎〉〈送別菊池慧摩領事假歸日本〉，《後蘇龕合集》，頁144、頁148、頁187、頁197。

〔註39〕 施士洁：〈受篆舫山，感時十二絕句，錄寄廈門菊池領事、臺南鈴村宮司〉、〈鷺門晤日本詩人串宇鈴村讓〉，《後蘇龕合集》，頁187、頁202。

　　施士洁有不少題贈日人的詩作，多是施士洁任事於廈門商會坐辦時官場上文酒酬酢間的作品，因此也就有「文明萬象競軒騰，東望扶桑日正升」、「文明播殖又瀛東，肘後千金國手雄」、「鷺嶼喧傳萬口碑，客星齊拱使星輝」〔註40〕等稱美祝好的話語了。「何物儒冠向西笑，祇今學海欲東之」，〔註41〕日本維新西化成功，成爲中國知識分子吸收西方新知的管道，再加上列強對中國侵擾不斷，當時普遍流傳著中國與日本同文同種的說法，施士洁在與日人的題贈詩中，也有採用時言「中東唇齒」入詩，〔註42〕但事實上，施士洁是視日本爲「夷狄」的，〔註43〕他也有很強的「臺灣意識」，常以「鯤島遺民」自稱，〔註44〕基於這樣的「夷夏之防」觀念，他不僅不願歸順侵佔家園的日本，終其一生，也未再踏上日人統治之下的臺灣，因爲臺灣已淪爲異域，「同輩儒衣皆左衽，不堪回首舊臺灣」。〔註45〕

二、許南英的認同傾向

　　許南英的家族自入臺一世祖許超於嘉靖年間從廣東揭揚移居到赤嵌後，「居臺二百載，九葉始敷榮」，〔註46〕因爲他的家族在明朝時就來到臺灣，又在臺灣歷經鄭成功治臺的時期，所以許南英對於明朝、鄭成功的認同傾向非常明確，換句話說，許南英有強烈的漢民族意識。他讚譽不願降藩辱祖而自殺的寧靖王，以及隨著寧靖王自經而死的五妃，說他們的作爲「氣壯山河大

〔註40〕施士洁：〈日本詩人袖海館森鴻見贈二絕，安藤圖南爲之介紹，作答代柬〉、〈贈日本醫士貴島旭園健，時將由廈渡臺〉、〈贈日本領事菊池義郎〉，《後蘇龕合集》，頁187、頁163、頁187。
〔註41〕施士洁：〈吸齋自臺旋廈以一拂相貽，時將游學日本〉，《後蘇龕合集》，頁164。
〔註42〕施士洁〈團友佐藤德治〉：「唇齒中東一例看。」〈毓臣席上次米溪韻〉：「中東互唇齒。」《後蘇龕合集》，頁191、頁125。
〔註43〕施士洁〈瀛南軍次再疊前韻示同事諸子〉：「華夏難消夷狄禍。」〈痛哭〉：「□□九州外，夷夏百年間。」《後蘇龕合集》，頁72、頁73。
〔註44〕乙未割臺之後，施士洁常自稱「遺民」、「棄民」，如〈王母應太君壽詩〉：「鯤島遺民今白髮，滄桑劫後拜麻姑。」〈寄祭許允白文棉蘭日里〉：「七鯤逸民某，以淚和墨，爲文遙祭同學許子厓岸之靈曰。」〈東廈防張司馬〉：「風沙莽莽此閒身，棘天荊地一棄民。」〈和同年易哭菴觀察「寓臺詠懷」韻〉：「兩字頭銜署棄民。」《後蘇龕合集》，頁313、頁432、頁76、頁226。
〔註45〕施士洁：〈毓臣、養齋秋試不售，景商以詩慰之，即次其韻〉，《後蘇龕合集》，頁125。
〔註46〕許南英：〈臺感〉，《窺園留草》，頁36。若依許贊堃〈窺園先生詩傳〉一文所記，則許南英家譜爲火焚毀，新譜中所記世系只有七代。

海潮，奇節竟符天地數」；〔註47〕對於「軸覆樞翻明鼎革，慨然我獨爲其難」
的鄭成功，爲謀求恢復明室政權，來到臺灣大力開發建設，「寓兵於農教稼
穡」，許南英則盛讚他的所爲是忠節之行，〔註48〕並因此而肯定「臺灣自鼎革
而還，鄭氏開荒爲初祖」。〔註49〕鄭成功復國大業失敗，他在〈謁延平郡王祠〉
一詞中深爲之歎惋，說：

赤手擎天，是明室，獨鍾閒氣！想當日，橫師海上，孤忠無二！誓
死不從關外虜，故藩擁戴朱術桂。看金廈，兩島抗全師，伸敵愾！

亡國恨，遺臣淚；存國脈，回天意。剩廟宇空山，古梅憔悴。

故國尚存禾黍感，荒祠不忘蘋藻祭。聽怒潮，嗚咽草雞亡，神鯨逝。
〔註50〕

至於歸降清朝之後又帶領清軍東征臺灣的施琅，他則有詩〈過海澄感事〉
斥曰：

唾手功名稱異數，平心而論總非宜。

人除清室存明室，公助胡兒殺漢兒！

班爵自應功狗冠，蓋棺莫使草雞知！

易朝氣節都如是，豈特泉南靖海施！〔註51〕

不過，許南英並不是激烈的民族主義分子，他懷抱著儒家仁民愛物、兼
善天下的想法，民眾福利的謀求是他所有作爲的出發點，因此，許南英在應
考時甘冒時諱，在對策文章中評論時政、陳述國家危機所在，並因此被放亦
在所不惜。〔註52〕他曾自言：「生無建樹死嫌遲。」也曾說過「斯民憂樂誠吾
事」〔註53〕這樣的話；而他評判一個人的價值時，只要是對社會、人民有所
貢獻的人，無論其政治立場，許南英都認爲他們是「濟時賢」；〔註54〕相反的，

〔註47〕許南英：〈二十五日爲五妃殉節日，同雲石祭奠，成詩二首〉，《窺園留草》，
頁170。

〔註48〕許南英：〈秋日謁延平郡王祠〉，《窺園留草》，頁16。

〔註49〕許南英：〈閒散石虎墓〉，《窺園留草》，頁14。

〔註50〕許南英：《窺園留草》，頁207。

〔註51〕許南英：〈過海澄感事〉，《窺園留草》，頁137。

〔註52〕見許南英〈丙戌偕徐仞千、陳梧岡兩同年來京會試，徐捷得工部，陳考得中
書：余已入轂，因對策傷時被放。二君強欲留余在京過夏，書此謝之〉，《窺
園留草》，頁7。許贊堃：〈窺園先生詩傳〉，收入《窺園留草》，頁235。

〔註53〕許南英：〈秋懷八首和邱仙根工部原韻〉、〈防匪〉，《窺園留草》，頁86、頁31。

〔註54〕許南英〈閒散石虎墓〉：「其時亦有濟時賢，文武衣冠難僕數：王、韋、盧、
沈、張、郁、俞（王忠孝、韋朝薦、盧若騰、沈佺期、沈光文、張士郁、張

就算是臺灣本土人士，如果做出擾民亂民的事，許南英即視爲「虎狼」、「犬羊」。〔註55〕

許南英在參與臺灣民主國的抗日行動時說：「議院廣開民主國，版圖還隸聖明朝。」也在徐聞任上因乾旱求雨得雨時，說：「不是長官祈禱出，須知涓滴盡皇仁。」清滅亡後，他慨嘆道：「毀家尙未忘前事，亡國何堪値暮年！」〔註56〕這些話看似乎對清朝有所認同，但他對晚清朝綱不振、弊政叢生的現象卻也屢屢批評與抨擊。光緒三十四年（1908），他因委解京餉入都門，並將在北京城的所見所聞寫成〈戊申入都門感興〉一詩，充分表達出他對清廷不思振作的憤慨與失望：

車前十丈起紅塵，冠蓋相望一例新。

絕似渾忘康子事，銅駝荊棘淚無痕。〔註57〕

許南英曾說：「分門別戶吾無黨，救弊扶衰國有光。」〔註58〕時政敗壞，許南英就在州縣任上竭盡心力爲民努力。他對徐聞縣內紳士們說：「敢云訟獄心如鏡，漫聽謳歌口是碑。寄語四鄉諸父老，能攻吾短是吾師。」他向陽春縣父老表示「謹懷自防流酷吏，哀矜太惜此頑民」、「瘡痍未復流亡甚，何止蘇州愧俸錢」的心意，〔註59〕這都是許南英以民爲重、惻隱在抱襟懷的表現，而不只是身爲命官、爲朝廷效命的關係。

宣統元年（1909），江南地區的新軍一再起事，許南英不禁在〈庚戌元旦〉詩中暗暗流露出他對革命軍興的期待：

乍除舊臘鴻鈞轉，忽報新軍蟻鬭酣。

兵氣似隨春氣發，嶺南聞道又江南。〔註60〕

奉派出任嶺南地區的封疆大吏無力消除民怨，又沒有對策解決日漸壯大的革命勢力，更看出清廷領導無方，對於這種情形，許南英憂心忡忡：

灝、郁永河、俞荔，此十人臺灣流寓），刺桐花下詩壇聚。」這十人之中，有明人，也有清人。《窺園留草》，頁 14。

〔註55〕許南英〈防匪〉：「忍聞中澤鳴鴻雁？那肯深山放虎狼！」、「城社已遭狐鼠毒，溪山竟聚犬羊群。」《窺園留草》，頁 31。

〔註56〕許南英：〈奉和實甫觀察原韻〉、〈觀雨即事〉、〈和施耐公感興原韻〉，《窺園留草》，頁 29、頁 62、頁 147。

〔註57〕許南英：〈戊申入都門感興〉，《窺園留草》，頁 75。

〔註58〕許南英：〈癸丑三月任命龍溪縣知事，視事日偶成〉，《窺園留草》，頁 133。

〔註59〕許南英：〈留別徐聞紳士〉、〈留別陽春紳士〉，《窺園留草》，頁 63、頁 68。

〔註60〕許南英：《窺園留草》，頁 88。

詰朝武庫稱干戈，徹夜嚴城警習斗；誰知慮此禍彼生，奴隸將軍早
授首。封疆大吏爾何人？滿署擁兵堅自守。……太息神州真莽莽，
舉朝無人關痛癢！外侮內患紛至而沓來，猶曰治平如反掌。〔註61〕

最後，清朝難逃滅亡之路，許南英寫道：「中國祇今新易主，胡兒未必盡
天驕。」

許南英的政治認同在那時候開始傾向於贊同革命呢？周俟松在〈隨地山
臺灣行〉文中說：

先生回到大陸後，曾做過幾任地方官，但不久就受到排擠。南英先
生從自己的遭遇中看到清廷的腐敗，逐漸不再對朝廷抱有幻想，轉
而同情辛亥革命。〔註62〕

我們還可以從以下幾件事看出許南英對革命所抱持的態度。首先，民國
前一年，許南英與沈琛笙相識於廣州「聽秋聲館」，成為相契知交。而沈琛笙
曾往日本留學，先後參加華興會、同盟會，與黃克強等人常相過從，密謀革
命；後秘密回湘，與胡漢民互通聲氣，進行推翻滿清的革命事業。〔註63〕第
二，許南英的次子許贊元於宣統二年到日本學習軍事，並加入宣統辛亥年三
月二十九日的廣州起義。〔註64〕第三，許南英長子許贊書於民國元年擔任廈
門同盟會會長。〔註65〕第四、許南英四子許贊堃於民國四年娶臺中林季商之
妹，兩家結為姻親；而林季商在臺灣割讓之後暗中從事抗日活動，民國四年
並加入中華革命黨，民國六年護國軍起曾被任命為閩南軍司令。這些都顯示
許南英與革命黨員有所接觸。許南英也有不少詩作的內容表達出他對革命黨
員奮鬥犧牲精神的佩服，如〈和杜鵑醉歌行原韻〉：

那知烈士號呼日奔走，炸彈連天山谷吼！鐵血幾輩爭犧牲，武昌雄
鎮為吾有。招手志士東西洋，特萃此邦作淵藪；中山克強響應歸，

〔註61〕 許南英：《窺園留草》，頁176。
〔註62〕 周俟松：〈隨地山臺灣行〉，收入《文教資料簡報》（1979年12月，第96期），
　　　　頁18。
〔註63〕 沈驥：〈我的父親沈傲樵先生〉，收入沈傲樵、沈驥：《沈傲樵父子詩詞選集》
　　　　（臺北：慈廬主人發行，1979年），頁1。
〔註64〕 陳三井：《臺灣近代史事與人物》（臺北：臺灣商務印書館，1988年7月），頁
　　　　104。臺灣省文獻委員會編：《臺灣史》（臺北：眾文圖書公司，1994年5月），
　　　　頁695。
〔註65〕 周苓仲：〈父親的童年〉，收入周俟松、杜汝淼合編：《許地山研究集》（南京：
　　　　南京大學出版社，1989年），頁62。

天喪胡庭信非偶。〔註66〕

許南英又有〈送友人北伐〉:「殺氣滿天地,終軍萬里行。朔風過易水,寄語問荊卿。」是對準備奔赴戰場、慷慨就義朋友的激勵;再有〈和杜鵑旅南雜感〉:「黃花崗畔足千秋,志士相逢地下遊。縱補青天還有恨,除埋黃土可無憂。」歌頌革命志士為國奉獻、置個人生死於度外的精神。〔註67〕

民國成立後,許南英說:「俄驚席捲新民國,竟似輪轉再世人。」〔註68〕這是他身處世變之際的無奈心聲;但是,他對民國的成立是抱著深切期待的,因此,他呼籲:「國運初更始,相期體共和。」〔註69〕但是,國家體制雖然改變,社會卻仍紛亂不安,他難掩內心的焦慮與失望:「已入共和年,視天猶夢夢」、「翹首望八荒,龍蛇滿大陸」。〔註70〕即使在他回到臺灣與故友歡聚時,他仍關心大陸情勢的發展:「關心佇望山河影,知否中原尚未安。」〔註71〕

他對袁世凱企圖恢復帝制,對國家再次造成傷害的舉動也深刻批駁:

> 宵小弄權謀帝制,金錢運動展神通。專制號令操當軸,昆明一軍偏不服。爰舉義旗向北征,赴義六軍齊慟哭。是真義憤感蒼穹,帝制無成洪憲終。六詔兩川呼殺賊,兩湖兩粵俱從風。賊曰:「寧可我負天下人」,猶自出師命將蔽江南下列艨艟。南海蟄龍興巨浪,殺人血染浪花紅。一家竟爾分胡越,賊亦無命遭天伐。若非一旅奮滇南,共和帝制其間不容髮。吁嗟乎!獨夫起意干眾怒,利令智昏昏如霧;斯人亦是有用材,獨惜倒行逆施途窮而日暮!〔註72〕

另外,他對軍閥劃地為王、相互爭戰不斷,使得民主共和體制遲遲未能步上軌道的這種情況也深表不滿:

> 國運初基眾競趨,相公物望紙新糊;羊頭換去將軍印,驥尾吹來處士竽。〔註73〕

> 諸賢熱血苦相爭,爭得「共和」兩字名。未見衣冠遵漢制,徒聞歲

〔註66〕許南英:《窺園留草》,頁176。
〔註67〕許南英:《窺園留草》,頁102、頁175。
〔註68〕許南英:〈送沈琛笙歸衡山〉,《窺園留草》,頁136。
〔註69〕許南英:〈謁雙坪大宗祠〉,《窺園留草》,頁144。
〔註70〕許南英:〈壬子春日自題畫梅〉、〈壬子春日過霞陽訪馬君亦錢,得所藏圖書,復賞所植花木。信宿三日,踰蘇嶺,歸海滄〉,《窺園留草》,頁103。
〔註71〕許南英:〈秋月〉,《窺園留草》,頁121。
〔註72〕許南英:〈和杜鵑醉歌行原韻〉,《窺園留草》,頁177。
〔註73〕許南英:〈和陳丈劍門新秋偶興呈菽莊主人原韻〉,《窺園留草》,頁148。

月改周正。〔註74〕

　　許南英晚年在面對世變國情轉變時的態度顯得消極：「才調百無堪一用，自慚人喚『許先生』！」〔註75〕「不作牛馬藏我拙，肯攀龍鳳讓人精？從今謝絕塵間事，且學嵇康論養生。」〔註76〕但是，在他遠赴棉蘭任職時，當他從家書得知「維新志士群而黨，守舊迂儒泥鮮通。仗馬不鳴開國會，沐猴自詡亮天工」時，不禁為國內「小朝廷又爭門戶」的困局擔憂：「未卜何時氣始融？」〔註77〕可見，許南英一直都是心繫家國的。

　　許南英雖如其他士人一樣加入科舉行列，但他中為進士之後並未任官職，請假回籍回到臺灣，他又推辭掉安平縣令陳步梯蓬壺書院山長之聘，而深入番社「幫助政府辦理墾土化番底事業」；〔註78〕雖然他說是「不當官去愧無才」，不過，做出這樣的選擇，應源於其本身的個性及觀念的關係：「我本林泉癖，無意謁帝京」、「天生傲骨自嶙峋，不合時宜只合貧。容我讀書皆造化，課人藝圃亦經綸」。〔註79〕內渡後，許南英赴吏部投供以兵曹改知縣，先後任徐聞、陽春、陽江、三水等地縣令，這是「為貧為祿仕，聽鼓五羊城」、「豈曰為時出，丈夫不得志」、「一錢不值登科記，數口交縈續命湯」。〔註80〕他所以在清朝時仕宦並非以身為朝官為榮，乃為生活逼迫做的決定，但一旦任為地方官，許南英即有為民「我當盡我心，瘠苦不敢避」的決心，所以有這種決心，一方面是因為「恐貽桑梓羞」，〔註81〕另一方面則是儒生以天下為己任的想法，他曾說：

　　　　一個人出仕，不做廊廟宰，當作州縣宰。因為廊廟宰親近朝廷，一
　　　　國大政容我籌措；州縣宰親近人民，群眾利害容我乘除。這兩種才，
　　　　是真能為國效勞底宰官。〔註82〕

〔註74〕許南英：〈和陳丈劍門見贈原韻〉，《窺園留草》，頁150。
〔註75〕許南英：〈和陳丈劍門見贈原韻〉，《窺園留草》，頁150。
〔註76〕許南英：〈三疊前韻〉，《窺園留草》，頁151。
〔註77〕許南英：〈人日雜感〉，《窺園留草》，頁188。
〔註78〕許贊堃：〈窺園先生詩傳〉，收入《窺園留草》，頁236。
〔註79〕許南英：〈和秋河送行原韻〉、〈窺園漫興〉，《窺園留草》，頁43、頁27。
〔註80〕許南英：〈和秋河送行原韻〉、〈邱仙根工部付書王伯嵩索畫梅，適余將之任徐聞，倚裝作畫應之，並題此詩〉、〈寄懷林致和〉，《窺園留草》，頁43、頁57、頁49。
〔註81〕許南英：〈邱仙根工部付書王伯嵩索畫梅，適余將之任徐聞，倚裝作畫應之，並題此詩〉，《窺園留草》，頁57。
〔註82〕許贊堃：〈窺園先生詩傳〉，收入《窺園留草》，頁243。

正因許南英以民為重、愛民以禮，因而獲得徐聞縣民愛戴稱譽：「衣衣我，食食我，風風人，雨雨人」、「頌聲斯作」、「迄今頌父母焉」。〔註83〕他曾經宣示「布化心期普大同」〔註84〕、「須知種族有同情」〔註85〕的理想，這是他「州縣宰親近人民，群眾利害容我乘除」精神的一貫表現，並非對清朝有較深的認同傾向。

許南英對臺灣有著深刻的鄉土認同意識，他在〈臺感〉詩中即流露出這種地域認同的自覺。詩云：

> 居臺初祖溯前明，二百餘年隸聖清；九葉孫枝備族譜，三遷母教起儒生。鄭祠馬廟鄰觀舍，舊社新昌紀祖塋。無限秋霜春露感，耳邊況有鷓鴣鳴。〔註86〕

當清廷將臺灣割讓給日本時，許南英基於「義憤」，也因為「不為鄉國搢紳囚」，〔註87〕參與了乙未年的抗日行動；事敗無可為之後，許南英內渡大陸，其心中的憾恨自責及對殘局之無可奈何之情，在〈寄臺南諸友〉詩中表露無遺：

> 徒死亦何益，餘生實可哀！縱云時莫挽，終恨我無才。身世今萍梗，圖書舊劫灰。家山洋海隔，鄉夢又歸來。〔註88〕

也因為護臺無功，許南英自此背負著「臺灣遺民」的身份，他在〈和易實甫觀察原韻〉詩中說：

> 重城赤嵌家何在？小劫紅羊迹已陳。四萬萬人黃種裡，頭銜特別署「遺民」。〔註89〕

民國元年、五年，許南英兩次回到臺灣，家鄉的景物雖然依舊，但他仍無法接受故土淪為異族統治的事實：

> 望見故鄉雲樹，鹿耳鯤身如故；城郭已全非，彼族大難相與！歸去，歸去，哭別先人盧墓！〔註90〕

〔註83〕施士洁：〈許允伯六鹺開九雙壽〉，《後蘇龕合集》，頁 417。

〔註84〕許南英：〈和福建西路觀察使吳芝青留別原韻〉，《窺園留草》，頁 133。

〔註85〕許南英：〈再疊前韻〉，《窺園留草》，頁 174。

〔註86〕許南英：《窺園留草》，頁 82。

〔註87〕許南英：〈寄臺南諸友〉、〈秋懷八首和邱仙根工部原韻〉，《窺園留草》，頁 35、頁 86。

〔註88〕許南英：〈寄臺南諸友〉，《窺園留草》，頁 35。

〔註89〕許南英：〈和易實甫觀察原韻〉，《窺園留草》，頁 77。許南英自稱為「毘舍耶客」、「鯤島遺民」，也是這種認同想法的表露。

〔註90〕許南英：〈別臺灣〉，《窺園留草》，頁 211。

已矣舊邦社屋，不死猶存面目！蒙恥作遺民，有淚何從慟哭！〔註91〕

他怨憤當初抗日行動未能成功，家鄉淪為異族的殖民地，而自己也被烙印上遺民的身分，這份無法化解的永世傷痛，正是他對臺灣土地的認同表現。在他重新踏上異族統治之下的臺灣土地時，在日人監視之下，他也只能：

步履時時自戒嚴，謹防局外注觀瞻。

重舒望眼觀滄海，一例低頭過屋檐。〔註92〕

這更令他深刻感受到「旅客他鄉是故鄉」、「昔為此邦人，今為此邦客」的悲痛無奈，這種家鄉淪陷、無所歸屬的痛苦，就是他後半生沉痛的「飄泊身如不繫舟」〔註93〕慨嘆的所在，而已成「他鄉」的「故鄉」，再怎麼眷戀，也不宜久留。〔註94〕許南英在〈窺園梅花二株被日人移植四春園，聞亦枯悴而死；以詩弔之〉詩中以窺園中被日人移植的梅花自喻，表達這種離根失土的創痛：

主人宜避地，問汝亦何辜？共受鋤根苦，誰憐傲骨枯？

清高原是累，依附況相詆。太息蟠根地，終應變道途。〔註95〕

窺園中的梅花失去蟠根地，不願苟存，最後枯死了，窺園的主人呢？許南英不願坐以待斃，他在悲痛之中力尋找出路，以「變」來「應變」，〔註96〕在離開故園的漂泊不定生活中努力開創新局。

日人多次威脅利誘以招攬許南英，〔註97〕但許南英看透日人的技倆，更堅持「本來與汝不同群」〔註98〕之夷夏之防的態度，不願屈服於異族威勢之

〔註91〕許南英：〈自題小照〉，《窺園留草》，頁211。

〔註92〕許南英：〈留別南社同人〉，《窺園留草》，頁132。

〔註93〕許南英：〈滿城風雨近重陽〉、〈南社同人在醉仙樓開歡迎會，酒後放歌〉，《窺園留草》，頁118、頁107。

〔註94〕許南英〈紳商學界在臺南公館開歡迎會，賦此誌謝〉：「轉悔來何暮，終應去不留！側身依祖國，倦眼望神州。斷髮從吳俗，焚心抱杞憂。處堂成燕雀，生世等蜉蝣。」《窺園留草》，頁107。

〔註95〕許南英：《窺園留草》，頁110。

〔註96〕許南英在〈題王泳翔玉照〉詩中，也有此種覺悟的表達：「吁嗟乎！大筆如椽藥莫療，請爾張琴變新調！」《窺園留草》，頁45。

〔註97〕許南英〈臺感〉詩注云：「日軍到嘉義，即採訪士論，通函請予在府辦保良局。予內渡後，有兵官名花板者，亦通函請予回臺。」又云：「日人入城，收封予屋，號曰『亂民』，旋即起還，並給先叔以六等徽章，列於紳士。」、「臺南警察署攝予小照，懸諸廳事，題曰『名譽家某某』。」《窺園留草》，頁110。

〔註98〕許南英：〈無題〉，《窺園留草》，頁59。

下，就如那「不忍受新朝雨露」的延平郡王祠中之古梅：

> 孤忠抗節海之濱，香火空山草木新；
>
> 獨有梅花偏耐冷，枯根不受帝王仁！〔註99〕

　　許南英雖然肯定日人在臺的建設：「日出煙銷氣象新，自南自北淨無塵；文明輸灌青年會，武健追隨白種人。教育普通兼婦女，撫綏特別化狉獉。」但是他所秉持的「他生或者來觀化，不願今生作殖民」的想法從未改變，〔註100〕對於中、日「同文同種」的說法也不以為然：「漫云唇齒同文國，忍看河山易色圖？」〔註101〕由此來看，他對日本的態度也就很明白了。

三、丘逢甲的認同傾向

　　乾隆年間，丘逢甲的曾祖父丘仕俊來到臺灣，到丘逢甲這一代是丘氏家族在臺的第四代。丘逢甲對於臺灣有一份土地認同的情感，對於臺事頗為注意關心，在早期的作品〈臺北秋感〉詩中，即表達出對臺灣因地理位置重要及資源豐富因而引來的外國的覬覦的憂心：

> 壓城海氣晝成陰，洋舶時量港淺深。
>
> 蛇足談功諸將略，牛皮借地狡夷心。
>
> 開荒有客誇投策，感舊無番議采金。
>
> 我正悲秋同宋玉，登臨聊學楚人吟。〔註102〕

他也為遭受麒麟颱風災害又得面對催租吏苛求的臺灣農民大聲申冤：

> 心痛秋成兒女號，田舍盤飧草根餚。
>
> 聯名簽牘出報災，打門曉至催租吏。
>
> 漫云海上無災例，一卷檀□皆故事。
>
> 官租火急不可延，且脫殘衫付質肆。〔註103〕

基於這份「在臺請言臺」、關懷臺民的臺灣意識，他向唐景崧進言：

> 民窮復元氣，吏酷除遺蠚。餘事籌海防，老謀褫夷魄。〔註104〕

〔註99〕 許南英：〈弔梅〉，《窺園留草》，頁166。

〔註100〕 許南英：〈臺感〉，《窺園留草》，頁82。

〔註101〕 許南英：〈六月二十四日與社友往竹溪寺參謁關聖〉，《窺園留草》，頁108。

〔註102〕 丘逢甲：《柏莊詩草》，收入世界河南堂丘氏文獻社編：《丘逢甲遺作》（臺北：世界河南堂丘氏文獻社，1998年12月），頁101。

〔註103〕 丘逢甲：〈熱風行〉，收入《丘逢甲遺作》，頁108。

〔註104〕 丘逢甲：〈送維卿師入都，用陸放翁送曾學士赴行在韻〉，收入《丘逢甲遺作》，

　　因為愛護臺灣這一片土地，所以中日甲午戰爭事起，丘逢甲即刻加入保臺行動；當清廷將臺灣割讓給日本的消息傳來，丘逢甲三上奏書，為扭轉情勢而奔波，卻未獲清廷回應，之後，與陳季同等人倡議組織臺灣民主國，並且擔任義軍統領，對抗日人侵臺；他在〈廬山謠答劉生芷庭〉詩中述及當時護臺的心情以及大展雄風的壯志：

> 黑風摧海水四立，陰雲慘淡臺山危！
>
> 沙蟲百萬勢將化，末劫不救非慈悲。
>
> 生作愚公死精衛，謂海可塞山能移。
>
> 開屯遽欲試神手，礮雷槍雨供驅馳。〔註105〕

　　多年之後，他在〈以攝景法成澹定邨心太平草廬圖，張六士為題長句，次其韻〉一詩中憶起當初護臺灣的心意，正如鄭氏堅定復明的孤忠情感，卻也對自己在臺灣民主國行動失敗後內渡大陸一事深感愧咎：

> 我生延平同甲子，墜地心妄懷愚孤。崑耶故國不能守，脫身兵火燒
>
> 天紅。坐令玉山竟落五百年後此一劫，有愧東渡滄海朱家龍。〔註106〕

　　日人統治臺灣後，丘逢甲認為「故里今犬羊」、「故鄉成異域」，〔註107〕臺灣已成「蕃」地〔註108〕、言「胡語」，〔註109〕是再也回不去了的家園，「華夷忽異地，何處為鄉國」、「已分生離同死別，不堪揮涕說臺灣」。〔註110〕「故山雖好事全非」，〔註111〕惟有夢中的鄉園依舊、惟有在記憶中重回故土。丘逢甲常常回憶起故鄉臺灣的種種：或想起兒時慈母親手縫製的菊花枕，或憶起受唐景崧知遇、或憶起壇坫迭鼓旗的風雅，也常想起在故鄉的松楸及莊園，其中，他最常想到、最常提及的是成立臺灣民主國，擔任義軍統領率眾抗日的這一件事，〈夏夜與季平蕭氏臺聽濤，追話舊事作〉：

頁23。

〔註105〕丘逢甲：《嶺雲海日樓詩鈔》，頁21。

〔註106〕丘逢甲：《嶺雲海日樓詩鈔》，頁242。

〔註107〕丘逢甲：〈重送頌臣〉、〈送頌臣之臺灣〉，《嶺雲海日樓詩鈔》，頁25、頁23。

〔註108〕丘逢甲〈天涯〉：「沒蕃親故淪滄海，歸漢郎官遯故山。」《嶺雲海日樓詩鈔》，頁11。〈次夜復聞鳥鳴，感續二絕句〉：「自從蕃漢斷消息，無限天涯淪落人。」《嶺雲海日樓詩鈔》，頁269。〈送頌臣之臺灣〉：「為言鄉父老，須記漢官儀。」《嶺雲海日樓詩鈔》，頁23。

〔註109〕丘逢甲〈送謝四東歸〉：「送君此去作胡語，樂府休唱胡無人。」《嶺雲海日樓詩鈔》，頁179。

〔註110〕丘逢甲：〈重送頌臣〉、〈天涯〉，《嶺雲海日樓詩鈔》，頁25、頁11。

〔註111〕丘逢甲：〈次頌臣感懷韻〉，《嶺雲海日樓詩鈔》，頁296。

大海驚濤似昔時，高臺同聽不勝悲。

五年鄉淚愁中制，半夜軍聲夢裡馳。

鐵弩何時開越國？素車終古走靈胥。

如聞鹿耳鯤身畔，毅魄三更哭義旗。〔註112〕

他在〈有感書贈義軍舊書記〉詩中亦云：

拜將壇高卓義旗，五洲瞬目屬雄師。

當時力保危臺意，只有軍前壯士知。〔註113〕

一直到了宣統二年，丘逢甲再次憶起十六年前這件往事時，才自覺到記憶中的傷痛稍稍減緩一些：

十六年前莽少年，當時赤手欲回天。

誓師雷雨窮荒外，開國河山落照邊。

往事已憐成過電，雄姿未稱畫凌煙。

于今不作登壇夢，漁鼓聲中號散仙。〔註114〕

丘逢甲一再回憶起這件往事，透露出他對於這一件事的在意。一方面，因未能堅持奮戰、內渡大陸，惹來許多毀謗，帶給丘逢甲諸多痛苦，他在作品中一再陳言辯述，表白委屈心意：「劫火餘灰騰謗燄，恨天遺石築愁城。淒涼法典唐天寶，唱至關山入破聲」、「渡江文士成傖父，歸國降人謗義師」、「千秋成敗憑誰論，回首臺山淚萬行」；〔註115〕另一方面，他對於自己曾經擔任義軍統領是頗為自得的，因此一再提到這一身份：「多君欲問臺灣事，曾作大將軍現身」、「汗馬無功桑海變，題詩人是故將軍」，〔註116〕乙未年當時三十二歲的丘逢甲意氣風發、志得意滿，他在當時寫給顧緝庭的信中就說：

惟逢甲望輕才絀，誓與士卒同甘苦，借結人心，故帕首短後衣，日

周旋健兒間，覺羽扇綸巾，名士風流，如在天上矣。〔註117〕

清廷在臺人一再上書抗議後，仍將臺灣割讓給日本，丘逢甲認為清廷忽

〔註112〕丘逢甲：《嶺雲海日樓詩鈔》，頁103。

〔註113〕丘逢甲：《嶺雲海日樓詩鈔》，頁128。

〔註114〕丘逢甲：〈自題三十登壇照片〉，《嶺雲海日樓詩鈔》，頁274。

〔註115〕丘逢甲：〈當歌〉、〈答臺中友人〉、〈有感書贈義軍舊書記〉、〈寄懷維卿師桂林〉，
　　　　《嶺雲海日樓詩鈔》，頁3、頁12、頁48、頁128、頁315。

〔註116〕丘逢甲：〈題凌夢徵天空海闊簃詩鈔並答所問臺灣事〉、〈伯惠以其先人禹勤刺
　　　　史柳陰洗馬圖索題，為賦四絕〉，《嶺雲海日樓詩鈔》，頁214、頁305。

〔註117〕丘逢甲：〈致顧緝庭方伯〉，收入丘晨波、黃志萍、李尚行等編：《丘逢甲文集》
　　　　（廣東：花城出版社，1994年6月），頁259。

視臺灣這一塊土地，也罔顧臺灣人民失去故土的沉痛及憤慨，「朱厓雖棄漢地大，公卿固應從捐之」。〔註118〕由於自己被迫做「棄民」的痛苦經驗，丘逢甲詩作中一再抨擊清廷「棄地」的喪權之舉：「五百年中局屢新，兩朝柔遠暢皇仁。自頒一紙蠲租詔，坐看江山換主人」，〔註119〕是寫清廷將澳門讓給葡萄牙；「群峰疊翠倚樓間，一角頹雲夕照殷。忽憶去年春色裡，九龍還是漢家山」，〔註120〕是寫九龍地權的失去；「零丁洋畔行吟地，又見江山坐付人」、「此是本朝初割地，年來見慣已相忘」，〔註121〕則是記香港主權喪失的無奈。

對於清末朝廷的顢頇無能，造成內憂外患接連不斷，丘逢甲多所議論抨擊，〈感事詩廿首〉〔註122〕首首都是針對政治弊端及時局問題而抒發的作品，下面引錄其中二首：

　　莫向帝鄉問，南陽多近親。未能成革政，相厄有尸臣。
　　廟箕歸權戚，宮符付椓人。空教天下士，痛哭念維新。

　　空益朱車衛，難向鐵路權，巫雲嗟楚粵，漢月冷幽燕。
　　願請脩宮價，先添橫海船，已無夷夏界，何處說防邊。

另外，他也在與黃遵憲的唱和詩中縱論時局、暢發己見：

　　滄海塵蒙鏡殿光，公卿同哭牝朝亡。
　　河陰兵問充華罪，樂府歌殘妛媚章。
　　往事數錢憐姹女，異邦傳檄過賓王。
　　枉崇聖母無生法，難遣神兵禦列強。

　　縱不人誅亦鬼誅，生靈百萬死何辜！
　　斷難大義容三叔，休遣清談禦五胡。
　　行在陽秋書待著，廣明庚子事原殊。
　　中朝國法兼家法，過必隆刀可在無。

　　滿目獅章與鷺章，沉沉龍氣不飛揚。
　　秋風石馬昭陵慟，夜雨金牛蜀道長。

〔註118〕丘逢甲：〈盧山謠答劉生芷庭〉，《嶺雲海日樓詩鈔》，頁21。
〔註119〕丘逢甲：〈澳門雜詩〉，《嶺雲海日樓詩鈔》，頁135。
〔註120〕丘逢甲：〈九龍有感〉，《嶺雲海日樓詩鈔》，頁140。
〔註121〕丘逢甲：〈題蘭史香海填詞圖〉，《嶺雲海日樓詩鈔》，頁185。
〔註122〕見《丘倉海先生詩文錄》，收入世界河南堂丘氏文獻社編：《丘逢甲遺作》（臺北：世界河南堂丘氏文獻社，1998年12月），頁122。

元老治軍收白芳，中朝厄閏等黃楊。

若教死殉論忠義，何止區區李侍郎！〔註123〕

丘逢甲在這些作品中，上從那拉氏、王親國戚、朝臣命官，下至文武官員、地方州縣，一一指出弊端所在、責任所在，也對列強環伺窺機而侵的國難深感憂心。從這些激昂慷慨、侃侃而論的詩作中，明白顯示出丘逢甲對國家社會強烈的關切之情。丘逢甲雖然反對慈禧掌權，但對光緒皇帝仍秉持忠心，並且有強烈的用世之心，一直希望有機會再展雄才。「相逢莫話流離感，未死終留報國身」、「獨惜在山虛遠志，未能報國愧精忠」、「何當整頓乾坤了，金闕重朝願未違」，〔註124〕這是他內渡之初的冀望與抱負；到了光緒二十六年，丘逢甲仍不改初衷：「神方置不用，誰起國病篤？同抱救世心，栖栖行海曲」、「何日掃塵迎警蹕，當時入彀枉英雄。萬言策在嗟無用，冷對山堂燭淚紅」；〔註125〕他追求的最終理想是：「胡越何妨竟一家」、「大海重新開世界，群山依舊拱中華」〔註126〕；只是，一直到了光緒三十三年，丘逢甲依然苦於沒有機會再展鴻志，他反覆疊韻陳言的四十八首〈秋懷〉詩中，就一再書寫其心中的不遇之歎，引錄其中兩首於下：

山南山北枉張羅，雲路冥冥鳥去多。

四海論交幾投契，千秋自命未蹉跎。

中原麟鳳陳陶歎，大漠牛羊斛律歌。

老我秋風無一事，十年雄劍不曾磨。

銅鼓聲中海霧開，大江東去客登臺。

素車白馬千秋淚，紅粉青衫萬念灰。

逃酒未應衰鳳德，讀書誰信臥龍才？

文章刊落身將隱，不待山妻勸老萊。〔註127〕

雖然現今有不少學者讚揚丘氏對於革命黨員多所照顧、提拔，因而判定

〔註123〕丘逢甲：〈四用前韻奉答〉、〈六用前韻奉答〉、〈九用前韻〉，《嶺雲海日樓詩鈔》，頁157、頁158、頁159。

〔註124〕丘逢甲：〈次陳頤山見贈韻答之〉、〈疊前韻答聯仙衢觀察〉、〈次韻仙官詩〉，《嶺雲海日樓詩鈔》，頁300、頁299、頁298。

〔註125〕丘逢甲：〈留別曉滄，次題行教圖韻〉、〈三月初八日〉，《嶺雲海日樓詩鈔》，頁147、頁166。

〔註126〕丘逢甲：〈將之南洋，留別親友〉，《嶺雲海日樓詩鈔》，頁132。

〔註127〕丘逢甲：〈秋懷〉、〈再疊前韻〉，《嶺雲海日樓詩鈔》，頁196、頁199。

他的政治認同是傾向革命的；不過，若要從丘逢甲留下的作品中去探清他的
用世之心是為了清廷，或是傾向擁護革命黨建立民國，這恐怕是要徒勞無功；
依照丘琮〈倉海先生丘公逢甲年譜〉中所記，光緒三十一年時：

> 公與留日之保皇黨、同盟會諸學子，年來均有聯絡，但以清廷日覺
> 顢頇頹廢，終無振作希望，故自此漸傾向排滿革命。

丘琮又於該年譜之光緒三十四年中記云：

> 是年，中國革命同盟會推公為嶺東盟主。連年新黨如保皇、革命、
> 舊黨如袁世凱等均派人極力拉公作幕中主幹，惟公重實際作事，不
> 驚虛聲，於各黨有利於國家民族之計劃則贊助之，而不從其形式。
> 〔註128〕

　　丘琮所記已有矛盾。假若丘逢甲於光緒三十一年「自此漸傾向排滿革
命」，並在光緒三十四年「是年，中國革命同盟會推公為嶺東盟主」，為何又
於此時「於各黨有利於國家民族之計劃則贊助之」？而且，丘逢甲寫於光緒
三十四年的作品〈戊申廣州五月五日作〉一詩，其內容對革命黨仍多所責難，
並譴責革命黨員從事政治破壞的行動，造成國家社會擾攘不安，尤其不該的
是，使得無辜百姓蒙受家破人亡之痛：

> 東南已無乾淨土，半壁江山半腥血。民言官苛迫民變，官言革命黨
> 為孽。彼哉革命黨曷言，下言政酷上種別。假大復仇作藥揭。橫從
> 海外灌海內，已似洪流不可絕。益之民窮變易煽，魚帛狐篝競潛結。
> 事敗黨人輒跳免，東鄰西鄰相窟穴。可憐惟爾愚民愚，身罹兵誅家
> 立滅。〔註129〕

〈戊申廣州五月五日作〉這一首詩的內容，和丘琮所記的丘逢甲政治認
同的轉變之間的矛盾是很清楚的，而一是丘逢甲所自言，一是其子事後所記，
那麼，丘逢甲晚年並未轉向明白支持革命黨是可以確定的。〔註130〕

　　若再進一步探清，丘逢甲所抱的「救世心」，〔註131〕一方面表現在他「尊

〔註128〕丘逢甲：《嶺雲海日樓詩鈔》，頁404、頁406。
〔註129〕丘逢甲：《嶺雲海日樓詩鈔》，頁223。
〔註130〕楊護源：〈丘逢甲晚年之政治立場〉一文論證剖析甚詳。收入《丘逢甲傳》（南
　　　　投：臺灣省文獻委員會，1997年6月），頁196～頁242。
〔註131〕丘逢甲〈絜齋世丈以西園述懷集蘇六十韻見示，為賦五古四章〉：「讀書貴用
　　　　世，寧止求詩名。」、「念天生才心，濟世乃為貴。」《嶺雲海日樓詩鈔》，頁
　　　　349。〈題劉銘伯制科策後〉：「吾輩當為天下計，此才豈藉特科尊。」《嶺雲海
　　　　日樓詩鈔》，頁186。

王」〔註132〕的觀念，所以即使「亂萌雖已兆，何忍吾君棄」、「內亂吾不與，外患吾不避」，〔註133〕這種合乎聖教經義的作為，才是他所要堅持的；另一方面則表現在他「同持忠義心，以為治平基。運會值大同，一統兼華夷」〔註134〕這個基於儒家仁愛思想的世界大同理想上。丘逢甲並未強調區分族群之間的差異，在丘逢甲詩中，稱滿人為「胡」、「虜」者，僅見於民國元年的作品〈謁明孝陵〉、〈登掃葉樓〉詩作之中，另外，就是〈感事詩廿首〉中直稱「滿人」，但是更多時候，丘逢甲是將滿族歸在「中華民族」之內，並經常以「漢」來代稱的。「漢家不出衛霍才，西極天馬何時來」、「忽憶去年春色裡，九龍還是漢家山」、「南戎走完行北戎，河山還屬漢家無」、「空存扶漢分章手，無計能開日月昏」，〔註135〕這些詩句中提及的「漢」，依詩句意思推敲，丘逢甲是用以指稱當時的朝廷——清朝，這和革命黨主張排滿、覆滿是不相同的。至於丘逢甲對革命黨員鄒魯、陳炯明等人的掩護與提拔，應是前輩對新生代人才的愛護與栽培，不見得就表示丘逢甲與鄒、陳有相同的政治認同。〔註136〕

　　丘逢甲視日人為「蕃」、「胡」，他對日本的態度也就清楚可知。丘逢甲對於日本維新之後強勢侵犯中國甚是不滿，但卻也不敢輕忽：「西海潮流猛秦火，東風復助為妖禍」、「東風更趁西潮猛，搖動齊州九點煙」，〔註137〕不過，他也肯定「日本志士，相與奮發為學，不三十年，亦遂以學強其國」的事實，所以，他接受中、日「同洲同文」的說法。他開創嶺東同文學堂教育人才，雖然該校的課程是以中學為主，西學為輔，但因為「西人有用之書，東人多以譯之，能讀東文，則不啻能讀西文也」，因此，學堂裡「聘中文、東文教習，

〔註132〕丘逢甲〈十一用前韻〉：「不須復古但尊王，一旅終興夏少康。」《嶺雲海日樓詩鈔》，頁160。〈次韻再答陳賓南，兼寄陳伯嚴〉：「庚子陳經拜宣聖，尊王遺義故應存。」《嶺雲海日樓詩鈔》，頁178。

〔註133〕丘逢甲：〈絜齋世丈以西園述懷集蘇六十韻見示，為賦五古四章〉，《嶺雲海日樓詩鈔》，頁349。

〔註134〕丘逢甲：〈己亥五月二日東山大忠祠祝文信國公生日〉，《嶺雲海日樓詩鈔》，頁110。

〔註135〕〈東山謁韓祠畢，得子華長句，次韻寄答〉、〈九龍有感〉、〈新寧劉小芸將為大江南北之游，介孝方索詩壯行，為賦四絕句〉、〈次韻答維卿師〉，《嶺雲海日樓詩鈔》，頁167、頁140、頁277、頁180。

〔註136〕見楊護源：〈擔任廣東學務公所議紳〉，收入《丘逢甲傳》（南投：臺灣省文獻委員會，1997年6月），頁151～頁164。

〔註137〕丘逢甲：〈寄贈國學保存會諸子〉、〈次前韻再柬友卿〉，《嶺雲海日樓詩鈔》，頁224、頁275。

以期速成」。〔註138〕丘逢甲的作品裡並未留下多少與日人交往的資料，但是，丘逢甲〈林氅雲郎中寄題蠔墩忠蹟詩冊，追憶舊事，次韻遙答〉詩注中說：「保臺之舉，日人平山氏比予為鄭成功，可愧也。」〔註139〕另外，從丘逢有〈法政學堂宴日本法學博士梅謙次郎，同行結城琢，即席有詩，因次其韻〉一詩，這樣看來，他與日人是有善意交往的。〔註140〕

四、汪春源的認同傾向

汪春源〈汪進士自述〉一文並未提及其先祖故籍之事，他應舉所報的籍貫是「臺灣安平」。

光緒二十一年乙未割臺事發時，他正在京應考，與在京的臺灣舉人羅秀惠、黃宗鼎等人上書呈文，表達臺人反對割臺的心聲，其中說：「與其生為降虜，不如死為義民。」這是以清朝臣民身分自居的話；但又說：

> 今者聞朝廷割棄臺地以與倭人，數千百萬生靈皆北向慟哭，閭巷婦孺莫不欲食倭人之肉，各懷一不共戴天之仇，誰肯甘心降敵！縱使倭人脅以兵力，而全臺赤子誓不與倭人俱生，勢必勉強支持，至矢亡援絕、數千百萬生靈盡歸糜爛而後已。〔註141〕

這一段話則深富有臺灣意識，臺人要爭取自身的生存權利，非由清廷或者日本決定。

割臺終成事實，汪春源內渡，他歸籍福建，流落閩南。光緒二十九年中為進士，籤分江西，後數年間行宦於江右、粵東。完成舉業受命為朝官，這是傳統社會知識份子的出路，我們無法由此看出汪春源對清廷的認同傾向，但他在地方官任上或擔任校卷等職務時，都是認真籌畫、勤政愛民。

汪春源對臺灣有深刻的故鄉情感，他在〈移寓〉之二云：「宦情似水棲身隱，世事如棋冷眼窺。廿載浮家萍泛感，愧無劉尹買山貲。」之四又云：

〔註138〕丘逢甲：〈創設嶺東同文學堂序〉，收入丘晨波、黃志萍、李尚行等編：《丘逢甲文集》（廣東：花城出版社，1994年6月），頁304。

〔註139〕丘逢甲：〈林氅雲郎中寄題蠔墩忠蹟詩冊，追憶舊事，次韻遙答〉，《嶺雲海日樓詩鈔》，頁130。

〔註140〕謝佳卿：〈丘逢甲對日觀念的轉變〉一文表示，丘逢甲對日本的態度所以轉變有二因，一為外在契機——維新思潮下習日風潮的投入，一為內在因素——中國認同意識下的思臺情懷。收入《臺灣源流》（1997年6月），頁70～頁80。

〔註141〕見〈戶部主事葉題雁等呈文〉，收入臺灣省文獻委員會編：《清光緒朝中日交涉史料選輯》（南投：臺灣省文獻委員會，1997年6月），頁230。

「星星鯤海幾遺民，何處桃源好隱淪？世變滄桑成幻夢，歲寒梅雪伴吟身。」
〔註142〕他離開臺灣之後就一直有飄泊流離之感，也以臺灣遺民的身份自居，
這就是他對臺灣認同的證明。林景仁〈秋日懷人六首〉中寫給汪春源詩中句
云：「渡江悽愴七鯤身，蟣虱空悲地上臣。」、「勞我屋梁瞻落月，幾時領略
義熙淳。」所勾勒出來的汪春源身影，正是遠離家鄉萍泛在大陸的被放逐之
人啊。

　　日人山吉盛義任駐廈領事時多次與鷺門文士行文酒之會，席間唱和之作
後輯爲《薌江唱和集》，汪春源留有詩作〈留園雅集席上即事〉；山吉盛義返
日時，汪春源有〈送米溪回日本〉：「十年回首舊澎臺，滿眼風雲鬱不開。容
我鯤溟頻擊楫，與君鷺島且傾罍。」可見，雖然與山吉義盛之間有融洽的交
誼，但是對於日本破滅大好家山的憤怒是不稍減少的。民國六年汪春源回到
臺灣，曾尋訪賀春波翁不遇。汪春源回贈給賀春波的詩題上說：「今春航臺島
留數旬，予在蕃境不得相見。」稱日本佔據之臺土爲蕃境，汪春源對日本的
態度可以想見。

　　思想的變遷費時緩長，不是短短數十年的時間可以明白呈現的。在瞬息
萬變的晚清時期，以國家興亡爲己任的知識分子在憂國憂民的同時，也深刻
察覺到自身身份也在時代潮流中移轉變化了，他們思考著該何去何從。海東
四子身處世變時代，和當時的中國人一樣，一方面得承受西方武力、文化的
衝擊，同時又得面對國內翻騰驟變的政局，在這同時，身份認同的追尋是他
們必須面對思考的問題；再加上海東四子「棄地遺民」的身份，造成他們的
遭遇更爲侘傺不平，認同困境也更多一番曲折。

　　依海東四子所處的時代來看，他們主要的活動時間是在清領時期的臺灣
以及內渡後的清朝末期，他們並且分別於光緒二年、十五年、十六年、二十
九年，赴京城參加科舉考試中爲進士，似乎是傳統社會中一般讀書人的出處
追求。不過，施、許、丘在中爲進士之後，都辭掉做官機會，回到家鄉臺灣
從事教育或墾土化番的工作。一般說來，科舉社群通過科舉考試，從朝廷那
兒獲得功名、官銜及較高的社會地位、較多的權利，與政權之間有一種相互
依存的關係，但是，就臺灣本土知識分子的施、許、丘、汪四人與清廷的關
係分析來看，他們並未落入科舉功名的坎陷之中；這和他們身處邊陲地區的

知識分子的身分，以及臺灣人民仍存有「漢」族的觀念有關，所以他們對於清朝政權的認同程度較爲淺泛。

　　海東四子家族移民到臺灣的時間不同，因此造成海東四子在「滿」、「漢」的認同程度也所差異；而在臺灣割讓給日本之後，他們被迫離開家鄉——臺灣，內渡到大陸，雖說是歸回「祖國」，但事實上卻是離根失所、流亡放逐；他們滯留大陸的期間正逢革命黨展開排滿覆滿行動的時候，他們再一次面臨認同的抉擇困境。在這一連串的政局變化之中，他們的出處一再進退失據，身份的認同也一再受到考驗。在海東四子遭逢變化過程中，我們看到有許多時候是時勢造弄人、人力有未逮的無奈；但是，在這曲折掙扎的抉擇過程中，我們也看到他們發揮了「主體」力量的可貴；透過他們的認同選擇，我們可以了解處在世變之際的臺灣知識分子的堅持與選擇，這也是其形象形成的因素。

第二節　西方的衝擊及反省

　　海東四子曾和西學有過怎樣的接觸？他們的傳統知識分子的身份在他們面對西學潮流時有怎樣的影響？他們接觸到那些新思想、新知識？又對這些新學新知有怎樣的認識？在西學的衝擊之下，他們對於傳統思想文化有過怎樣的反思？最後又如何在其中抉擇取捨？這些問題是本節所要探知的。當然，海東四子並不是思想大家，沒有專門的論述表達他們對西學問題的看法，在他們留下的作品中，也沒有系統地闡述他們這一方面的見解；不過，海東四子身爲晚清傳統知識分子，他們面對西學的態度以及受西學影響而產生的轉變等種種，正是當時傳統知識分子面對西學所呈現的現象中之一端，更重要的，由於他們的作品深具詩史的精神及價值，在作品中留下了當時時代面貌的種種，透過海東四子，我們可以多一個面向了解晚清知識分子是以何種態度面對西學；同時，他們在作品裡也留下了他們接觸西學的痕跡，了解海東四子對於西學的態度以及他們對傳統思想的反思，正是認識海東四子之時代精神的一個途徑。

一、海東四子與西學接觸的環境

（一）西學在中國的傳播發展

　　中國一直保持著文化大國的優越感，也忽略了對域外他國的認識與了解，更在清朝雍正元年（1723 年）因爲傳教士參與宮廷政爭而頒布了禁教令，

　　限制傳教士在中國的傳教活動；這對西教的宣傳固然是打擊，卻也完全阻絕了中西文化的交流，將中國摒排在世界潮流之外。可是，中國的閉關自守無法擋住西方洶湧的潮流。雍正禁教以後的一個世紀，西方世界發生一連串的重大改革，促成西方國家的變化與進步；之後，西方各國開始挾其強勢跨海到東方來找尋新天地，以擴張其勢力範圍。〔註143〕晚清最後的六十年間，即自中英鴉片戰爭（1840）之後，中國與西方有頻繁的接觸，在過程中發生了許多外交事件，甚至國家主權被侵略、國土有被瓜分的危險。

　　西力東漸，中國知識分子對西學有著許多的懷疑，在不同的階段，也對西學有不同的模仿學習與反省檢討。鴉片戰爭一戰，中國知識分子首先注意到西方船堅礮利的優勢，因而主張「師夷長技以制夷」，並展開火器機械的研究與學習，除開設造船廠、火器局，也聘用西方工程師製作、教導；但是沒有思想及制度做根柢，師夷器械之長的策略終告失敗。光緒十年（1884）中法戰爭的失利，更令朝野震驚，也徹底改變他們面對西學的態度，轉而探討西方政治觀念及制度，並嘗試改變中國固有的軍事、政治、教育各方面的制度以應新局。我們可以從〈臺灣府轉行山西省城洋務局延訪習知西事人員文啓〉這份文牘內容，看出當時學習西方方向的改變：

> 蓋聞經國以自強爲本，自強以儲才爲先。方今萬國盟聘，事變日多，洋務最爲當務之急；海疆諸省設局講求，並著成效。查中外交涉事宜，以商務爲體，以兵戰爲用，以條約爲章程，以周知各國物產、商情、疆域、政令、學術、兵械、公法律例爲根柢，以通曉各國語言、文字爲入門，世用所資至廣且急。〔註144〕

　　因此，舉凡天文、算學、水法、地輿、製器、公法條約、語言文字、兵械、礮船、礦學、電汽諸端，凡有涉於洋務者，都需要推廣學習，都需要培育人才。但是，這種認知、改變只發生在少數人身上，普遍大眾對西方的認識仍不正確。光緒二十年（1894）中日戰爭中國再次慘遭失敗，這時，知識分子才普遍覺醒，學習模仿西學的行動才日益趨烈，除了大量翻譯出版西學書刊，也創辦報紙，介紹西方新知及觀念，西學的流傳才較爲廣泛，中國知

〔註143〕郭廷以：〈從中外接觸上論中國近代化問題〉，收入《近代中國的變局》（臺北：聯經出版事業有限公司，1887年6月），頁99～頁101。

〔註144〕〈臺灣府轉行山西省城洋務局延訪習知西事人員文啓〉，收入臺灣銀行經濟研究室輯：《劉銘傳撫臺前後檔案》（南投：臺灣省文獻委員會，1997年6月），頁51。

識分子在思想上也因此而有較多的更新及改變。這些思想的更新及改變，主要表現在：由進化論學說體認到物競天擇、優勝劣敗意義，接觸到國家主權觀念、民族主義思想、天賦人權、競存救亡等觀念，並衍生出國家、群學的觀念，以及保國、保種、保教的主張，還有自由、平等、民主等政治思想，又基於平等的觀念而思考到中國婦女問題。〔註145〕概括地說，中國近代對西方的認識及學習，是從器械而制度、經濟、學術，再到社會文化的。

　　雖然中國知識分子對於西力東漸帶來的影響及傷害有醒覺之意識，也不斷進行各方面的自強運動以應變救國，但一直到了二十世紀初中國可能被亡國滅種的危險仍未能解除；光緒二十八年（1902），《臺灣日日新報》社論〈論二十世紀之太平洋〉一文，條分縷析當時新變世界中位處太平洋邊各國的態勢，可以讓我們對清廷在主權、軍事、經濟上均處劣勢，而且是當時列強的砧上肉之險境有一充分的了解：

　　　　嗚呼！二十世紀之太平洋，其為各國商業之競爭場乎？抑為各國兵
　　　　力之競爭場乎？十九世紀之初最有勢力之條頓民族……遂睥睨全球
　　　　無可染指，乃見夫太平洋之東有老大之帝國在焉，……遑論此腐敗
　　　　老朽之一大陸，於是入其土地，割其港灣、削其主權、監其政治，
　　　　有五千年文明之歷史之支那，遂變為列強之俎上肉、釜中魚耳！……
　　　　此二十世紀正太平洋多事之秋也，將為平和之通商場也，亦為競爭
　　　　之交戰場乎？國於太平洋之上者，有面積四百二十萬方里、人民四
　　　　億二百七十萬，乃任他種之蹂躪而莫之知也，悲夫！〔註146〕

　　學習西方六十年之後，中國不僅還無法自保自強，甚至面臨了亡國滅種的困境，清廷還是焦頭爛額不知所對，知識分子也各有不同的想法、主張，這些不同主張的派別力量互見消長、互相牽制；那一種主張才正確有用？那一種作法才能有效圖強？光緒二十多年時的中國，仍陷在紛亂不定的困局之中。〔註147〕

〔註145〕見王爾敏：〈十九世紀中國士大夫對中西關係之理解及衍生之新觀念〉，收入
　　　　《中國近代思想史論》（臺北：臺灣商務印書館，1995年2月），頁1～頁93。
〔註146〕《臺灣日日新報》，明治三十五年九月二十三日。
〔註147〕王爾敏：〈近代中國知識分子應變之自覺〉一文從「今視昔」的角度重新省視
　　　　那一段歷史，認為當時表面看似紛亂，但是當時中國知識分子對於大環境的
　　　　改變自有其醒覺之心，並在此醒覺的基礎上，發展出應變的理解與決心，雖
　　　　有各種不同的主張作法，但根本宗旨都是為求充實國力，為中國之存亡利害
　　　　作打算。收入《中國近代思想史論》（臺北：臺灣商務印書館，1995年2月），

　　除了大環境的挑戰與衝擊之外，中國知識分子也要面對本身身份地位移轉的處境問題。中國知識分子在承受西學帶來的衝擊之際，努力學習、模仿，並嘗試將西方的思想、文化、制度等融匯於中國社會固有的思想、文化；同時，他們也對中國傳統固有的學術、政教、文化展開一系列的思想醒覺活動，進行反思檢討與批判，因此而有自強、維新、立憲等政治革新，以及禁煙、不纏足、廢科舉等社會改革的行動。不過，也有傳統知識分子發出反響，認為傳統學術、思想及文化是中國歷史的基本，自有其不可抹煞的價值及意義，例如，「倭仁上疏咸豐皇帝，說治國之本在人心不在其他，勸皇上立為堯舜之志，深察密省，事事與唐虞互證，那樣上行下效，天下可長治久安。」他強調義理、精神是中國立國、治國之本。〔註148〕又例如推動維新運動的康有為主張維護正統的儒家文化，並鼓吹設孔學為國教，亦即模仿西方信仰形式，以作為維護固有思想文化而推出的運動。

　　在這求變以應變的風潮中，傳統知識分子並未都能對變化快速的時局做出即時的回應，甚至有因應轉變遲滯而被推擠至時代潮流的邊緣的，熊月之《西學東漸與晚清社會》指出當時知識份子面臨的處境：在新的形勢之下，中國文化已呈現某些不適應之處，需要作些調適；而作為中國文化人格代表的科甲正途人員，需要更新知識結構，重新學習。這對于長期生活在天朝獨尊文化氛圍中的人，對于從科舉道路艱苦攀登取得社會地位的人，對於習慣談忠信禮義、全不懂科學技藝的人，要他們承認自己文化有缺陷，要他們否定自己的存在價值，要他們另闢蹊徑重新學習，不但是痛苦的，也是困難的。〔註149〕

　　在這轉變劇烈的時代中，中國傳統知識分子在為實踐儒家仁愛理想而憂國憂民之際，其實，他們自身也正一步步被排擠到這舊有規範與秩序逐漸傾頹敗毀的社會邊緣了，因為在接受西方新知識的新知識分子對照之下，傳統的「士」，顯然已不符合新時代的需要。王汎森〈近知識份子自我形象的轉變〉一文說：西方科技大舉湧入中國之後，人們發現所謂兩種知識的不同，四民之中，農工商屬於自然知識，士屬於指規範知識，這兩種知識的的升降當然也就決定了四民的性質與定位。而一九〇五年廢科舉則是兩者知識的分裂

頁 441。

〔註148〕熊月之：《西學東漸與晚清社會》（上海：人民出版社，1995 年 4 月第二次印刷），頁 326。

〔註149〕熊月之：《西學東漸與晚清社會》，頁 332。

點。對大部讀書人來說，廢科舉斲喪了他們的前途，把有規範知識而無自然知識的舊讀書人推向社會的邊緣。廢科舉，使得仕、學合一的傳統中斷了，逼使「士」成為一個漂浮的階層，他們頓失所依，失業或汲汲尋找新出路，突顯出士之無用及自我定位的困難，也促成了士之自貶自抑。〔註150〕

　　傳統的知識分子被迫成為一個「漂浮的階層」，他們除了要應變在社會中失去自我定位的現實問題之外，同時也必需調適心中逐漸加深的自我邊緣化的失落感。

（二）臺灣西學發展的情形

　　臺灣位處於太平洋西邊海陸交通的關鍵位置，是西方船隻來到東方後的理想休息站，又因為有豐富資源，西方諸國無不欲佔為己有。因為這樣的因素，自明代開始，臺灣已和西方世界接觸，透過商務的擴展，西方的科技、宗教、文化以及生活器物，早在臺灣社會出現，影響著臺灣人民的生活。清領時期，經過沈葆楨、丁日昌、劉銘傳等人的建設後，臺灣日趨現代化，到光緒十多年時，臺灣現代化的程度更是超過當時的大陸。內渡之前，海東四子所生活的臺灣社會，西學發展的情形如何？這是以下的論述所要說明的。

　　明朝時代，西方殖民勢力就進入臺灣。明熹宗天啓四年（1624）以後，荷蘭、西班牙進佔臺灣，在臺灣建教堂、設社學，課臺人以荷文荷語及新舊約；〔註151〕當時是以傳教、學習語言文字為主，卻也是臺灣與西方文化接觸的開始。荷人據臺灣四十多年，並以東印度公司經營臺灣商業，西方的宗教、文化隨著商業的發展進入臺灣。其後，在明鄭時期，英、葡、西、日本等國船隻都來到臺灣通商貿易；清領之後，與外國的貿易照往例辦理；雍正時因高其倬奏開洋通商，臺灣商務為之一進，商船絡繹於海上。天津條約中許開臺灣互市，美、法、德等國相繼而來，派領事、劃租界、設商行、建棧房。由於商業興榮，輪船出入頻繁，中外交涉亦日愈繁雜，咸豐年間因而開設通商局以辦理租界商務，並處理領事往來、教堂傳教以及華洋互訟之事，〔註152〕當時臺灣與西人商業、外交、文化上的接觸可見一般；不過，就一般百姓來說，西人、西學仍在他們的生活之外。

〔註150〕王汎森：〈近代知識份子自我形象的轉變〉，收入《中國近代思想與學術的
　　　　系譜》（臺北：聯經出版公司，2003年6月），頁275～頁302。
〔註151〕連橫：《臺灣通史・教育志》（臺北：眾文圖書公司，1994年5月），頁268。
〔註152〕連橫：《臺灣通史・教育志》，頁625～頁630。

　　西學在臺灣的傳播不能忽略傳教士的努力。荷人據臺時，即在臺灣建教堂、譯聖經、授十誡，宣揚景教；明鄭時期荷人離開臺灣後，仍有許多傳教的牧師留下，繼續傳教的任務。清初禁教，因此清領之後臺灣也閉關自守，直到鴉片戰後臺灣開口通商，教會才再次在臺灣展開傳教活動。事實上，除了傳教之外，傳教士也推動了醫療救治、社會福利、教育養才、介紹科學新知等工作，西方天主教、基督教藉著傳教過程介紹西方文化，也傳進翻譯的書籍、報紙等，這些都是臺人與西方新學接觸的管道。

　　同治四年（1865），英國牧師馬雅谷來臺，傳教之餘也以藥醫人，並傳授醫術，於是西醫名聞遐邇；他頒發上海翻譯的西書給教徒，教徒因此漸知天下大勢，也有派子弟肄業於福州、香港，攻英文、習西學。後又有牧師加閔在岸裡社傳教，並開設醫院行醫；〔註153〕英國醫士梅威令在旗後自設醫館，傳授醫術。臺灣的新式教育，始於同治年間基督教會到臺傳教時。光緒二年（1876），基督教會為培育傳教人才，在臺南設立長老教神學院以及男、女中學堂，又在淡水設立理學堂大書院、淡水女學院。

　　鴉片戰爭之後，西方力量大舉東侵中國，位於東南海隅的臺灣首當其衝，尤其自從臺灣開淡水、基隆、安平、打狗四港通商之後，西方列強除傳教、商業活動之外，並進一步想在臺灣拓展他們的勢力；臺灣除要對抗列強的軍事攻擊，也要面對西方新學的衝擊，並且思考如何師夷所長以救國保鄉。同治十三年（1863），沈葆楨奏請架設電線以速軍情。光緒十一年（1885），劉銘傳任福建巡撫，開始在臺灣推動新政。劉銘傳有時代意識、思想進步，他深知臺灣與整個國家發展的關係重大，因此，他想要把臺灣建設成一個模範省。他在臺灣開辦煤礦、架電線、設西式學堂、招商局、電燈、自來水、醫院等等，在他的建設之下，當時的臺北儼然成為一個近代化都市。〔註154〕另外，劉銘傳兩次上疏請造鐵路，得旨照議，因此動工興築臺北、基隆之間的鐵道，後又延續到新竹。光緒十二年，劉銘傳飭通商局開辦南北電報線聯通工程，十三年，並接通與福州聯線，自此之後，臺灣也擴展了與國際的連線。劉銘傳又鑿井設管線導引成自來水，用者稱便。劉銘傳又奏請改設郵政，並在光緒十四年於臺北設郵吏總局，各地設分局。臺灣航運興盛後，因海上航

〔註153〕連橫：《臺灣通史・宗教志・景教》（臺北：眾文圖書公司，1994 年 5 月），
　　　　頁 580～頁 538。
〔註154〕郭廷以：《臺灣史事概說》（臺北：正中書局，1993 年 11 月初版第十一次印
　　　　行），頁 191～頁 209。

行易遇風濤而生意外，因而於光緒年間建設洋式燈塔。〔註155〕新政需要新的人才，而要有新的人才必須有新式的教育。在新式學堂培育出學會西方知識的人才之前，臺灣的一切軍事、交通、工廠、建設仍不能不借西人，此乃當時不得已的辦法，但也就突顯出培育本土知識專才的迫切與重要性。〔註156〕

臺灣的官立新式教育始於劉銘傳在臺灣推行新政時。劉銘傳認爲臺灣爲海上衝要之區，通商籌防動關國外交涉，非引進西方學術不足以應世變而固邊疆，因此，他又推動新式教育以培育推動時務所需的人才。他先在光緒十二年（1886）時創設電報學堂，目的在培養專工；又在第二年春天開辦中西學堂，這是臺灣第一個新式學堂，性質近乎工業學校。〔註157〕劉銘傳規劃著臺灣發展的長期遠景。他在〈臺設西學堂招選生徒延聘西師立案摺〉中說：

> 臺灣爲海疆衝要之區，通商籌防，動關交涉。祇以一隅孤陋，各國
> 語言文字，輒未知所講求。……因思聘延教習，就地育才。初擬官
> 紳捐集微資，造就一、二良才，以資任用，詎一時聞風興起，膠庠
> 俊秀，接踵而來，不得不開設學堂，以廣朝廷教育人才之意。……
> 計自光緒十三年三月起，迄今已逾一年，規模初立。臣嘗親加考察，
> 所習語言文字，均有成效可觀。擬漸進以圖算測量製造之學，冀各
> 學生砥礪研磨，日臻有用。而臺地現辦機器製造、煤礦鐵路，將來
> 亦不患任使無才。〔註158〕

臺灣新式教育實施的時間雖然短，但開國內風氣之先，〔註159〕可惜的是，光緒十八年（1892），新任的臺灣巡撫邵友濂到任後，將所有進行中的新政皆予裁撤。

雖然海東四子接受的是儒家系統教育，不過，他們生在臺灣、長在臺灣，沈葆禎、劉銘傳建設臺灣時，他們正值青壯學習階段，隨著臺灣發展情勢的改變，他們也感受到時代新潮流的波動，並且有所因應及改變。

〔註155〕連橫：《臺灣通史‧郵傳志》，頁513～頁537。
〔註156〕郭廷以：《臺灣史事概說》，頁191～頁209。
〔註157〕郭廷以：《臺灣史事概說》，頁204。
〔註158〕劉銘傳：《劉壯肅公奏議》卷六（南投：臺灣省文獻委員會，1997年6月），頁297。
〔註159〕臺灣省文獻委員會編：《臺灣史》（臺北：眾文圖書公司，1994年5月一版二刷），頁316。

二、海東四子面對西學的態度

（一）臺灣時期

海東四子內渡前的作品不多，在其中留下的西方新學的資料更是屈指可數，但仍可看出四子對西學所抱持的態度，現列述於下：

1、施士洁

光緒初年，施士洁面對西方仍抱持文化大國的自信態度以對，所以，他在中、法越南戰爭時所寫的詩作中毫不遮掩對「西夷」的鄙視，他在〈（越南聞捷，與祁辛垓同年夜談聯句）疊前韻〉詩中說：

左李輔中興，天下尊二老。髮逆尚蕩平，小醜曷足討？

蠢茲法國夷，到處滋蔓草，蠡目而犲聲，惡態堪絕倒。……

我朝重慈祥，恥言雜霸道，堂堂劉將軍，威聲震諸島；

諭敵一紙書，推襟復送抱。視彼鬼子奴，牛驥詎同皁？〔註 160〕

又在〈讀劉爵帥與法夷書，和星皆韻〉詩中說：

去歲癸未月在酉，赤嵌城中沸眾口。云是法越相仇偶，滇越界外肆哮吼。妖氛狼毒比鴆酒，螳臂當車噫可醜！畫虎不成反類狗，妄想移山笑愚叟。三宣爵督劉琨後，叱咤能使洋鬼走，腰間劍氣射牛斗。

〔註 161〕

他既視西人為「夷」，稱以「小醜」、「鬼子奴」，可見他是抱持文化大國的態度面對西方國家；不過，劉銘傳新政建設的西方事物卻已進入他的生活之中了。例如：臺灣電線的架設，在丁日昌任內完成，劉銘傳更將之與福州連線；光緒十年，劉永福在越南中法戰爭中獲勝，捷報透過電報傳到臺灣，施士洁興奮地與好友祁莘垓聯句作詩，詩中提到：「電音海外來，我輩紓懷抱。」〔註 162〕致於其他的日用器物方面，施士洁還提過玻璃〔註 163〕以及自鳴鐘，並寫有〈自鳴鐘〉組詩六首，敘述他對新巧靈奇的自鳴鐘的構造的觀察及看法：「飛輪走線權衡妙，折矩周規造化融。鉄是蒺藜鏡夷則，合成一體自然銅」、「神鍼指定雙聲遞，怒杵橫衝黃窈轟。莫道小鳴無氣力，乘時一動也錚錚。」

〔註 160〕施士洁：《後蘇龕合集》，頁 321。

〔註 161〕施士洁：《後蘇龕合集》，頁 327。

〔註 162〕施士洁：〈越南聞捷，與祁莘垓同年夜談聯句〉，《後蘇龕合集》，頁 320。

〔註 163〕施士洁〈初冬雜詩和西庚韻〉：「六角頗黎外，烘窗氣忽暄。」《後蘇龕合集》，頁 47。

對於這新巧的西來之物，施士洁在好奇之餘，卻也不以爲然：「年來到處有西風，處處高樓處處鐘。惱煞春申江上路，不分子午亂丁東。」、「何人傳到西來法，玉漏銅壺未足誇。我有貓晴更工巧，畫成正午牡丹花。」〔註164〕

2、許南英

光緒四年（1978），沈葆楨聘美國工程師勘驗油脈、購機器、開採煤油；光緒十一年，劉銘傳也聘用外國礦師開採基隆煤礦，這是因爲在當時的環境條件之下不得不借用西人；但是，經費繁雜，不敷開用，而且委員浮冒，積弊日深。〔註165〕許南英對於新設施都潛心研究，他注意到在工業建設的事業中聘用外國工程師不能切實地建設臺灣工業這一問題，因此，許南英提出他的見解：每以爲機器、礦務或其他實業都應自己學會了自己辦，異族絕靠不住。〔註166〕

3、丘逢甲

光緒十五年（1889），丘逢甲赴京科考時，抱著新鮮好奇的心情從塘沽搭坐火車到津門，「電影雷聲三百里，角飛城畔試飛車」，回臺之後他追述這一件往事，對整個時代環境做了評估，「不動夷氛三十載，等閒笑看火車來」，〔註167〕沒料到事隔不到幾年，竟是「東夷」發動甲午戰爭，強行侵佔臺灣，迫使他必須離開家鄉。

丘逢甲對於臺灣的開發事業中重用外國工程師一事也是不以爲然的，因爲在臺灣發展歷史中，西夷一向是覬覦這一塊土地的，另外，他對劉銘傳建設的鐵路、電線也並非完全贊同支持：「雷車電索蠻夷氣」。〔註168〕不過，他在〈病起戲柬瑜玉頌臣〉詩中記云：「苦教秤藥累眞長（瑜玉屢給藥物，頌臣並爲處方）。…急效旁求海上方（兼用西醫藥），自是消摩能愈疾。」〔註169〕我們從詩人接受西方的治療方法這一行爲，可以知道他對西學的態度也並非完全排斥。

〔註164〕施士洁：《後蘇龕合集》，頁56。
〔註165〕連橫：《臺灣通史・榷賣志》，頁499～頁506。
〔註166〕許贊堃：〈窺園先生詩傳〉，收入《窺園留草》，頁236。
〔註167〕丘逢甲：〈塘沽坐火輪車抵津門〉，見《柏莊詩草》，收入世界河南堂丘氏文獻社編：《丘逢甲遺作》（臺北：世界河南堂丘氏文獻社，1998年12月），頁67。
〔註168〕丘逢甲：〈臺北秋感〉，《丘逢甲遺作》，頁101。
〔註169〕丘逢甲：《丘逢甲遺作》，頁5。

（二）內渡之後

光緒二十一年臺灣民主國抗日失敗，海東四子內渡大陸，從他們內渡至身亡這二十多年的時間裡，中國社會變動劇烈，再加上西學的衝擊，國家的動向是無法做出預測的。以下，先說明當時中國境內西學傳播及影響的情況，再敘述海東四子在面對這種情況之下所抱持的態度。

西學在中國的傳播情形，隨著中國與西方諸國接觸情況的改變而有不同，梁啓超《清代學術概論》說：

> 鴉片戰役以後，志士扼腕切齒，引爲大辱奇戚，思所以自湔拔；經
> 世致用觀念之復活，炎炎不可抑。又海禁既開，所謂「西學」者逐
> 漸輸入；始則工藝，次則政制。〔註170〕

致於對光緒年間的西學發展變化經過，他在《清代學術概論》一書中有詳細的描述：

> 光緒間所謂「新學家」者，欲求知識於外域，即以此爲枕中鴻秘，
> 蓋「學問飢餓」，至是而極矣。甲午喪師，舉國震動；年少氣盛之士，
> 疾首扼腕言「維新變法」，而疆吏若李鴻章張之洞輩，亦稍稍和之。
> 而其流行語，則有所謂「中學爲體西學爲用」者；張之洞最樂道之，
> 而舉國以爲至言。……戊戌政變，繼以庚子拳禍，清室衰微益暴露，
> 青年學子相率求學海外；而日本以接境故，赴者尤眾。壬寅癸卯間，
> 譯述之業特盛；定期出版之雜誌不下數十種。……時獨有侯官嚴復，
> 先後譯赫胥黎《天演論》，斯密亞丹《原富》，穆勒約翰《名學》，《群
> 己權界論》，孟德斯鳩《法意》，斯賓塞爾《群學肄言》等數種，皆
> 名著也，雖半屬舊籍，去時勢頗遠；然西洋留學生與本國思想界發
> 生關係者，復其首也。〔註171〕

中國社會各界大量翻譯刊印西書、創辦報紙、開設學會，對西學展開熱烈的接觸與學習，直接出國留學取經的人數也日益增加，其目的都是在求快速傳播、學習西學，以追求中國的富強，因此，光緒年間，西學在中國也就愈發普遍傳播，影響的層面也由器物、制度，逐漸深入到思想、文化方面了。這就是海東四子內渡大陸之後所面對的大環境的情形。

〔註170〕梁啓超：《清代學術概論》（臺北：臺灣商務印書館，1994年1月臺2版），頁117。

〔註171〕梁啓超：《清代學術概論》，頁160～頁164。

1、施士洁

　　內渡之後，施士洁在飄泊流離之際，察覺到中國在新世界中地位的改變，也感受到西學的影響力：「寓公大有神州感，風自西來日自東。」〔註172〕但是，面對這樣的新局，方值不惑之年的施士洁卻退縮閃避，他在〈六月三日移寓鷺門〉及〈乙未除夕感懷，寄示林彭壽公子〉二詩中都表達出這種想法：

　　震耳風潮極遠東，有人抱膝草廬中。

　　沙場猨鶴憐君子，塵海魚龍感寓公！

　　竿馬魋僮新世界，胡琴羌笛小癡聾。

　　江關詞賦多蕭瑟，愁絕蘭成寄興同。〔註173〕

　　朝廷百度維新日，獨我天鍾片石頑。

　　逃墨歸儒翻自笑，此身祇合老荒山。〔註174〕

　　施士洁這種態度，一直到民國成立以後仍沒有多少的改變：「客中一十七除夕，今夕愁來不可除。吾國少年吾老矣，忍拋舊學學新書？」〔註175〕

　　施士洁抱著「抱葉雌蟬」、「絕塵離俗」的自我邊緣化態度，只求能在亂世之中獨善其身，「離塵索居，無悲憫怨尤之致，斯足怡矣」、〔註176〕「季世人高東漢節，松廬我欲隱申屠」。〔註177〕施士洁迫於時代大環境中的被扭轉自有其無可奈何之處，但他每每自言：「自笑多烘舊頭腦，相逢恐被少年嘲」、「心迹略同前進士，頭銜合署古先生」、「休怪老民頑到底，問誰宜古復宜今」，〔註178〕卻也顯得過於保守而未能有所作為。

〔註172〕施士洁：〈同謝鷗塵和俞卓丞二尹「登金門城感懷」韻〉，《後蘇龕合集》，頁175。

〔註173〕施士洁：〈六月三日移寓鷺門〉，《後蘇龕合集》，頁154。

〔註174〕施士洁：〈乙未除夕感懷，寄示林彭壽公子〉，《後蘇龕合集》，頁155。

〔註175〕施士洁：〈庚戌除夕，鷺門提帥公署梅花盛開。垣公時在幕中，折贈數枝，以為寒齋清供，並索償詩〉，《後蘇龕合集》，頁192。

〔註176〕施士洁：〈邇來蛛隱，不出戶庭，雖抱葉雌蟬，而離塵索居，無悲憫怨尤之致，斯足怡矣。吾友景商代議士，今之健者，亦古之狂。其於吾也，迹判雲泥，情同印驅。歲月電邁，昀將北行，攜手河梁，則又不能不慷慨歃獻作荊卿變徵調也！王子少濤與吾同志，共就敝廬，拂榻聊餞一杯。爰命侍兒洗手調羹，以侑薄酌。客中鴻雪，爪迹堪珍，書此為他日券〉，《後蘇龕合集》，頁221。

〔註177〕施士洁：〈允白和「心」字韻七律三首，自蒒江郵寄鷺門；觸我吟懷，感書時事，疊韻答之〉，《後蘇龕合集》，頁229。

〔註178〕施士洁：〈次黃光五「秋感」韻寄鷗塵〉、〈衙齋書感〉、〈允白和「心」字韻七律

不過，細究起來，施士洁終其一生秉抱著儒家仁民愛物的精神，憂國憫民，在「泣罪傷心枉下車，救時未解讀何書！……無術搏成新世界，有人撞壞好家居」〔註179〕的自責與反思之餘，他也常常就他觀察所見的國家及社會的問題發出議論：「神州莽莽黯前途，太息東方一病夫！巧宦夤緣爲國蠹，計臣聚斂亦錢奴！麟皮閃爍爭蒙援，魚目迷離竟混珠。」〔註180〕他並且大聲呼籲：「腥風羶燄迫遠東，群雄割據何時已？安得漁人袖手待，看汝相持鷸蚌死。龐然帝國嗟老大，不及天驕乳臭犗。干戈已動五洲塵，禮樂尚循三代矩。乘車張蓋黑頭公，坐使蠻荊今蠢爾。」〔註181〕

他引用埃及淪爲英國殖民地以及波蘭三次被瓜分爲例，呼告國人勿再抱有文化大國的老大心理，要醒覺國家被瓜分的險境，齊心爲救國而奮鬥；他不贊成在外強環伺的情況下自己國內還鬧革命風潮，雖然他沒有提出具體的辦法，但覺民醒民的企圖很明白、愛國憂民之心也明顯可見。

2、許南英

面對世變時代產生醒覺意識，並進而思考如何應變，這在光緒年間時的中國知識分子中是普遍存在的現象，他們本著易經「變易」之理，及其中所蘊涵的「自強不息」精神，發展成他們面對世變時處世治事的依據。梁啓超據此提出「窮則變，變則通，通則久」的道理，主張：「變亦變，不變亦變，變而變者，變之權操諸己，可以保國，可以保種，可以保教。」嚴復翻譯《天演論》，也提出整個宇宙充滿「不可窮詰之變動」的觀念，而「物競天擇」是變動的淘選法則，藉以鼓動中國人民。他們的目的都在鼓吹「自強應變」之精神，以求在世變中追求到國家的富強。〔註182〕

許贊堃〈窺園先生詩傳〉：

（先生）是個時代意識很強的人，……他對於新學追求甚力，凡當時報章雜誌，都用心去讀；凡關於政治與世界大事底論文，先生尤

律三首，自鮜江郵寄鷺門；觸我吟懷，感書時事，疊韻答之〉，《後蘇龕合集》，頁 213、頁 205、頁 229。
〔註179〕施士洁：〈衛齋書感〉，《後蘇龕合集》，頁 205。
〔註180〕施士洁：〈允白和「心」字韻七律三首，自鮜江郵寄鷺門；觸我吟懷，感書時事，疊韻答之〉，《後蘇龕合集》，頁 229。
〔註181〕施士洁：〈五疊前韻〉，《後蘇龕合集》，頁 153。
〔註182〕王爾敏：〈近代中國知識分子應變之自覺〉，收入《中國近代思想史論》（臺北：臺灣商務印書館，1995 年 2 月），頁 383～445。

有體會底能力。他不怕請教別人，對於外國字有時問到兒輩。他底
詩中用了很多當時底新名詞，並且時時流露他對於國家前途底憂
慮，足以知道他是個富於時代意識底詩人。〔註183〕

許南英在臺灣時就努力接觸新學，對於新設施都潛心研究；內渡後，他
察覺到時代即將有巨大的變動，更積極地學習新知，卻也感受到傳統知識分
子在新時代的尷尬地位，甚至有被時代淘汰的危機，這種面對時代巨變時的
感知及焦慮，在他〈題王泳翔玉照〉一詩中表達得非常明白：

　　天地不仁芻狗虐，水火風雷開橐鑰；船堅礮利誇富強，渺茲毛錐弱
　　又弱！典謨訓誥古鴻文，科目文章今鴆毒！不任吾用中書君，我將
　　並硯一齊焚。浪說銘勳鑄銅柱，羞談射策入金門！憶自秦漢唐宋元
　　明全盛日，其間文人幾輩出？高文大冊稱作家，無補斯民於萬
　　一！……擲筆尚思空外去，不知海國已滄桑！我輩何辜當其際，雲
　　散風流如隔世。……天忌斯文天不弔！滔滔皆是我同群，大筆如椽
　　饑莫療。吁嗟乎！大筆如椽饑莫療，請爾張琴變新調。〔註184〕

詩中寫盡亂世書生無用於世的慨嘆與無奈，但他既察覺時代的變化，也
明白應時而變的需要，因此他在充分的自覺下做出應變的決心，也有許多實
際行動的改變，如他為照顧家庭走上本不願走的宦途，再如他在縣宰任上建
設新式學堂、推動新式教育，又如他鼓勵中國學子出國留學，這些都是證明。
他尤其注意時局的變化，也關心人民在亂世時代的疾苦，總希望能藉著職務
之便為民造福，這都是他所做的改變。而他明確決心的宣示，就如他在詩中
亟亟勸勉至交王泳翔所說的：「請爾張琴變新調。」

3、丘逢甲

內渡後第二年歲暮，丘逢甲觀察國家情勢的危急，並將當時的所見所聞
寫成〈歲暮雜感〉十首詩，其二云：

　　電駭雷驚局屢新，夢中愁見海揚塵。
　　九夷何地容嬉鳳，兩曜兼旬厄鬪麟。
　　赤縣鴻流埋息壤，紫垣狼燄迫勾陳。
　　鄒生漫詫談天口，吹律先回黍谷春。

丘逢甲認為清廷懷柔之術抵擋不住西方列強的入侵，而北方的俄國更不

〔註183〕許南英：《窺園留草》，頁246。
〔註184〕許南英：《窺園留草》，頁45。

可不提防：「老生苦記文忠語，多恐中原見鵞章。」

丘逢甲也察覺到時代環境的變化：「山海龍呼愁變夏，春秋麟泣戒書夷。」〔註185〕他也看到西方新學在中國境內造成中與西、新與舊的許多矛盾與衝突，但是時代的巨輪繼續轉動，沒有什麼力量能將它停下來：「三年變態無不有，世界非新亦非舊。前顛後仆人幾何，新不能維舊難守。」〔註186〕不過，他仍秉持原來的主張，堅持「治平要自儒者事，豈在西法趨從歐。」〔註187〕所以，光緒二十七年，他到汕頭為潮人士衍說孔教：「重提孔子尊王義，如日中天萬象看。」光緒二十八年，丘逢甲有詩云：「心關國粹謀興學，目笑時流說重魂。庚子陳經拜宣聖，尊王遺義故應存。」光緒二十九年，他在答友人詩中說：「儻容儒術濟時艱，老抱遺經豈聽閒。河鎮未歸金世界，大師猶解薦龜山。」〔註188〕在這幾年的時間裡，丘逢甲宣倡孔教、儒術，欲藉之以振國、建國的心意明白可見。但是他眼見在西力入侵、國情危急的情形之下，儒術治國緩不濟急的問題也極為憂心：

> 儒書無能解國憂，仡仡食古心不休。飛蓬自轉落葉下，誰實作俑為車舟。坐令機械生西歐，古制破裂不可收。天地日月驅作球，小儒咋舌大儒歎。遐欲問天窮所由，天公方醉了不酬。萬事變滅如浮漚，山川雖缺仍金甌。〔註189〕

丘逢甲覺知到時代的變易，也確知應變的必要，但是，世界局勢扭轉大變，傳統學術文化擋不住西方科技機械的強大力量，這是迫在眉睫亟需解決的問題，他在〈題王壽山先生人心盡如此圖〉詩中，表達同樣的焦慮：

> 百年未滿萬事變，人心非復君時同。此時張絃論天下，自非更改難為功。奈何古樂付俗手，一任繁急乖商宮。〔註190〕

到了宣統年間，由於中國的困境仍未改變，丘逢甲這種憂心依舊存在，甚且因為失望而轉而有退隱的心境：

〔註185〕前引詩及這兩兩句詩句見丘逢甲：〈歲暮雜感〉，《嶺雲海日樓詩鈔》，頁42。
〔註186〕丘逢甲：〈眉仙為作獨立圖，三年尚未成，作此速之〉，《嶺雲海日樓詩鈔》，167。
〔註187〕丘逢甲：〈長句贈許仙屏中丞並乞書心太平草廬額，時將歸潮州〉，《嶺雲海日樓詩鈔》，頁33。
〔註188〕丘逢甲：〈為潮人士衍說孔教于鮀浦，伯瑤見訪有詩，次韻答之〉、〈次韻再答賓南，兼記陳伯嚴〉、〈次韻答友人〉，《嶺雲海日樓詩鈔》，頁175、頁177、頁183。
〔註189〕丘逢甲：〈東山酒樓放歌〉，《嶺雲海日樓詩鈔》，頁111。
〔註190〕丘逢甲：《嶺雲海日樓詩鈔》，頁190。

嗟哉文學在今日，遭值世宙方昏霧。已抑公羊作餅家，更誣孔子爲
儒童。三年不飛亦已矣，豈有一舉天能沖？夐乎欲論太平世，人狙
出口誰能容？君家仲堅昔吾慕，偶然游戲海上思作虬髯公。安知仍
落此世界，儒冠復戴奄奄欲絕寧吾衷。已無一時豪傑可摧倒，聊欲
萬古開拓吾心胸。崑崙山脈走南戎，萬水趨海朝祝融。此間山水清
雄良足寄懷抱，且收倚天長劍韜神鋒。太平之民或容作，教取子孫
識字爲耕農。〔註191〕

三、海東四子接觸西學的內容

（一）社會思想方面

1、天演論

在當時外強中弱的國際情勢下，西人將西方的強盛和中國的敗落歸結原
因乃出於白色人種的優良和黃色人種的低劣；中國志士力斥「白優黃劣」此
種荒謬的說法，並認爲人乃進化之產物，雖有黃白之異，卻無優劣之分，至
於中國積弱現象是有其歷史社會原因的。爲了擺脫積弱的困境，中國知識分
子有自強之醒覺意識，並形成「自強保種」的主張及作法。光緒二十四年
（1898），嚴復譯述赫胥黎的《天演論》出版了，他藉天地間物競天擇的殘酷
現象，以鼓吹強族保種的思想，並提出「人治」、「合群」的說法，主張充分
發揮個人的意志力及合群的力量，以對抗自然淘汰的法則。嚴氏書一出，中
國近代知識分子熱烈回應，視爲救亡圖存的良藥。嚴復又引進達爾文的《物
種原始》一書，宣傳「物競天擇，適者生存」的論點，同樣在當時社會蔚爲
風潮，影響深刻，也間接形成國家、民族主義等觀念的傳播。

關於「物競天擇，適者生存」的學說，海東四子在作品表達了他們的看
法。施士洁〈次亦籛韻並柬邱蘊山明經〉詩中云：「劍冷琴焦一寓公，迴旋天
演急渦中。」〔註192〕施士洁認爲自己在天演漩渦中浮沈，無力扭轉情勢，他
的態度顯得被動且消極。他又在〈盧用川甓尹以墨拓魏碑、壽山石印相貽，
作此謝之，兼柬其尊甫坦公〉詩中說：

人言二十世紀之舞臺，歐風亞雨紛交催；睡獅殘夢了不覺，天生黃

〔註191〕丘逢甲：〈以攝影法成澹定邨心太平草廬圖，張六士爲題長句，次其韻〉《嶺
　　　　雲海日樓詩鈔》，頁243。
〔註192〕施士洁：《後蘇龕合集》，頁180。

種胡為哉？〔註193〕

對於中國遲遲未能擺脫任人宰割的困境，施士洁認為有愧於民族尊嚴，因此詰責以問。他還曾借用「天演」一詞，祝賀結婚二十五年的林爾嘉夫婦「從此好循天演例，銀婚儔指到金婚」，〔註194〕成了遊戲文字。

許南英〈臺感〉詩中曾反省當時的中西局勢，他認為西方強於中國是事實，致於日本明治維新「武健追隨白種人」，西化成功後進而侵略中國、佔據臺灣，他反省造成這種情勢的原因：「臺灣蠻語埋冤字，我道無冤不用埋。天演例原優者勝，地歸民定與之偕。」〔註195〕他藉臺灣早期的名稱「埋冤」一詞，諷刺中國朝廷不思振作，成為列強窺伺、瓜分的對象是咎由自取，為救國保種，必得自強奮起才能達成，這種態度則是「反求諸己」的表現。

許南英寫有〈早起〉詩中說積弱的中國猶如西方列強所織結的網中之蚊，只能任西人宰割：「乃知天演理，勝敗原不易。嗟我黃種人，異種日逼迫；日日世網中，俯仰皆跼蹐。」〔註196〕他以反諷的手法勸諭：只要能自立自強，就是天演理論中的強者。許贊元欲赴日本學習軍事時，許南英叮嚀他：「具此七尺軀，生此競爭世；國步正艱難，及時策勉勵。」〔註197〕也是一樣的想法。

許南英另有二首詩表現出對中國新式教育培育之下或文、或武的新生代的樂觀期待，認為他們將會扭轉當時「白優黃劣」的荒謬說法，重振中華雄風，他並且進而對中華民族的前途抱著光明的希望，一是〈秋懷八首和丘仙根工部原韻〉云：

黃種近編新憲法，青年待起自強軍。

暮笳曉角何悲壯，愛國歌聲動地聞。〔註198〕

另一是在〈留別陽春紳士〉詩中云：

歐鉛亞槧日輪將，學界從今亟改良。

後起青年勤淬厲，前途黃種卜靈長。

孤寒有士皆分席，慷慨何人肯解囊？

合為諸生開望眼，相期祖國煥輝光。〔註199〕

〔註193〕施士洁：《後蘇龕合集》，頁190。
〔註194〕施士洁：〈菽莊林侍郎偕配龔夫人舉行泰西銀婚禮式〉，《後蘇龕合集》，頁259。
〔註195〕許南英：《窺園留草》，頁83。
〔註196〕許南英：《窺園留草》，頁105。
〔註197〕許南英：〈次兒叔壬東洋就學書所勉〉，《窺園留草》，頁92。
〔註198〕許南英：《窺園留草》，頁86。

丘逢甲對於當時列強環伺深感憂慮，他在〈創設嶺東同文學堂序〉記道：

> 德國報至有謂華人之種甚賤，惟當以數點鐘傾盡轟沉海底，別遺人
> 傳種其地，始爲善法。嗚呼！吾聞此語，未嘗不心驚肉顫，撫膺太
> 息泣血，爲我四萬萬同胞齊一哭也。

他在〈重送王曉滄次前韻〉一詩中說：「競爭世界論天演，此去閩中太有人。」〔註200〕只是敦勉鼓勵友人之言，看不出他對天演論思想的態度；他〈次韻再答賓南，兼寄陳伯嚴〉詩中也提及天演：「競爭世界憐天演，寥落中原愴國魂。」〔註201〕則顯得認分無奈，和得知德國報上說法的反應「未嘗不心驚肉顫，撫膺太息泣血，爲我四萬萬同胞齊一哭也」一樣顯得消極。

2、群學之說

在列強環伺的清末，中華民族面臨生死存亡，爲對抗列強的侵略並追求國家的富強，因而發展出重「群」的思想。梁啓超在〈少年中國說〉一文中提出「群」一詞，並說明所謂「群」是指一般人有意識地集合，是一個人群關係緊密互動的體系；他反思中國傳統則是只「知有個人而不知有群體」，所以中國像散沙一般。鄧實受到梁啓超的影響，在其〈史學通論四〉一文再三陳言合群的重要，惟有合群，國家、民族才有希望，才能與其他國家競存於世界：

> 夫民者何也？群物也，以群生，以群強，以群治，以群昌，群之中
> 必有其內群之經營焉，其經營之成績則歷史之材料也。群之外必有
> 其外群之競爭焉，其競爭之活劇，則歷史之舞臺也，是故舍人群不
> 能成歷史，舍歷史不能造人群。〔註202〕

海東四子的詩作中亦曾提及「群」的觀念，敘述於下。

施士洁〈感事疊前韻〉一詩，喟嘆在列強窺伺之下，國人卻仍如散沙，不知合群、團結以追求國家富強：「四鄰狼虎漸并兼，卻把時花錦上添！閣老但能防手滑，筆公無那笑頭尖。虛名似餅眞堪畫，團體如沙□易黏！聞說袞衣新負扆，好風吹暖到茅簷。」〔註203〕他又在〈送別蒜園、景度二孝廉游學

〔註199〕許南英：《窺園留草》，頁 68。
〔註200〕丘逢甲：《嶺雲海日樓詩鈔》，頁 175。
〔註201〕丘逢甲：《嶺雲海日樓詩鈔》，頁 178。
〔註202〕鄧實：《光緒壬寅（廿八年來）政藝叢書》（臺北：文海出版社，1976 年），頁 717。
〔註203〕施士洁：《後蘇龕合集》，頁 184。

日本〉詩中說：「溺學難醫儒氣腐，合群誰喚國魂醒？」〔註204〕施士洁強調：想要追求國家強盛，當前首要之務是喚醒全國國民「合群」。他為支持族人施學賢募建宗祠而寫的〈鹿川募建宗祠啓〉一文中，即曉諭族人團結家族才能壯大之理，勿再以「錢江」、「潯海」分派而自生區別，甚至構釁成仇：

> 民國肇建，五族共和，由國而家，理本一貫。由都而邑，莫不有族；
> 庶族芸芸，莫不有姓。合群之說，識者趨之，渙者使萃，疏者使戚。
> 矧吾同姓，而敢自暌？〔註205〕

丘逢甲〈感事詩〉廿首之八感嘆國人不知合群，詩曰：

> 萬里堯城望，天涯憶聖君；皇綱先解紐，國勢類瓜分。
> 當道嚴鈎黨，無人議合群；臣民四萬萬，王在更誰勤。〔註206〕

就是因為中國人民不知合群團結如散沙般，才會遭逢皇綱「解紐」、國被「瓜分」之危。另外，他更寫了明白曉暢、淺顯易懂的諷諭詩〈晨起書所見〉，以倡「合群」之說：「惟獨力無大，惟群力無小。嗟哉不能群，人而不如鳥。」〔註207〕丘逢甲力闡「群」之大用，只要能合群，中國強盛自然有望；若仍不知合群，丘逢甲以「人不如鳥」諷刺之。

有關合群的問題，許南英詩作中只有一處提及，〈人日雜感〉詩中云：「維新志士群而黨，守舊迂儒泥鮮通。」〔註208〕由此可以看出許南英對「群」的作用是肯定的。

3、西方宗教

許南英曾提到「耶穌安息遠相期」，〔註209〕所以他是知道西方宗教的，除此之外，沒有別的資料可以了解許南英對於西方宗教的看法。

丘逢甲則多次述及他對西方宗教的看法。澳門一地在明嘉靖三十二年（1553年）為葡萄牙強行租借，鴉片戰後並拒絕交付租金，到光緒十三年時葡人更強佔澳門為己有；丘逢甲在南洋之行時路經此地，看到這塊原本屬於中國的土地在葡萄牙人佔領了三百多年之後產生的各種變化，其中，丘逢甲

〔註204〕施士洁：《後蘇龕合集》，頁159。
〔註205〕施士洁：《後蘇龕合集》，頁411。
〔註206〕見《丘倉海先生詩文錄》，收入《丘逢甲遺作》（臺北：世界河南堂丘氏文獻社，1998年12月），頁129。
〔註207〕丘逢甲：《嶺雲海日樓詩鈔》，頁168。
〔註208〕許南英：《窺園留草》，頁188。
〔註209〕許南英：〈遊開元寺小集，同雲石、籟軒分韻得魚字〉，《窺園留草》，頁68。

特別注意到此地天主教流傳的情形：「逢著人天安息日，亞當親挾夏娃來。」、
「天主堂高十字支，築從新教未行時。嵌空萬石玲瓏甚，獨少流傳景教碑。」
〔註210〕事實上，爲推行孔教，丘逢甲早就嚴詞批判過景教，〔註211〕認爲它是
妖教，來到中國誘騙引人信教，進而改變中國固有的思想、文化，會對中國
流禍遺殃：

> 要須中國聖人出，前驅麒麟後鳳凰。
> 大九州成大一統，萬法竝滅宗素王。
> 四天下皆共一日，永無薄蝕無災傷。
> 不然測日有辯口，魔法復幻來西方。
> 直教天變不足畏，流禍且恐過焚坑。
> 不惟兩兒困尼父，頑辯如盂如探湯。
> 彼乃有帝解造日，將惑黃種歸亞當。
> 誰歟覺者解厥惑，力拒魔說毋遺殃！〔註212〕

他又在〈南漢敬州修慧寺千佛鐵塔歌〉詩中重申對西方宗教的譴責：

> 自從象教嗟中衰，中分淨土參耶回。競假天堂地獄說，乘虛與佛爭
> 東來。東來明星張國燄，礮雨槍雲鐵飛艦。〔註213〕

丘逢甲憂心西方宗教「流禍且恐過焚坑」，因此他對西方宗教抱有強烈的
排斥態度，致於是緣於什麼原因，他在詩作中並未交代，但是從「東來明星
張國燄，礮雨槍雲鐵飛艦」這樣的話來看，丘逢甲是將西方宗教的流傳與西
方武力在中國境內的侵犯擴張合在一起看待的。

（二）政治思想方面

在中國傳統中，「國家」的觀念淡薄，向來是以超越政治與種族界線的「天
下」觀念來涵蓋整個中國民族的；傳統中國人注重文化意義的民族意識，遠
過於政治意義的國家觀念，這種情形一直維持到清代都沒有改變。〔註214〕梁

〔註210〕丘逢甲：〈澳門雜詩〉，《嶺雲海日樓詩鈔》，頁135。
〔註211〕丘逢甲：〈歲暮雜感〉：「千年妖火彌張燄，太息流傳景教碑。」《嶺雲海日樓
　　　　詩鈔》，頁42。景教爲基督教的支派，於唐代傳入中國；清朝時來到中國的
　　　　傳教士則多屬基督教與天主教，丘逢甲詩作裡應是借以代稱。
〔註212〕丘逢甲：〈日蝕詩〉，《嶺雲海日樓詩鈔》，頁47。
〔註213〕丘逢甲：《嶺雲海日樓詩鈔》，頁153。
〔註214〕余英時：〈國家觀念與民族意識〉，收入《文化評論與中國情懷》（臺北：允晨
　　　　文化有限公司，1993年5月），頁18～頁19。

啓超爲求「群」觀念的具體落實，他提出「國」、「國民」二個觀念。「國」、「國民」這二個詞彙在以前或有出現過，但受海通以後輸入新觀念的影響，其涵義已有改變。梁啓超在〈少年中國說〉說：

> 夫國也者何物也？有土地，有人民，以居於其土地之人民而治其所居之土地之事，自制法律而自守之，有主權、有服從，人人皆主權者，人人皆服從者，夫如是，斯謂之完全成立之國。〔註215〕

梁啓超想藉著思想觀念的傳播以凝聚國人，使中國成爲一現代社群，最後再凝聚而成一個國家。但是時人只知有朝廷而不知有國。〔註216〕羅久蓉認爲：

> 一九〇五年的中國正處在一個新舊交替的轉捩點上，無論在價值觀念、政治體制、或權力分配各方面，舊有的一套顯已不足以應付需求。來自列強的威脅固然喚醒民族意識，促成政治、社會、文化多方面的變動，中國內部各種勢力的消長也有以致之。在這樣一個不確定的時代，對國家的認同呈多元化的面貌。〔註217〕

不過，在知識分子的努力之下，辛亥革命前夕時，革命黨人對「國」的觀念，已不再是指清朝廷了，更進而有提出反滿以救中國的主張的。

嚴復翻譯的《原富》、《法意》等書，大力宣傳天賦人權和民主、自由、平等這些觀念，對當時的中國人民起了重要的啓發作用。在中國古代，自由是指身心無拘無束的一種狀態，和西方「人得自由，而以他人之自由爲界」，並強調自由受法律保障及約束的意涵不同。自由是「體」，民主是「用」，有了自由之後，自然會產生平等和民主。〔註218〕當時的知識分子以傳統眼光觀察西方的民主政治，對民主有不同的認知及解釋，或以爲西方民主即中國古代民本、貴民思想之實現，或以爲民主包括議院、政黨、憲法等制度，或以爲民主之實現爲知識分子之責任，故有覺民、新民的使命；但由於他們把民

〔註215〕 收入《清議報全編》第一集，沈雲龍主編：近代中國史料叢刊第三編第十五輯（臺北：文海出版社），頁85。

〔註216〕 轉引自王汎森：〈晚清的政治概念與「新史學」〉，收入《學術史與方法學的省思》（臺北：中央研究院歷史語言所，2000年12月），頁130。

〔註217〕 羅久蓉：〈救亡陰影下的國家認同與種族認同〉，收入中央研究院近代史研究所編輯：《認同與國家：近代中西歷史的比較論文集》（臺北：中研究近代史研究所，1994年6月），頁71～頁72。

〔註218〕 鄭雅文：《從康有爲和嚴復看晚清思想之嬗變》（彰化：國立彰化師範大學國文研究所碩士論，2004年8月），頁143。

主當做是追求國家富強的方法之一，因此著重在大我的團結與和諧，而忽略了西方民主制度中對自由、人權保障的精神。〔註219〕

在西方的衝擊下，當時的實際情形是中國喪失了國家主權，淪爲列強分割據有的殖民地。但在「國家」新觀念逐漸建立之際，基於國家、民族的尊嚴，當時的外交人員運用遍行於全球的國際制度，嘗試追求中國國家主權的實踐，以求能和各國平等地相處。知識份子也一再重申行使國家主權的願望，要重修與列強簽訂的不平等條約的內容，〔註220〕這些都是有關國家、主權、民主、自由、平等觀念的實踐。接著，將海東四子有關政治思想方面的看法敘述於下。

光緒二十一年割臺消息傳來，汪春源與羅秀惠等人在呈文中說：「縱使倭人脅以兵力，而全臺赤子誓不與倭人俱生。」即欲力爭自主臺人生存權。爲對抗日本入侵，臺人成立臺灣民主國抗日，「臺灣民主國」即以「民主」爲名。丘逢甲在內渡後的作品〈論詩鐵廬韻〉詩中曾提及此事：「展卷重吟民主篇，海山東望獨悽然。」〔註221〕施士洁在與許南英招募義勇抗日時，則寫有〈瀛南軍次再疊前韻示同事諸子〉：「民主正名新易幟，兵農妙法古屯田。幣盟自定朝中議，甌脫重爭界外天。」〔註222〕以「民主」爲臺灣正名，是臺灣人民爲表達自己立場、維護自己權利的作法，雖非要脫離與清廷的關係，卻也不願接受清廷割讓臺灣的決定，同時，也向日本宣示臺灣人民是臺灣的主人，依意願行使自主權利，對日人蔑視臺灣人民的主權而要強行侵佔的霸道行爲表示抗議。有學者認爲臺灣民主國只是「虛名」，因爲與臺灣民主國有關的人士中除陳季同外，其他人並不了解民主政治的真正內涵及運作方法。海東四子當日對「民主」義涵的認識，和今日所言的「民主」有多少差異，無法從這一點資料來了解，不過，當時臺灣人民想要擺脫清廷、日本的控制，依自己的意願追求自己前途的想法，卻是很明確的。

丘逢甲〈海中觀日出歌，由汕頭抵香港作〉：「完全主權不曾失，詩世界

〔註219〕黃克武：〈清末民初的民主思想：意義與淵源〉，收入中央研究院近代史研究所編：《中國現代化論文集》（臺北：中央研究院近代史研究所，1991 年 3 月），頁 383～頁 388。
〔註220〕王爾敏：〈十九世紀中國士大夫對中西關係之理解及衍生之新觀念〉，收入《中國近代思想史論》（臺北：臺灣商務印書館，1995 年 2 月），頁 48。
〔註221〕丘逢甲：《嶺雲海日樓詩鈔》，頁 178。
〔註222〕施士洁：《後蘇龕合集》，頁 72。

裡先維新。」〔註223〕說的是自己要重開新詩界的主權宣言。〈絜齋世丈以西園述懷集蘇六十韻詩見示，爲賦五古四章〉詩中，丘逢甲云：

> 天下愚魯兒，何必皆公卿？公卿今何爲？所能惟行成。慼國日百里，甘作城下盟。法弊不解變，殘局空支撐。何必用周禮，乃能誤蒼生。……遠人況相格，何用邮浮議。行收已失權，更截旁溢利。顧此凋剷民，徐爲蘇元氣。〔註224〕

丘逢甲在詩中一再申訴恢復國家主權、與列強平等對待的重要，並呼籲知識分子承擔振興國權的任務。

關於自由思想方面，丘逢甲有兩首詩提及，一是於光緒二十七年所寫的〈有客自美洲歸，作仗劍東歸圖，爲題卷端〉：「西半球歸東半球，偃然有國臥亞洲。逢人莫說華盛頓，屬禁方懸民自由。」〔註225〕另有〈贈謝生〉，寫於光緒三十年左右：「謝生言論自由耳，已令世人駭欲死。丈夫何止用口舌，治世界事從今始。」〔註226〕由丘逢甲詩來看，當時人們對「自由」仍多所疑懼，視言論開放、批評時政的人爲異類。

許南英在光緒二十九年奉調鄉試考官時，表示出對假藉自由之名而放縱言行任性者的不以爲然：

> 社會浪滔滔，風潮學界高！群嗤先進野，自命少年豪！
> 思想主衝突，言詞擅貶褒。寄言自由黨，入試爾徒勞。〔註227〕

施士洁在〈法蘭西大革命歌〉長詩中雖然稱許西方政治革新諸領袖，卻反對國內革命黨的革命活動：「豈有風潮由內激，無病而呻徒自惑。亂人藉口愛同胞，一飲狂泉天地黑。」

由以上所述，我們了解這時的海東四子對這些政治新觀念尚未有通徹的了解及認識，也擔憂、懷疑這些新觀念的流傳會在中國造成不良的影響。對西學的懷疑、猶豫，應是當時傳統知識分子間普遍可見的現象。

革命成功，民國成立，丘逢甲謁遊明孝陵，在興奮心情之下有詩云：「如君早解共和義，五百年來國尚存。萬世從今眞一系，炎黃華冑主中原。」〔註228〕

〔註223〕丘逢甲：《嶺雲海日樓詩鈔》，頁355。
〔註224〕丘逢甲：《嶺雲海日樓詩鈔》，頁347。
〔註225〕丘逢甲：《嶺雲海日樓詩鈔》，頁362。
〔註226〕丘逢甲：《嶺雲海日樓詩鈔》，頁185。
〔註227〕許南英：〈癸卯復奉調簾之役，有感而作〉，《窺園留草》，頁65。
〔註228〕丘逢甲：〈謁明孝陵〉，《嶺雲海日樓詩鈔》，頁285。

詩中之「君」指的是清廷，不解共和之意的清祚結束了，丘逢甲對民國的成立有著樂觀的期待，也強烈表達出「漢」族的意識。

施士洁〈鹿川募建宗祠啓〉言：「民國肇建，五族共和。」〔註229〕但是民國成立以後「其形維新，其實依舊」，革命黨人蔡濟民「無量金錢無量血，可憐買得假共和」一詩句，就反映出國人對辛亥革命後北洋軍閥倒行逆施的憤懣。〔註230〕施士洁〈次鷄塵和陳雲叟韻〉詩中也慨嘆說：「豆泣煎何急？瓜分勢已成！……劇憐軍府客，相對泣南冠！跬步皆荊棘，緣何得自由？豺狼當道路，狂狙小句留。」〔註231〕施士洁對於中國人打中國人的混戰感嘆甚深：「共和人物大特色，黨禍無端又羅織。」〔註232〕就因為權臣軍閥仍抱著專制舊思想，一味追求個人權力，使得國家再度陷入分據局面，這不僅使國家再度陷入危機，人民也未能眞正享有主權、自由，成為國家的主人。

海東四子中對「共和」抱持最大期望的是許南英，相關內容的詩作也最多。「建立合眾政府」是革命黨誓詞之一，革命成功，主權在全體國民的中華民國成立了。雖然，許南英對原本一人專權改變成軍閥數人專權的事實深感失望：「已入共和年，視天猶夢夢！揮手坐空山，獨與梅花弄！」〔註233〕但許南英在拜謁許氏宗祠時仍以共和民主的前景期勉族人：

> 高陽舊苗裔，開族聚山河。祖澤松杉古，孫支葛藟多。
>
> 衣冠今不作，霜露悵如何。國運初更始，相期體共和。〔註234〕

因為許南英知道：惟有國家統一壯大，家族才能安居樂業。只是，先有洪憲帝制，後有軍閥爭權，到了民國五年，國家仍擾亂不安，人民生活未能安定，許南英慨歎：「塵世已無千日酒，神仙那有九還丹？春臺玉灼共和日，革命頻頻不忍看！」、「共和民國五週年，猶有深憂抱杞天！月朔緣何更夏正？歲除隨俗寫春箋。」〔註235〕一直到了民國六年，許南英身在異域棉蘭，仍然記掛著國內的發展，〈人日雜感〉之二云：

〔註229〕施士洁：《後蘇龕合集》，頁411。
〔註230〕胡維華、李書源合著：《衝擊與銳變》（臺北：萬象圖書股份有限公司，1993年5月），頁164。
〔註231〕施士洁：〈次鷄塵和陳雲叟韻〉，《後蘇龕合集》，頁211。
〔註232〕施士洁：〈恕齋瀕行，賦贈長歌一篇，如韻和之〉，《後蘇龕合集》，頁210。
〔註233〕許南英：〈壬子春日自題畫梅〉，《窺園留草》，頁103。
〔註234〕許南英：〈謁雙坪大宗祠〉，《窺園留草》，頁144。
〔註235〕許南英：〈蕭惠長先生以四十一壽詩見示，和韻祝之〉、〈除夕〉，《窺園留草》，頁185、頁187。

人海蠕蠕一倮蟲，靜橫老眼看英雄！

維新志士群而黨，守舊迂儒泥鮮通。

仗馬不鳴開國會，沐猴自詡亮天工。

小朝廷又爭門戶，未卜何時氣始融？〔註236〕

〈感時〉之四又云：

削平洪憲已週年，病國阽危幸瓦全。

組織共和消帝制，諮詢庶政重民權。

邦交有道聞吳札，兵諫無端罪鶚拳。

垂死尚聞事黨派，內訌外患兩相連。〔註237〕

一直到許南英病逝棉蘭，他對於民國成立、國家富強的期待依然落空，這應是他未了的心願之一。

（三）科學新知方面

光緒二十四年，有日蝕現象發生，丘逢甲在〈日蝕詩〉詩題下注曰：

戊戌元旦日蝕，申初初虧、酉初復圓，京師蝕八分三十四秒、廣東蝕四分一十五秒，聞印度全蝕不見日也。〔註238〕

光緒二十六年，丘逢甲遠赴南洋，他在這一趟南洋之行所搭乘的輪船上看到天寬地闊的浩瀚海景時，心懷頓開，詩興大發：「七洲洋裡看月行，數遍春宵古無此」，並寫下〈七洲洋看月放歌〉，詩中云：

不知今宵可有南去乘舟人，遙望地球發光彩。地球繞日日一周，日光出地月所收。此時月光照不到，尚有大地西半球。〔註239〕

從丘逢甲侃侃而談地球科學的新知識來看，可見他努力地學習新學，並對所學的新知頗有心得。他又在〈海中觀日出歌，由汕頭抵香港作〉提到宇宙星球運行的科學新知：

自從海道輪四達，屬見沐浴光咸池。迂儒見不出海表，苦信地大日輪小。安知力攝萬星球，更著中間地球繞。河山兩戒南越門，群峰到海如雲屯。地鄰赤道熱力大，日所照處知親尊。

眼前世界如此開闊，丘逢甲因此而大發理想之嘆：「世逢運會將大同，天

〔註236〕許南英：《窺園留草》，頁188。

〔註237〕許南英：《窺園留草》，頁193。

〔註238〕丘逢甲：《嶺雲海日樓詩鈔》，頁45。

〔註239〕丘逢甲：《嶺雲海日樓詩鈔》，頁140。

教此起文明度」，期願世界各國和諧相處。〔註240〕

施士洁除有「把地球五大部洲豪、齊推倒」、「地球量徧，莽天涯」〔註241〕等句提到「地球」一詞外，他的作品中較少述及科學知識。許南英也只在〈紀暴風〉中提到有關氣象方面的新知：

> 顰彼低氣壓（天文家謂暴風將來，則氣壓低），壓力誰敢抗！灌壇不鳴條，望古還惆悵。〔註242〕

（四）風俗、器物方面

海禁解除，通商口岸開放，船舶絡繹不絕於海上，西商紛紛來到中國，他們將中國的茶葉、糖運送回國，也將西方的物產、器械等物帶到中國來，同時，西方的風俗、文化也隨之傳進中國，促成中國人民的生活方式起了變化。海東四子作品中提到的西來物有以下幾種：

1、武　器

光緒三十年，許南英與參戎柯月波會剿陽春、陽江兩縣山區的盜匪時，提到西式槍械的運用：「揮軍轉戰一當千，將軍一鎗廖倫死。」〔註243〕

依據施士洁〈後蘇龕泉廈日記〉的記載來看，光緒年間民間擁有槍械的情形似乎頗為普遍：

> 元月廿八日：王姓及岑兜械鬥，予升屋觀，山後密排陣勢，銃聲不絕，幸未傷人。

> 二月初三日：予歸途聞坡頂一帶銃聲不已，蓋林、許正鬥也。〔註244〕

施士洁對西方長槍似有偏愛，曾經多次提及。他在〈贈蘇次杉明府〉詩中云：「傅會蠟丁文，揣摩毛瑟伎。學步殊無憀，效顰終不媚。」〔註245〕這是以毛瑟槍作為西方船堅礮利事物的代表，批評洋務運動方向的錯誤。致於〈江保生全閩報社三周年祝詞〉詩云：「西杰有言，報章方始，毛瑟百枝，何如片紙。」以及〈團友水野□□〉詩云：「毛瑟神槍五百聲，□□□重鯤

〔註240〕丘逢甲：《嶺雲海日樓詩鈔》，頁355。

〔註241〕施士洁：〈滿江紅〉、〈百字令〉，《後蘇龕合集》，頁342。

〔註242〕許南英：《窺園留草》，頁112。

〔註243〕許南英：〈與柯參戎月波會剿石梯、珠環土匪紀事六十韻〉，《窺園留草》，頁70。

〔註244〕施士洁：《後蘇龕泉廈日記》元月廿八日、二月初三日，收入《臺南文化》（舊刊）第八卷第二期，1966年6月，頁3234、頁3235。

〔註245〕施士洁：《後蘇龕合集》，頁84。

瀛。」〔註246〕則都是以毛瑟槍做爲映襯，強調報紙傳播力量的強勁有力。

2、交通工具：

光緒二十二年，許南英乘坐海輪至南洋，他注意到船行速度的快速：「泛海七洋洲，船唇浪花拍。水程八日餘，寢饋蛟龍宅。」〔註247〕在〈三水雜詩〉詩中，許南英則提到火車，特別描述火車行駛時的隆隆巨響：「南門鐵道電驅雷，鈴鐸錚錚動地來；縱使道人鐘不打，先生春夢亦驚回。」〔註248〕

丘逢甲提到的交通工具有：「輪舟通後海門開」、「等閒笑看火車來」、〔註249〕「千里火輪船」、「飛機近百年」。〔註250〕丘逢甲出使南洋，先是在航向香港時看到海上日出的奇景，海輪出海之後，他又看到一望無垠的大海中「萬里空明月輪起」的美景，他將這兩次難得的經驗寫成長詩，詳盡描述當時所見、所感：

> 雙輪碾海飛蒼烟，天雞喚客夜不眠。三更獨起看日出，霞光萬丈紅當天。海風吹天力何勁！黃人捧日中天正。直持原始造化鑪，鑄出全球大金鏡。羅浮看日誇絕奇，裹糧夜半一遇之。自從海道輪四達，屬見沐浴光咸池。〔註251〕

> 七洲洋裡看月行，數遍春宵古無此。舟行雙輪月隻輪，青天碧海無纖塵。茫茫海水鎔作銀，著我飛樓縹緲獨立之吟身。……忽然今月屬吾有，此時此地此景眞奇哉！

丘逢甲想到今日所見的海上美麗奇景，是「少陵太白看月不到處」，是生逢今日時代的人獨特的遭逢，但是令人歎惋的，這些科學新發明帶給人間的還有爭戰與紛擾，「人間萬事紛變滅，方見月圓旋月缺」、「安知人海群龍方血戰，蝸國蚊巢紛告變。月光遍照六大洲，萬怪千奇機械見」。〔註252〕

3、生活日用器物

施士洁的作品裡曾多次提到攝影機。光緒三十四年，施士洁與林爾嘉、

〔註246〕施士洁：《後蘇龕合集》，頁391、頁191。
〔註247〕許南英：〈述懷〉，《窺園留草》，頁40。
〔註248〕許南英：《窺園留草》，頁80。
〔註249〕丘逢甲：〈塘沽坐火輪車抵津門〉，見《柏莊詩草》，收入《丘逢甲遺作》（臺北：世界河南堂丘氏文獻社，1998年12月），頁67。
〔註250〕丘逢甲：〈送季平之澳門，兼訂來約〉，《嶺雲海日樓詩鈔》，頁105。
〔註251〕丘逢甲：〈海中觀日出歌，由汕頭抵香港作〉，《嶺雲海日樓詩鈔》，頁355。
〔註252〕丘逢甲：〈七洲洋看月放歌〉，《嶺雲海日樓詩鈔》，頁140。

汪艾民、龔叔翊等人同游南普陀巖寺時眾人曾攝影拍照留念，他寫詩記下當時的情形：「今日之樂樂若斯，作圖紀事僉曰宜。鄧生年少獨抖擻，泰西新法在其手，頗黎攝影阿堵中，三才萬象靡不有。」他看到此一泰西新物能留下所攝之物的神貌，頗覺神奇巧妙，又說：「嗚呼！狂生老矣胡爲乎！鏡中之景泉石朧。」〔註253〕他又在〈家又六明經、絹庭上舍、玉章太學約友同游鼓山，小憩水鏡亭攝影〉記曰：「筱輿又作鼓山游，水鏡亭前小景幽；賴有傳神阿堵在，者番眞個爪痕留。」〔註254〕可見，這種西方科技產物已進入他的日常生活之中，當他和朋友歡聚或出游時都曾攝影留念，他也常和遠方的朋友互相交換個人的近照，互訴情衷。〔註255〕

施士洁在《後蘇龕泉廈日記》中提到另外一種科技新產物──留聲機：

元月十九日：早飯後，雲僑邀至李瑤林處，聽留音機器。

元月廿三日：李瑤林送留音機器，唱「采桑」、「探母」、「六月雪」

諸曲，兼有「梆腔」。〔註256〕

光緒二十三年，許南英要離開南洋之前與宗人許秋河及其他友人攝影留念，不過那時他未使用「攝影」一詞，而稱以「西人影相」。〔註257〕寫於宣統元年的〈臺感〉詩中，再次提到攝影法：「臺南警察署攝予小照，懸諸廳事，題曰「名譽家某某」。」〔註258〕

宣統三年，丘逢甲「以攝影法成澹定邨心太平草廬圖」，這在當時是應是一件不容易的事，因此事成之後，丘逢甲先寫了八十句的古詩〈以攝影法成澹定邨心太平草廬圖，張六士爲題長句，次其韻〉記其事；在將攝影圖移置於紙本之後，他又寫了〈以攝影心太平草廬圖移寫紙本〉五古六首、以及〈疊韻再題心太平草廬圖，並答溫丹銘〉古詩七十六句記敘其事。〔註259〕

〔註253〕施士洁：〈林菽莊京卿招同陳威季太守、汪艾民司馬、龔叔翊主政、鄧舜農少尉游南普陀巖寺攝影〉，《後蘇龕合集》，頁165。

〔註254〕施士洁：《後蘇龕合集》，頁166。

〔註255〕施士洁：〈韻香攝影相貽並索題句，予報以最近攝影一幀，書此綴之〉、〈寄陳槐庭代柬〉詩注云：「君以愛姬小影寄與毓臣。」又云：「來詩並惠玉照一幀。」《後蘇龕合集》，頁181、頁127。

〔註256〕施士洁：《後蘇龕泉廈日記》，收入《臺南文化》（舊刊）第八卷第二期，1966年6月，頁3233，頁3234。

〔註257〕許南英：〈也是園席上和夢盫〉，《窺園留草》，頁44。

〔註258〕許南英：《窺園留草》，頁83。

〔註259〕丘逢甲：《嶺雲海日樓詩鈔》，頁242～頁246。

丘逢甲〈七洋洲看月放歌〉云：「天上之月海底明，上下兩月齊晶瑩。兩月中間一舟走，飛輪碾海脆作玻璃聲。」〔註260〕這一個比喻從視覺、聽覺兩方面著眼，將晶亮的水面比喻成玻璃這一易脆物，可見玻璃在當時生活中已普遍化了。

在通商貿易的商品中花卉是其一，中國的牡丹花、水仙花移植到了日本、西方國家，而西方的洋菊也在中國的土地上開放。丘逢甲就提到牡丹、月季、杜鵑等外傳到歐洲：「乘槎筆紀云：英都牡丹花大倍常，聞與月季、杜鵑皆自中華移植。詢之洋客，則歐美通商各國均然，不獨英。」又說：「香國久推黃種貴，蠻花休慕黑洋生（近人多植洋菊）。」〔註261〕而許南英有〈水仙花〉云：「黃冠玉質，異種流傳英、美、日，仙坂琵琶，遙指圓山是妾家。」〔註262〕

菽莊詩社成立以後，每年都會舉行壽菊之會，在民國四年的雅集賞花會中，施士洁看到會中展覽的菊花是泰西名種，特別在〈菽莊壽菊雅集次健人韻〉詩中記上一筆：「萬里西風浪嶼來，黃金幻作此花開（園中多購泰西名種）。」〔註263〕

4、洋服、短髮

對於服制、髮式的改變，當時或有人以為是順應時代需要，或有人以為較符合衛生健康的原則，不過，也有人以為這種改變是「以夷變夏」，有辱國格，因而堅持不斷髮，或徬徨掙扎好一段時日之後終於剪掉長辮。〔註264〕而且，髮辮既剪，服式亦需改變，這又牽扯許多問題，因此，或剪或不剪、或變或不變，也就混亂沒有一致了。宣統二年（1910），中國因受革命的影響，資政院通過斷髮案，於是興起剪辮風潮。〔註265〕《漢文臺灣日日新報》有一

〔註260〕丘逢甲：〈七洋洲看月放歌〉，《嶺雲海日樓詩鈔》，頁141。
〔註261〕丘逢甲：〈牡丹花〉、〈家芝田市菊數盆見贈，時已冬日矣，感其晚芳，擄我鬱抱，聊賦拙什以質芝田〉，《嶺雲海日樓詩鈔》，頁86、頁40。
〔註262〕許南英：《窺園留草》，頁209。
〔註263〕施士洁：《後蘇龕合集》，頁249。
〔註264〕洪繻：《寄鶴齋詩話》卷七：「北京說部中，載有無名氏合詠明清季事詩十餘首，事既徵實，詞尤雅馴，中一首云：『薙髮曾驚甲令新，僧寮強半是遺民。誰知椎髻仍難保，不媚中朝媚外人。』余讀之不覺拍案叫絕，蓋中夏文物衣冠，雖經元清兩代減裂殆盡，至薙髮一端，如胡番舊習，然猶是中國番態、亞東番態，不猶愈於翦髮被額全是外國番態、歐西番態乎？」（南投：臺灣省文獻委員會，1993年5月），頁152。
〔註265〕吳文星：〈日據時期臺灣的放足斷髮運動〉，收入李又寧，張玉法編《中國婦

則報導就敘述了當時大陸斷髮與服制的問題：

> 清人剪髮熱：近時清國人又驅於剪髮熱。各省概有之。而尤以廣東
> 為最。廣東又以香港為甚。……然以剪髮改裝。則服制須用洋式。
> 既用洋式。則須購取外洋製品。有碍經濟。外溢利權。故實行剪髮
> 不易服之舉。〔註266〕

　　光緒二十六年，丘逢甲於南洋之行時，在新加坡與王曉滄會面，「曉滄時
改南洋商人服」，但內心未安，丘逢甲鼓勵他：「勉哉保令名，何必愧異服。」
〔註267〕光緒三十四年，丘逢甲有〈留海髮〉一詩，是譏刺當時額前留了海髮、
髮辮卻未剪的不中不西髮式的人：

> 薙髮令行二百年，乃有斷髮新少年。奈何當斷不斷、後垂長尾而留
> 短鬣當其前。嗟汝半邊頭，笑殺蓬頭仙。蓬頭仙人劉海蟾，匪仙而
> 妖、不女不男，匪蟾而兔一笑堪。雄兔撲朔、雌兔迷離，妾髮覆額
> 為天下雌；郎髮亦覆額，問郎將何為？〔註268〕

　　民國元年，施士洁已剪了髮辮，他在〈衙齋書感〉詩中記云：「一官傳舍
任蓬飄，短髮含霜鏡影凋。」〔註269〕民國八年（1919）他在〈楊臧厚挽詩〉
寫道：「西風短髮吹腥塵，拊時別有傷心人。」〔註270〕又在〈題曾遜臣茂才吟
香小築〉詩中說：「舊侶風騷笠屐親，相看短髮老吟身。」〔註271〕這就只有歎
老傷逝之意，沒有身份認同的困擾。

　　民國元年，許南英回臺，在臺南紳商學界為他舉辦的歡迎會上，他有詩
云：「轉悔來何暮，終應去不留！側身依祖國，倦眼望神州。斷髮從吳俗，焚
天抱杞憂。處堂成燕雀，生世等蜉蝣。」〔註272〕民國五年（1916），許南英又
有〈自題小照〉一詞云：「已矣！舊邦社屋，不死猶存面目。蒙恥作遺民，有
淚何從痛哭？從俗！從俗！以是頭顱濯濯。」〔註273〕這兩首詩皆顯示出：對

　　女史論文集》第二輯（臺北：臺灣商務印書館，1988年5月），頁465～頁
　　503。
〔註266〕《漢文臺灣日日新報》，四十三年十一月二十五日。
〔註267〕丘逢甲：〈留別曉滄，次題行教圖韻〉，《嶺雲海日樓詩鈔》，頁147。
〔註268〕丘逢甲：《嶺雲海日樓詩鈔》，頁229。
〔註269〕施士洁：《後蘇龕合集》，頁205。
〔註270〕施士洁：《後蘇龕合集》，頁299。
〔註271〕施士洁：《後蘇龕合集》，頁303。
〔註272〕許南英：《窺園留草》，頁108。
〔註273〕許南英：《窺園留草》，頁212。

許南英來說，髮式的改變是意謂著滄海桑田、人事皆非的悲痛，他雖依隨潮流剪了髮辮，卻對斷髮有著無奈之感。在《窺園留草》書前所附的許南英小照，正是他剪去髮辮的西式的髮型。

5、醫療、衛生

光緒二十二年，許南英在廣州等待洋輪前往南洋時，他注意到：「西人重衛生，先事防疹疫。」〔註274〕

施士洁則有〈陳遂園茂才患瘻十年，一割而愈，因仿袁隨園「告存七絕句」，遍索同人和詩〉，提及陳遂園採西醫外科開刀之法，將多年的宿瘤割棄：

歲在龍蛇已不祥，況堪厄閏值黃楊。

誰知碧眼刀圭藥，壓倒千金肘後方！

持較東施幾倍妍，無鹽竟把宿瘤捐。

一時賺盡騷壇客，豔說秋紅老少年。〔註275〕

施士洁又有〈避疫〉一詩，將鼠疫肆虐、群醫束手的危急，遭疫登鬼錄者眾、縣城為之而空的悽慘做了令人驚心的描述，但最後他提出的解決方法不是提倡衛生、推動防疫的實際行動，而是期待執政者舉辦大儺之會以驅走疫鬼，則顯得守舊而不切實際：「安得有司行大儺，黃金四目揚盾戈？騎士傳火侲子歌，逐之四裔投之河。疫鬼敢向天橋過？」〔註276〕

6、西方風俗

光緒三十三年，施士洁注意到西方夫婦有慶祝結婚紀念日的作法，他在〈彰化廳長日本加藤氏銀婚祝詞〉詩題下註云：「泰西之俗，夫婦達二十五年者曰銀婚式，五十年曰金婚式，七十年曰銓石式。」〔註277〕他又在〈金鹿泉先生尊夫人六十雙壽，即和其韻〉賀詩中再一次引用西方婚俗入詩：「齊眉縷指說「銀婚」（泰西俗稱夫婦二十五年者為銀婚式，五十年為金婚式）。」〔註278〕

民國五年、十年，是林爾嘉與元配龔夫人結婚二十五年、三十年的結婚紀念日，林爾嘉夫婦依西方婚俗舉辦慶祝會，施士洁寫有〈菽莊林侍郎偕配龔夫人舉行泰西銀婚禮式〉組詩八首，以記當時盛況，並在詩題下將泰西婚

〔註274〕許南英：〈述懷〉，《窺園留草》，頁41。
〔註275〕施士洁：《後蘇龕合集》，頁272。
〔註276〕施士洁：《後蘇龕合集》，頁120。
〔註277〕施士洁：《後蘇龕合集》，頁164。
〔註278〕施士洁：《後蘇龕合集》，頁208。

俗紀念結婚日的名稱全部都列錄下來。〔註279〕

　　這兩次的慶祝會汪春源也參加了，詩句中也運用了西方婚俗的說法，〈菽莊侍郎銀婚祝賀詩〉：「豔說銀婚歐俗始，華堂酒熟綺筵開。」、「五五韶華如走馬，金婚待祝熱心香。」〈菽莊先生雲環夫人結婚三十年賀詩〉：「憶昔銀婚開喜讌，於今五稔月重圓。」

7、西式食品

　　光緒二十八年，施士洁姪兒施瘦鶴宴請賓客，施士洁列席其中，他在當天的日記上寫著：「席用洋餐。」〔註280〕光緒三十三年，林爾嘉在鼓浪嶼別墅讌請詩友，席間有牛排這一道菜，施士洁有詩記曰：「泰西饌味牛脂嫩，江左談鋒塵尾圓。」〔註281〕宣統二年新正時，邱韻香以泰西酒餅貽贈施士洁，施士洁在復函中道謝之餘，也說到酒餅的滋味：「琳琅滿幅披天眞，滕緘二物尤足珍。饘饎香脆酥醲碧，迎門頒到歐洲春。」〔註282〕

四、對傳統思想、文化的反省

　　清末的知識分子在亡國的壓力之下，有著強烈世變時代的醒覺意識，因此，他們以「救亡」與「啟蒙」為目標，學習模仿西學，以求中國之自強、富強；同時，也對中國傳統的政治、文化及社會等各個層面進行反省及變革，這反思檢討的內容，是在接觸、學習西學之際，進行中、西兩種不同治術、文化的分析、比較，變革的對象從器物利用的學習，再到通商貿易、政治法度的仿效，最後則是對整體文化進行檢討。過程中充滿了矛盾衝突，但也有兩種文化的結合交融，既造成近代社會的劇烈變動，也帶來了近代中國人思想觀念的變革更新。〔註283〕歷史學者王爾敏認為中西文化接觸帶來的衝擊造

〔註279〕施士洁在題下注云：「丙辰十一月十六日。西俗：婚後五年行紀念禮曰『木婚式』，十年曰『錫婚式』，十五年曰『水晶婚式』，二十年曰『瓷婚式』，二十五年曰『銀婚式』，五十年曰『金婚式』，六十年曰『金剛石婚式』。」《後蘇龕合集》，頁259。
〔註280〕施士洁：《後蘇龕泉廈日記》，收入《臺南文化》（舊刊）第八卷第二期，1966年6月，頁3230。
〔註281〕施士洁：〈林侍郎別墅讌集次艾民韻〉，《後蘇龕合集》，頁165。
〔註282〕施士洁：《後蘇龕合集》，頁183。
〔註283〕見王爾敏：〈近代中國知識分子應變之自覺〉，收入《中國近代思想史論》（臺北：臺灣商務印書館，1995年2月），頁383～445。劉增傑：《中國近代文學思潮》第六章〈維新改良文學運動〉（臺北：文史哲出版社，1997年2月），

成的改變，是中國「對異型文化接觸後相形之下而生的一種反省」，「凡此種種回觀固有文化之態勢，實已充分表現出百年來知識分子自覺的一項特徵」，是中國「文化新生與復興的契機」。而知識分子之自覺精神與責任感，進一步發展出「覺民」的要求，他們透過教育、學會、報紙、雜誌、小說、戲劇等方式，將此反觀省思的精神擴大到全國人民。〔註284〕

當時中國社會受到西學傳入影響而發生改變的實際情形，是充滿懷疑、掙扎、分歧、與混亂糾葛的，我們可以從光緒三十三年《臺灣日日新報》上的一則報導，看到當時福建廈門的知識分子在推動新學過程中所遇到的阻礙及挫折：

> 諸同人借鼓浪嶼英國酒樓，公餞黃志士乃裳孝廉。……黃君亦欠伸而起，備述履廈初志，欲與廈門紳商共謀保種合群公益，乃倡設福建報、女學堂、天足會。維時適值美禁華工，該報社以聳動禁美貨，致啓衝突，風潮迭起。嗣後民心渙散，卒至一蹶不振。而天足會為掃除中國數百年陋習，稍有智識者，自宜樂觀厥成；乃因民智未開，教育未廣，以致進化為難，奏功匪易。僅以區區女學堂成績較好。圖志未立，遽賦歸歟。……陳子衍京卿亦起而演說曰：「廈門學界商界報界，事事均多腐敗，非財力不充，而實民智迂下，以致百不如人，殊甚惋惜。何也？賽會演劇普度淫祀迎神諸浮費，逐年以數十萬計。即如廟宇寺觀產業，亦復不少，充此以作學堂經費，更加以市鎮之區，按戶集資興學，何患不學校林立也？商會為研究商務之要區，所有實業學堂，更宜鳩貲建設，竝宜分別種類，固結團體。乃在事諸公，多係掛名外國洋牌，全不講求地方公益，有名無實，虛耗年金，廈門商務，安有振興之一日？報紙可以開拓國民之心胸，廈門為通商要口，報館俱無，民智宜乎日趨日下也。凡茲種種弊端，皆由袞袞諸公頑固執拗，不知振作精神，提起腦筋，於廿世紀舞臺，稍盡國民天職。」〔註285〕

即如維新派康有為、梁啓超等人，他們既主張君主立憲，卻又念念不忘「聖上恩君」；既要傳播西方文化，卻又要「保衛孔教」；既要變法維新，卻

頁164。

〔註284〕王爾敏：〈清季知識分子的自覺〉，收入《中國近代思想史論》，頁151。

〔註285〕《臺灣日日新報》，明治40年2月1日。

又擔心「驟變致亂」；這種情形所以發生，就因為他們傳統知識分子的出身，無法與傳統觀念、文化徹底切割，因此在以先知先覺之自覺欲傳播新學於全民時，他們一樣有著懷疑、糾葛與掙扎。〔註286〕

　　在海東四子的創作中，我們也可以看到這種反思檢討過程中的懷疑、迷惘與掙扎的痕印。下面就敘述海東四子關心時務、接觸西學之後，對當時中國社會所發生的種種變化的思考以及他們的省思所得。

（一）覺　民

　　光緒十二年（1886年），自曾紀澤提出「中國先睡後醒論」的說法之後，「醒」、「覺」的想法慢慢在知識分子傳開，並有將中國喻為睡獅的說法。中國知識分子普遍醒覺過來，實際說來是在光緒二十六年（1900）以後，自此之後，他們自我要求負起覺民之責，熱切地要喚醒全國同胞。〔註287〕光緒二十九年（1903），高燮在〈簡鄧秋枚〉詩中呼籲召「國魂」，〔註288〕自此之後，「國魂」一詞亦普遍被運用。

　　施士洁〈柬沈友士茂才〉：「國魂夫如何？狂呼不可醒！睡獅正沈睡，萬息同一屏。」〔註289〕〈送別蒜園、景度二孝廉游學日本〉：「溺學難醫儒氣腐，合群誰喚國魂醒？」〔註290〕這兩首詩的內容即是「國魂」、「醒覺」觀念的表達，他呼籲國人要奮發振作、團結一致，改變東方「睡獅」的形象，讓列強不敢再侵犯中國。

　　光緒三十四年，許南英在京城看到清廷權貴仍耽溺享樂，沒有醒覺之心，更不思以實際作為改變國勢，他寫下〈戊申入都門感興〉，表達他的憂心與譴責：

　　　　一瞥光陰已十年，舳艫翹望轉淒涼；

　　　　國民自詡魂初醒，臥榻他人自在眠。〔註291〕

民國成立，許南英本來深感欣喜，誰知袁世凱妄想專制稱帝、軍閥分地

〔註286〕胡維革、李書源：《衝擊與銳變》（臺北：萬象圖書公司，1993年5月），頁124。
〔註287〕王爾敏：〈清季知識分子的自覺〉，收入《中國近代思想史論》（臺北：臺灣商務印書館，1995年2月），頁98。
〔註288〕王汎森：〈清末的歷史記憶與國家建構〉，收入《中國近代思想學術的系譜》（臺北：聯經出版有限公司，2003年6月），頁107。
〔註289〕施士洁：《後蘇龕合集》，頁189。
〔註290〕施士洁：《後蘇龕合集》，頁159。
〔註291〕許南英：《窺園留草》，頁75。

割據，再陷國家於混亂爭戰之中，猶如久睡的獅子好不容易醒來，一瞥眼卻又沈睡了，許南英在與張杜鵑的唱和詩中慨嘆中國神獅何時才能展雄風：

> 列強如虎搏羶腥，久睡神獅一瞥醒。
>
> 國會公言如築室，家臣帝制已盈廷。〔註292〕

丘逢甲〈南巖均慶寺詩〉詩中說列強視孱弱無能的中國為睡獅，肆無忌憚地在中國境內侵佔削刮，中國要想趕走侵略者，惟有人民醒悟國家已臨存亡的關頭，並且奮發圖強、團結振作，才能扭轉被瓜分的危機：

> 入冬萬化閉，群山慘澹色。我來逢睡獅，對佛坐歎息。
>
> 虎狼方滿野，殺氣黯西北。豈無乾淨土，恐化虎狼國。
>
> 何時一吼威，竟使群凶踣。春雷萬蟄動，陽和轉東極。
>
> 會須起睡獅，諸天奮神力。〔註293〕

丘逢甲〈元旦試筆〉詩中表示讓全國人民醒覺振作，是知識分子的責任，他認為讓百姓醒覺的方法就是推行儒教：

> 大九州當大一統，書生原有覺民權。
>
> 待將宣聖麟書筆，遍布王春海外天。
>
> 除舊居然又布新，溶溶四海一家春。
>
> 皇威萬里行儒教，八表同風拜聖人。〔註294〕

（二）保　種

甲午戰後，列強視中國為俎上肉，分佔中國土地，名為租界，實為劃分勢力範圍，因此，列強瓜分中國之說遂於朝野間流傳，救亡圖存之說也就因應而生，保種、保國、保教是其中的主要目標。梁啟超在〈保教非所以尊孔論〉文中檢討這三種運動的意義，其中關於保種他提出疑問：

> 彼所云保種者，保黃種乎？保華種乎？其界限頗不分明。若云保黃種也，彼日本亦黃種，今且浡然興矣，豈其待我保之？若云保華種也，我華四萬萬人，居全球人數三分之一，即為奴隸、為牛馬，亦未見其能滅絕也。國能保，則種莫不強；國不存，則雖保此奴隸牛馬，使孳生十倍於今日，亦奚益也？故保種之事，即納入於保國之範圍中，不能別立名號者也。〔註295〕

〔註292〕許南英：〈和杜鵑旅南雜感〉，《窺園留草》，頁175。

〔註293〕丘逢甲：《嶺雲海日樓詩鈔》，頁162。

〔註294〕丘逢甲：《嶺雲海日樓詩鈔》，頁354。

〔註295〕收入梁啟超：《飲冰室文集》卷三（臺北：同光出版社，1980年7月），頁14。

將「保種」意義界定清楚是有必要的，不過，雖然「黃種」一詞範圍涵蓋甚廣，而別有用心者或藉以區分滿、漢族，但當時大眾對「保種」的解說，多是指強大中華民族之義，海東四子即是如此，而他們在作品中運用「黃種」、「黃人」一詞以強調種族自強自救的詩作也不少，以下各引三例：

施士洁：「睡獅殘夢了不覺，天生黃種胡爲哉？」
「白人播殖貪狼策，黃種酸辛販豕悲！」
「矧今百族環球中，黃種者誰我與爾。」〔註 296〕

許南英：「嗟我黃種人，異種日逼迫。」
「黃種近編新憲法，青年待起自強軍。」
「後起青年勤淬厲，前途黃種卜靈長。」〔註 297〕

丘逢甲：「皇皇地下民，種族憂將泯。」
「彼乃有帝解造日，將惑黃種歸亞當。」
「喚起黃人思祖國，海天長嘯落機峰。」〔註 298〕

施士洁對晚清之際中國岌岌可危的情勢深爲憂慮，老大的中國在新世界中失去了尊貴地位，要如何改變以應世局，施士洁思考著國家的前途與解決問題之道，卻未尋著頭緒，在新與舊、革命與帝制之間躊躇猶豫：

扶桑日出照海紅，世盡求仙學徐市。
腥氛羶燄迫遠東，群雄割據何時已？
安得漁人袖手待，看汝相持鷸蚌死。
龐然帝國嗟老大，不及天驕乳臭稺。
干戈已動五洲塵，禮樂尚循三代矩！
乘車張蓋黑頭公，坐使蠻荊今蠢爾。
無端革命生風潮，罪言半出匿名子。
波蘭埃及有前鑒，黃種雖貴漫自恃？〔註 299〕

對於「國魂沈錮秋風裡，義俠才豪投袂起；狂呼何術制天驕？橫瞰奧非

〔註 296〕施士洁：〈盧用川鹺尹以墨拓魏碑、壽山石印相貽，作此謝之，兼柬其尊甫坦公〉、〈蘇門答臘詠古〉、〈次謝鷃塵大令留別韻〉，《後蘇龕合集》，頁 190、頁 273、頁 294。

〔註 297〕許南英：〈早起〉、〈秋懷八首和丘仙根工部原韻〉、〈留別陽春紳士〉，《窺園留草》，頁 105、頁 86、頁 68。

〔註 298〕丘逢甲：〈前詩多見和者，所懷未盡，復次前韻〉、〈日蝕詩〉、〈送劉銘伯之美洲〉，《嶺雲海日樓詩鈔》，頁 282、頁 45、頁 227。

〔註 299〕施士洁：〈五疊前韻〉，《後蘇龕合集》，頁 152。

跨歐美」這種情況，他雖然讚賞志士義俠爲國家出路積極奮鬥的精神，但是他卻又說了消極退避的話：「浩也恭然山澤臞，自鏡太倉一稊米；奮身蹈海作棄民，十年回首七鯤水！竭來鷺市學吹簫，絕才西施今老矣。」「茫茫亞陸西風橫，神州何處金湯恃？相期老作懷葛民，學就癡聾百不理。」〔註 300〕

丘逢甲一樣對於列強環伺、清廷無能作爲的國家處境深感憂慮，他在〈南漢敬州修慧寺千佛鐵塔歌〉中說：「吾國平等存佛心，紛紛種教休交侵。」〔註 301〕又在〈創設嶺東同文學堂序〉文中說：

> 夫今日之禍，不特滅國，抑且滅種。種何以不滅？則以教存故。教何以存？則恃學在。今日之學何在？曰以中學爲體，西學爲用；中學爲綱，西學爲目。〔註 302〕

丘逢甲的態度積極奮發，他思考清晰有條理，一步步推敲，決定出他認爲切實可行的辦法，此法即推動教育，廣傳孔教，他並且付諸實際的行動。

（三）保　國

西方列強挾其科學長技侵略中國，國人傾向學習西方科技以對的作法，施士洁在寫於光緒二十二年的〈贈蘇次明府〉一詩中，提出他保國衛國的意見，也表明他對學習西技深不以爲然：

> 吁嗟世方艱，運會當叔季！泰西擅奇詭，橫海鳴得意。
> 餘波及東夷，船礮競堅利。堂堂中華稱，逐逐後塵企！
> 時彥紛如毛，日新月更異。鉤輈喧鴂音，羅刹把鬼臂。
> 傅會蠟丁文，揣摩毛瑟伎。學步殊無謬，效顰終不媚。〔註 303〕

光緒三十年，日俄兩國爲爭奪中國東北的租借地，竟無視中國主權，在中國境內開打，清廷無力保護自己的疆域，只有宣稱中立立場，施士洁大嘆朝廷外交政策失敗，又不知任用人才，竟讓無辜人民在自己的土地上飽受他國的兵燹之災：「何來胡騎滿陪都？投鞭已斷鴨綠水！等閒蠻觸壁上觀，一旦養癰橫決矣。樞垣政策詡中立，外交顧彼乃失此！」，他以爲保國之道是：「我思仁者古無敵，礮利船堅究難恃。海不揚波聖人出，始信腐談有至理。」

〔註 300〕施士洁：〈次謝鷃塵大令留別韻〉、〈疊前韻〉，《後蘇龕合集》，頁 150、頁 151。

〔註 301〕丘逢甲：《嶺雲海日樓詩鈔》，頁 155。

〔註 302〕收入丘晨波、黃志萍、李尚行合編：《丘逢甲文集》（廣東：花城出版社，1994 年 6 月），頁 302。

〔註 303〕施士洁：《後蘇龕合集》，頁 84。

〔註304〕民國之後，施士洁對中國在內憂外患交相侵襲之下，卻仍如睡獅般沈睡不醒的時局仍深感憂慮：「神州草木都黃落，海國魚龍尙黑甜！幾見鄰交爭富弼？頗聞稅法困楊炎。」〔註305〕

鴉片於乾隆時傳入中國，雍正、嘉慶時均曾頒禁煙令，但到道光年間，鴉片輸入的量不減反大增，煙毒之害氾濫全國。道光十八年（1838），林則徐到廣東查禁鴉片，英商爲圖謀巨利引發中英鴉片戰爭，中國戰敗，竟簽下中英南京條約，允諾英方更多無理條件。清廷的儒弱無能，也引起其他國家對中國展開更多的非分要求。煙害荼毒中國既深且廣，張之洞說：

> 洋煙之害，流毒百餘年，蔓延二十二省，受其害者數十萬萬人，以
> 後浸淫，尙未有艾，廢人才，弱兵氣，耗財力，遂成今日之中國矣。
> 〔註306〕

光緒、宣統年間，煙毒之害仍熾，東南沿海諸省尤其嚴重。施士洁深知煙害在中國荼毒之烈，他參與禁煙行動，擔任廈門「去毒社」社長一職，〔註307〕是他爲「保國」的實際作爲之一。

宣統二年〈1910〉，許南英說到各項工業礦業及工程建設等專業技術工作，都聘用外國工程師，這其中存在著許多的問題，且會遺留後患，他在〈日言〉詩中提出諍言：

> 日言開五礦，盡力闢地利；金銀銅鐵煤，遍地惜棄置！
> 重幣聘工師，多金購機器；或薦美利堅，或薦德意志。
> 翳彼異國人，終非我族類；無論無此才，有之亦終秘。
> 留以待他年，蠶食吾土地。太息資本家，錢了人無事。〔註308〕

在洋務運動推展過程中，由於國內缺乏各類專業人才故多借重外人，除海關外，礦業、船政、新式學堂等，多有外國人參與其中工作。開發中的國家在開發過程中固然需要已開發國家的技術援助，但倘若一直不能培育出自己的人才，那就得永遠依賴他國。聘用外人擔任國內各種專業又高階的職務，

〔註304〕施士洁：〈四疊前韻（時有日俄戰爭）〉，《後蘇龕合集》，頁152。

〔註305〕施士洁：〈次黃光五「秋感」韻寄和鶗塵〉，《後蘇龕合集》，頁213。

〔註306〕張之洞：〈勸學篇〉內篇，頁35。

〔註307〕《漢文臺灣日日新報》明治44年7月15日：「去毒社長一席，自施紳雲舫告退後，無人主持，社務廢弛。」《臺灣日日新報》明治39年9月15日：「去毒結社者，乃禁止吸食阿片也。」

〔註308〕許南英：《窺園留草》，頁90。

證明中國的主權仍未能獨立，經濟的開發也未能獨立。許南英看清列強對中國的覬覦，現在中國的各項建設都還得依賴外人，豈不更給列強蠶食中國的機會？而且，外國工程師或將技術保留，沒有完全傳授給中國工程師，那麼，在他們離開之後，中國所投資的金錢、所購置的機器就完全白費了。

丘逢甲對聘用外國工程師一事，和許南英有相同的憂慮，他在〈王曉滄將之官閩中賦別〉詩中提出他的疑慮：「馬江雖敗船政在，戰後依然用法人。二十年來海權盡，浪拋財力鑄官輪。」〔註 309〕丘逢甲以馬江造船廠為例，當初借重法國專業人才的船政事業在甲午戰爭中已證實失敗了，但是，主事者卻未檢討改進，依然任用外人，丘逢甲認為枉費國帑罷了。

丘逢甲對於當時列強環伺、清廷無能的國家處境也深感憂慮，他在〈戊申廣州五月五日作〉詩中即深刻地抨擊列強無義之行，以及徒求虛名的中國大吏：

> 龐勛之徒何代蔑？尤難言者東西鄰。
> 公庇群兇唉內釁，鷹瞵狼睒謀我缺。
> 彼謀我者原多途，既山取金路敷鐵。
> 更乘內亂肆厥毒，坐恐吾民靡有孑。
> 我今內治方無人，何力能俾外謀折？
> 官惟露布誇賊平，功狀張皇某某列。〔註 310〕

他又在〈疊韻答夏季平見贈〉詩中提及中國危在旦夕、運如蟪蛄的處境：「群胡競作天魔舞，忉利天宮下兵雨。空山月黑翁仲語，欲滅皇風掃三古。滿目女媧摶土人，濛濛夢入蟪蛄春。」因著這樣的痛心，他在詩末鼓勵夏季平：「相期出挽陽九厄，日輪天轉黃人氣。」〔註 311〕表達必盡一己之力挽家國之危的決心。但，無能的清廷卻任憑列強巧取豪奪，將國土一塊塊地劃分出去。這些土地的失去，不僅是外交上的失敗，更是國家喪失主權的證明。他也擔憂北方蘇俄南下入侵：

> 九邊烽火迫金臺，客唱新添塞上哀。
> 更築長城防不得，驚章南下老羌來（塞外人謂俄人曰老羌）。〔註 312〕

〔註 309〕丘逢甲：〈王曉滄將之官閩賦別〉，《嶺雲海日樓詩鈔》，頁 175。
〔註 310〕丘逢甲：《嶺雲海日樓詩鈔》，頁 223。
〔註 311〕丘逢甲：《嶺雲海日樓詩鈔》，頁 93。
〔註 312〕丘逢甲：〈題康步厓中翰出塞集〉，《嶺雲海日樓詩鈔》，頁 72。

歐美諸國蜂擁到中國境內，挾其軍事威勢擴張其商戰範圍，最後目的是帝國主義爭奪殖民地之欲望的滿足。列強先借端逼迫清廷開放通商口岸，再從濱海口岸一步步往中國內地蠶食。丘逢甲以爲在這種情況下中國日益陷入困境：「河山破碎羊腸險，樓閣空濛蜃氣腥。百粵安危關互市，五洲消息迫重溟。」〔註313〕面對列強在中國土地上橫行侵佔，朝臣疆吏卻沒有對策驅趕敵人、保衛國家，雖有爲盡忠盡義而殉國者，但丘逢甲仍深爲國家處境憂心：

> 滿目獅章更鷲章，沈沈龍氣不飛揚。
>
> 秋風石馬昭陵慟，夜雨金牛蜀道長。
>
> 元老治軍收白芳，中朝厄閏等黃楊。
>
> 若教死殉論忠義，何止區區李侍郎！〔註314〕

（四）保　教

所謂保教者，乃主張保護中國固有之文化，目的在維護儒家道統。在與西方新學的衝擊碰撞之中，仍有主張維持舊有傳統文化治術的人，拒絕西方的一切，他們堅持「立國之道，尚禮義不尚權謀；根本之圖，在人心不在技藝」，試圖以傳統思想抵擋西潮帶來的歐風美雨，王韜即言：

> 今在中土既創開闢以來未有之局，亦當爲開闢以來未有之事，則庶
>
> 不至甘居乎西國之後。至於孔孟之道，自垂天壤，所謂人道也，有
>
> 人此有道，固閱萬世而不變者也。〔註315〕

光緒三十一年（1905），以「研究國學，保存國粹」爲宗旨的國學保存會在上海成立，他們主張保存發揚中國的歷史、學術、文化，因爲惟有振興國學，發揚國粹，才能避免亡國滅種的危險。他們推動的是文化運動，但所欲達到的是救國存種的政治目標。王汎森〈清末的歷史記憶與國家建構〉一文分析國粹主義的底蘊，指出國粹主義者一方面要對抗西方列強，另一方面則是要反滿：

> 章太炎所謂的「國粹」有兩方面的意義，一是相對於滿族而說，一
>
> 是相對於西學所說。相對於滿族，則「國粹」的一個重要部分即貯
>
> 存在歷史、小學、典章制度中的歷史記憶。所以章太炎的「以國粹

〔註313〕丘逢甲：〈寄懷維卿師桂林〉，《嶺雲海日樓詩鈔》，頁60。
〔註314〕丘逢甲：〈九用前韻〉，《嶺雲海日樓詩鈔》，頁159。
〔註315〕王韜：《弢園文錄外編》，卷五，頁139。《清代詩文集彙編》708。（上海古籍
　　　　出版社）。

激勵種性」的主張，其實即是以漢族的歷史記憶去激勵種族自覺。
〔註316〕

康有為在戊戌變法時提出「孔教」之說，認為應該倡導儒家思想以維繫人心、獎勵風俗，並要求將儒家改造為宗教，建立為國教。戊戌變法失敗，立孔教之議也未成，康有為流亡國外，卻仍繼續宣揚孔教之說。〔註317〕保教運動是以整個中國傳統文化為對象的，而康有為所提出的孔教之說是主張把儒家改造為宗教，如同西方的基督教一樣，並建立為國教，這種做法將文化學術的範圍狹隘化，但在當時也蔚為風潮。

另外，也有嘗試同時兼顧傳統文化與新學的做法，例如科舉考試的試題既有時務問題，同時又有經義策論命題，蓋：

> 朝廷之意，諒以經義策論學有本源，方不失為保存國粹；然科學、藝學，亦屬救時良策，不可不講。故提學使仍於經義策論而外，兼以時務問題，是亦拔取英才之一道也。〔註318〕

我們可以從光緒二十八年廈門亞東書院當年所出的課題了解當時新舊並存的情形：

> 適此門戶大闢，世界更新之候，群以時務學術誇尚文明，各有日新月盛，無時或息。故親親睦鄰之道莫先於保種保教。今觀東亞書院課藝生徒，以時務算學論說奉為依皈，他日人才造就，諸君其首領焉。……策論題：保商論、亞洲文字異同攷、南太姥山煤礦說。算學題。詩題：〈登鼓浪山懷鄭延平〉、〈早梅〉、〈新柳〉。〔註319〕

為了保國救國，知識分子想出各種不同的對策，雖然眾說紛紜，也顯得莫衷一是，但他們的用心則可感可敬。在海東四子的作品中，對於文化救國的議題也有不少的意見，說明於下。

施士洁在〈贈蘇次杉明府〉詩中表明他維護儒學的主張，並且強調儒學乃中國之「命脈」、「本原」：

> 我忝神州產，聲教夙漸被。蠻夷當用夏，周孔命脈系。

〔註316〕王汎森：〈清末的歷史記憶與國家建構〉，收入《中國近代思想與學術的系譜》（臺北：聯經出版公司，2003年6月），頁99。

〔註317〕黃克武：〈民國初年孔教問題之爭論〉，收入《師範大學歷史學報》第12期，頁197、頁200。

〔註318〕《臺灣日日新報》，明治四十年二月二十二日。

〔註319〕《臺灣日日新報》，明治三十五年三月四日。

皮相曷足論，先求本原地。舍己芸人者，安知此精義？〔註320〕

在西方之船堅礮利的欺凌壓迫下，施士洁仍認為建國立國的良方是儒家的仁愛學說：「我思仁者古無敵，礮利船堅究難恃。海不揚波聖人出，始信腐談有至理。」〔註321〕他也在〈潤菴來詩有「後學私淑」之稱，如韻答之〉詩中表示對保存國粹的支持：「老朽類病獸，跧伏不敢戲。茹痛保國粹，俗學愁交訕。」〔註322〕不過他在〈春風〉一詩則提到儒學在西潮滔滔之際日漸衰微的困境：「斯文掃地已秦灰，吹起歐風扇九垓。今日程門何處是，更誰坐我此中來？」〔註323〕

許南英在〈贈楊季芬〉一詩中則表明維護中國固有傳統文化的之決心：

南來猶見吾道存，清白關西有祖風。

問學淵源曾立雪，談詩格調欲凌虹。

興亡共與書生責，陶鑄思參造化功。

絃誦一堂珍國粹，莫因頭腦笑冬烘。〔註324〕

民國元年，許南英回臺，他在〈六月二十四日與社友往竹溪寺參謁關聖〉詩中強調儒學忠孝節義的重要：「佛光神道兩虛無，淘汰將歸造化鑪。獨有綱常留正氣，能令崇拜起吾儒。」〔註325〕推廣教育、培育人才，是建設國家的根本之計，中國教育一向以儒家思想為主流，自十九世紀初西潮洶湧向東方襲捲而來，中國在與西方的接觸中節節失敗，學習西方也就成為追求富強的重要途徑。但是許南英〈日言〉卻直截抨擊新式教育的失敗：

日言興學務，為國毓人才；崇拜東西鄰，晉用求楚材。

少年歐亞去，畢業歐亞回；盧梭達爾文，矢口交相推。

興學已十年，人才安在哉？但聞橫議黨，蚊聚便成雷！

他日誤天下，何人是禍胎！〔註326〕

光緒二十四年時，丘逢甲所寫的〈次韻答陶生〉一詩，表明了他對推行孔教的期望：

〔註320〕施士洁：《後蘇龕合集》，頁84。

〔註321〕施士洁：〈四疊前韻（時有日俄戰爭）〉，《後蘇龕合集》，頁152。

〔註322〕施士洁：《後蘇龕合集》，頁194。

〔註323〕施士洁：《後蘇龕合集》，頁308。

〔註324〕許南英：《窺園留草》，頁176。

〔註325〕許南英：《窺園留草》，頁108。

〔註326〕許南英：《窺園留草》，頁90。

寰球自合大一統，聖教終行新九洲。

應笑太平空獻策，漫愁滄海正橫流。

南車重譯人宗孔，東賈同聲會抑歐。

老我不才宜養晦，江天閒共狎沙鷗。〔註327〕

光緒二十六年所寫的〈元旦試筆〉裡說：「皇威萬里行儒教，八表同風拜聖人。」〔註328〕同年，丘逢甲在嶺東同文學堂《開辦章程》中開宗明義說到學堂開辦的目標：「本學堂以昌明孔子之教爲主義，讀經讀史，學習文義，均有課程，務期造就聖賢有用之學。」他又在〈創設嶺東同文學堂序〉中詳細說到他主張孔教的想法：

> 中國之學，統集大成於孔子：孔學者，有用之學也。自孔教不得其
> 傳，而中國人士，乃群然習爲無用之學……夫今日之禍，不特滅國，
> 抑且滅種。種何以不滅？則以教存故。教何以存？則恃學在。今日
> 之學何在？曰以中學爲體，西學爲用；中學爲綱，西學爲目。以我
> 孔子，爲「聖之時」，苟生今日，其必以此言爲然也。〔註329〕

丘逢甲是贊成保教主張的，更仔細探究，他直接明言「以昌明孔子之教爲主義」，也就可以知道他同意康有爲之孔教主張。〔註330〕丘逢甲在嶺南推動教育貢獻不凡，在他的教育理念中，「孔教」的觀念非常常重要的。光緒二十七年，丘逢甲〈爲潮人士衍說孔教于鮀浦，伯瑤見訪有詩，次韻答之〉：

> 大海潮來獨倚欄，七千里外冷朝宮。
>
> 重提孔子尊王義，如日中天萬象看。〔註331〕

〔註327〕丘逢甲：《嶺雲海日樓詩鈔》，頁317。

〔註328〕丘逢甲：《嶺雲海日樓詩鈔》，頁354。

〔註329〕丘逢甲：〈創設嶺東同文學堂序〉，收入丘晨波等編：《丘逢甲文集》，頁304。

〔註330〕劉健明〈丘逢甲與嶺東同文學堂〉一文註二十：「丘逢甲提倡尊孔、尊王，重點在保存國族文化，與康有爲強調孔子改制及以儒學宗教有異，與黃遵憲以孔子爲人極、爲師表，而非教主的看法相近。」收在吳宏聰、李鴻生主編：《丘逢甲研究》（臺北：世界河南堂丘氏文獻社，1998年12月），頁453。若依據丘逢甲〈創設嶺東文學堂序〉中所言，他爲改正時人以爲學八股、試帖、大卷、白折等即是學孔子之學的錯誤想法，因而高舉「學孔子」、「昌明孔子之教」，目的在於「務期造就聖賢有用之學」，丘逢甲獨尊孔子的態度很明白，欲藉宣揚儒教以發揮道德感化力量、培育賢才以強國的訴求也很清楚；他化用康有爲「保國保種保教」的口號，表達自己在教育上的目標。

〔註331〕丘逢甲：《嶺雲海日樓詩鈔》，頁174。

　　光緒二十八年，丘逢甲〈次韻再答賓南，兼寄陳伯嚴〉詩中，既提到國粹保存，也提到推廣孔教主張，可見這時他仍然是贊同孔教之說的：

　　　　心關國粹謀興學，目笑時流說重魂。

　　　　庚子陳經拜宣聖，尊王遺義故應存。〔註332〕

　　直到光緒三十四年〈寄贈國學保存會四子〉一詩，丘逢才改變獨崇孔子的態度，贊成國學保存會復興先秦諸子學說的主張：

　　　　文明古國五千載，中經秦火詩書在。漢興諸儒功最多，不有守先後

　　　　何待。西海潮流猛秦火，東風復助為妖禍。障川挽瀾今無人，後生

　　　　小子忘丘軻。崑崙山高東海深，百王千聖知此心。終看吾道益光大，

　　　　日月行天無古今。〔註333〕

　　在探索、融入新世界的過程中，丘逢甲有其開放學習的難得，但仍堅持傳統文化的薪傳。

（五）科舉制度

　　在對中國舊有制度的檢討之中，科舉考試是最受抨擊詬病的，並以之為中國人才所以不興的原因。科舉制度本是國家取仕的辦法，但自從宋代科舉試題局限於四書、五經，而且答案僅能依據朱熹《四書集注》作答後，科舉考試就腐蝕了中國的教育，也鉗制住讀書人的思想，再加上所作文章必照八股格式寫作，更為人詬病。梁啟超認為在科舉制度之下，士人「學非所用，用非所學」，而且對時務新知一無所知，造成國無人才可用的嚴重問題。因此，維新派在戊戌政變時大力批判科舉和八股取士制度的弊病，並進而推展新式教育，而科舉制度也終於光緒三十一年時終結了。

　　光緒十九年左右，施士洁在〈臺澎海東書院課選序〉文中曾說到：士人讀書時，若能「平氣虛心，以求聖賢本意之所在」，從經文傳注涵泳而出，又一一體驗於身心，如此必能學養兼到，成為聖賢之徒，同時也能兼顧舉業。〔註334〕施士洁既考量國家選拔人才的方法，又思考如何在科舉制度之下走出生路，不被時文八股拘牽定型。這個做法是可行的，只是能不被功名沖昏頭、真正下工夫做學問的人畢竟是少數；施士洁〈題梁定甫秋夜讀書圖〉詩中就責備過於熱中功名的讀書人：「咄哉末流枉徵逐，直以詩書為利祿！」

─────────────

〔註332〕丘逢甲：《嶺雲海日樓詩鈔》，頁177。

〔註333〕丘逢甲：《嶺雲海日樓詩鈔》，頁224。

〔註334〕施士洁：《後蘇龕合集》，頁355。

〔註335〕〈寄答基隆石坂文庫主人日本石坂莊作〉一詩也是批評藉科考以求功名的士人：「吾家靖海奮貔虎，手挈黃圖歸聖武，二百餘年教養兼，聞說海濱號鄒魯。末流俗學頹其波，竄身場屋甘臼科。□□小儒苦干祿，敲門□□□□□。」〔註336〕而學養兼修的人則可能因考運不濟而不能上榜：「詞源快傾吐，筆陣恣騰蹂。誰知老劉蕡，一第迤邅久。」〔註337〕施士洁因此認為不能憑科考結果評定高下，而且，一個人能否傳名後世在於本身的作為，而非科舉功名高下的關係：「如君豈必科名重？到處依然姓氏香。」〔註338〕

施士洁〈晉水官齋喜晤曹芝生二尹〉寫出對士人在時代潮流中失去了原本領導地位的憂心：「側睐環毬上，閻浮墨於□！萬彙紛腥羶，儒冠爾何物？矧茲黃種者，章甫百不一。無怪吠堯徒，猖猖盡為桀。」〔註339〕〈感事疊前韻〉一詩寫於宣統年間，當時科舉制度已廢，傳統知識分子的地位已逐漸邊緣化，施士洁對情勢的改變深有感喟，不過，他也表示出對社會情勢的發展抱存著希望：

> 神武當年早掛冠，頑仙驢子倒騎看。
> 科名草腐新芽出，旌節花開結果難。
> 爛熟宦情偏耐冷，飽嘗儒味豈嫌酸？
> 群公且試回春手，臥我荒江閱歲寒。〔註340〕

「每飯未曾忘竹帛，敢將科第當功名」，這是丘逢甲得第時的詩句，他當時是抱有「畢竟功名出科第」的想法的。〔註341〕不過，丘逢甲在〈題劉銘伯科策後〉一詩說：「吾輩當為天下計，此才豈藉特科尊！」在〈送黃翼臣秋試〉中亦說：「神州蒼莽英雄出，不為科名合著鞭。」〔註342〕可見他並非視科舉功名為青雲之路，報效國家才是他的最初心意。丘逢甲〈聞言者屢有改科舉之議，疊頤山見贈韻，簡溫慕柳同年金山書院〉詩中說到他對廢除科舉的看法：

〔註335〕施士洁：《後蘇龕合集》，頁13。
〔註336〕施士洁：《後蘇龕合集》，頁193。
〔註337〕施士洁：〈和馮秋槎廣文寄贈五十韻〉，《後蘇龕合集》，頁33。
〔註338〕施士洁：〈朱樹吾明府重至臺郡，旋奉檄赴彰邑會辦一巨戶歷年京控積案，適余客鹿浦，明府館於烏日莊，時復往還，出示近作，因和原韻〉，《後蘇龕合集》，頁318。
〔註339〕施士洁：《後蘇龕合集》，頁135。
〔註340〕施士洁：《後蘇龕合集》，頁184。
〔註341〕丘逢甲：〈送何孝廉北上，何故門下士，且嘗佐予軍，今亦回籍于潮，感昔勉今，輒有斯作〉，《嶺雲海日樓詩鈔》，頁311。
〔註342〕丘逢甲：《嶺雲海日樓詩鈔》，頁186、頁306。

金繪局定厭儒巾，胡服群思逐後塵。

朝議頗聞圖改制，臺綱原不重埋輪。

四筵抵掌東坡鬼，一網驚心朔黨人。

幸有遺經吾道在，山林終老著作身。〔註343〕

　　他對科舉改制之議並非贊同，但他也察覺到情勢的變化：「科名末造賤文章」，〔註344〕而有著無可奈何的落寞。

　　許南英對於人才的培育相當重視，惟有人才濟濟，國家才有前途，因此，他任地方官時特別著重推動教育，也能配合時代潮流，施行新式教育：

一水中流行自在，萬山佳氣鬱崔巍。

人安樸素堪相與，地蘊精華尚未開。

教養兼施張弛道，農工都是富強材。

起衰救弊新思想，總有能人攬轡來。

歐鉛亞槧日輸將，學界從今亟改良。

後起青年勤淬厲，前途黃種卜靈長。

孤寒有士皆分席，慷慨何人肯解囊？

合為諸生開望眼，相期祖國煥輝光。〔註345〕

　　當他參與鄉闈襄校時，殷切期待能替國家淘選出能人實才，批閱到見解獨到、論述精闢的好文章，就如看到自家子女學有所成般的歡喜：「但能得士歌鴻遇，也似生兒喜象賢。」對於科舉考試僵化的缺點，他也進一步思考：「見說文章原有價，豈真科第竟無賢？」〔註346〕

（六）女學、女權

　　梁啟超在〈論女學〉一文提到，所以要推動女子教育、提升婦女的地位，是為了達到「保種強國」的目標：「天下男女之教各半，而男子之半之教亦導於婦人，為保種強國，婦學實為權輿。」〔註347〕他在〈倡設女學堂啟〉文中亦倡議說：「復前代之遺規，採泰西之美制，儀先聖之明訓，急保種之遠謀。」

〔註343〕丘逢甲：《嶺雲海日樓詩鈔》，頁301。

〔註344〕丘逢甲：〈送朱古薇學使乞病旋里〉，《嶺雲海日樓詩鈔》，頁188。

〔註345〕許南英：〈留別陽春紳士〉，《窺園留草》，頁68。

〔註346〕許南英：〈癸卯鄉闈分房襄校，和同鄉虞和甫鎖院述懷原韻〉，《窺園留草》，頁66。

〔註347〕梁啟超：《飲冰室文集》之一（臺北：臺灣中華書局，1960年3月），頁37～頁44。

〔註348〕他明白指出女學所欲培育的時代女性，和以往所謂的「才女」是不一樣的：「古人之號稱爲『才女』者，則批風抹月，拈花弄草，能爲傷春惜別之語，成詩詞集數卷，斯至矣。若此等事，本不能目之爲學。應師友講習，以開其智；中外游歷，以增其才，數者相輔，然後學乃成。」〔註349〕

當時，全國各地熱烈推動女學，就林輅存在廈門推動的教育事業來說，他除了成立東亞書院推動新舊兼施的教育課程之外，也成立廈門高等女學堂以推動女學，並獲得當地士紳的支持。他們推動女學，是對梁啓超「倡言保種」所以推動女學主張的響應，他們基於「人權平等」的想法，認爲男女平等是追求國權的基礎，國家的主權恢復了，才能與世界其他國家立於平等的地位。〔註350〕女學堂教授的課程有：圖畫、算術、英文，唱歌，體操等，「自開絳帳以來，未經一載，堂中女生徒四十餘人」。〔註351〕民國成立後，廈門又設立女子師範學校；到了民國十一年時，「福州廈門，女權進步，亦迥非昔日。王貞灼女士組織女子協進會，以促進女子教育、服務社會。」〔註352〕由此可略窺女學、女權在福建發展的情形。

許南英對於女學的推廣是抱著期望的，他有詩云：「健婦能爲開化種，佳兒便是讀書苗。」〔註353〕正與梁啓超「男子之半之教亦導於婦人」之意相同；他聽聞日人在臺灣成立女子學校，亦說：「教育普通兼婦女，撫綏特別化狂猱。」〔註354〕

光緒二十八年，衡山陳擷芬辦女報，丘逢甲爲之題詞，並且多所讚美、肯定陳氏所爲：「喚起同胞一半人，女雄先出唱維新。要修陰教強黃種，休把平權笑白民。」〔註355〕丘逢甲同年又有〈紀興寧婦女改妝事與劉生松齡〉

〔註348〕梁啓超：《飲冰室文集》之二，頁19。
〔註349〕梁啓超：《飲冰室文集》之一，頁37～頁44。
〔註350〕連橫〈惜別吟詩集序〉：「臺南連橫歸三山，留滯鷺門，訪林景商觀察於怡園，縱談人權新說，尤以實行男女平等爲義。……晚近士夫，倡言保種，推原於女學不昌，是誠然矣！……近者中原志女，大興婦風，設女學、開女會、演女報者接踵而起。……嗚呼！中原板蕩，國權廢失，欲求國國之平等，先求君民之平等；欲求君民之平等，先求男女之平等。」收入《雅堂文集》（臺北：臺灣銀行經濟研究室，1964年12月），頁48。
〔註351〕《臺灣日日新報》，明治四十年二月一日。
〔註352〕《臺灣日日新報》，大正十一年十二月八日。
〔註353〕許南英：〈贈張魯恂廣文〉，《窺園留草》，頁72。
〔註354〕許南英：〈臺感〉，《窺園留草》，頁82。
〔註355〕丘逢甲：〈題陳擷芬女士女學報〉，《嶺雲海日樓詩鈔》，頁363。

一詩，記錄當地婦女富自強自主的精神，以及爲配合時代潮流所需而做的改
變：

> 山川奇偉數齊昌，不獨男兒解自強。
>
> 要使金閨興女學，銀釵先改峒蠻妝。
>
> 維新殊有九州風，新綰盤蛇髻更工。
>
> 預祝英雄出巾幗，武婆城在碧雲中。〔註356〕

丘逢甲又有〈贈慈善會諸女士〉二首，是爲鼓勵走入社會、服務公益的
新女性所寫的：

> 變現諸天善女身，華鬘纓絡不生塵。
>
> 大千手灑楊枝水，來救龍荒百萬人。
>
> 笙簧鼓吹文明氣，不讓媧皇止水功。
>
> 起陸龍蛇消劫運，黃金先鑄女英雄。〔註357〕

這些詩作中，不乏「平權」、「自強」、「維新」、「女英雄」這一類的詞，
丘逢甲刻畫出女性走出家庭、跟上時代潮流的堅毅勇敢面貌。

海東四子作品中提及的女姓，有多位是屬次梁啓超所說的「才女」，如
施士洁稱美女弟子邱韻香：「簪花字格清而婉，漱玉詞華美且都。」〔註358〕
民國元年，許南英回臺，寫有〈贈蕭蓮卿女史〉一詩，詩中描繪出「風雅能
詩」、「所交無俗客」的淡江蕭蓮卿才女之像，是以舊時代「才女」形象呈現
的；〔註359〕而丘逢甲讚以「新詞一卷疏香閣，煮夢仙人葉小鸞」的葉婉仙
女史、「雲馭迢遙愴孝思，仙心難寫入新詩」的孝女許曼儀，也都是批風弄
月、拈花惹草的傳統「才女」。〔註360〕

在海東四子作品中提及的女性，也有不少是以舊傳統中的孝、貞、節、
烈等標準來衡量、評斷的。如施士洁〈李烈姬詩〉詩中所記的「服櫻膏以殉」
「遂令曲巷姿，義烈動流俗」的礦溪教坊女李烈姬、〔註361〕未嫁卻奉舊姑的
節婦劉氏，〔註362〕再如許南英稱頌其德行足以「挽頹風砭薄俗」的劉太夫人，

〔註356〕丘逢甲：《嶺雲海日樓詩鈔》，頁180。
〔註357〕丘逢甲：《嶺雲海日樓詩鈔》，頁228。
〔註358〕施士洁：〈韻香來詩，有願拜門牆之語，如韻答之〉，《後蘇龕合集》，頁180。
〔註359〕許南英：《窺園留草》，頁125。
〔註360〕丘逢甲：〈題葉婉仙女史古香閣集〉、〈侍香集題詞爲孝女許曼儀作〉，《嶺雲海
　　　　日樓詩鈔》，頁152、頁316。
〔註361〕施士洁：《後蘇龕合集》，頁201。
〔註362〕施士洁：「漳州貞節劉氏，幼與同里吳生光珪爲婚，未嫁而吳死。氏年十八，

〔註363〕又如丘逢甲提及為殉夫而死的藍溪烈婦、崧里烈婦、蘄州烈婦、廣東烈婦等，〔註364〕都是舊時代被稱揚讚頌的節烈女性。

另外，在施士洁、許南英的作品中尚有「教郎著意雙眸子，故作人前不語猜」、「擁被獨眠慵不起，錦衾根觸繡鴛鴦」〔註365〕這樣形象的女子；這和丘逢甲為濟良所婦女唱嘆，冀盼他們能夠獨立，早日獲得自由的態度是迥異的：

> 濟良所，濟幾何？長安落花日日多。不忍落花付流水，欲落不落扶
> 之起。今日園中桃，昨日道旁李，還汝自由自今始。噫戲乎嗟哉！
> 義軒子孫奴隸矣；更復漂流海外作人豕，可哀豈獨兒女子。濟良所，
> 奈何許！〔註366〕

雖然施士洁曾說過：「況廿紀，文明發達，此女權開學界：演歐西，秀哲羅蘭，執牛耳，雌中傑。」〔註367〕但這是他稱美邱韻香的話，而非他對女學的主張。因此，就海東四子作品中述及女性的作品來看，丘逢甲對女性的態度比較富有新時代的精神，能以比較平等、尊重的態度對待女性；施士洁、許南英雖然也受到時代新思潮的影響，對女性有新的認識，但是，尚未真具有「平權」的精神。不過，這是受到當時代環境的局限，自然是不能以現代的想法責求。

第三節　世變中的人世關懷

內渡後，施士洁牢騷滿腹，雖顯得消極些，但是眼見天災人禍、內亂外侵不斷，黎民處水深火熱中，他亦深為民憂且扼腕慨嘆：

> 郡邑金繒豢犬羊，蒼黔膏血餌豺狼。
> 何人痛定還思痛，幕燕安巢雀處堂！

自矢歸吳，奉舅姑以終。先後立孤二人，皆死；抱孫亦死。嫂有老婢重其節，憐其老而病也，躬侍惟謹。光緒甲辰九月，漳有洪水之厄，氏年八十三矣，與婢相持而死。」《後蘇龕合集》，頁289。
〔註363〕許南英：〈頌陳母劉太夫人請旌〉，《窺園留草》，頁191。
〔註364〕丘逢甲：〈藍溪烈婦篇為上杭族人德祥妻廖氏作〉、〈崧里烈婦篇為門下士大埔何壽慈妻蕭氏作〉、〈烈婦墩行〉、〈烈婦篇為廣東候補從九品馮景鼇繼室方孺人作〉，《嶺雲海日樓詩鈔》，頁131、頁303、頁304。
〔註365〕施士洁：〈滬上有贈〉，《後蘇龕合集》，頁67。許南英：〈閨怨，和李季芬〉，《窺園留草》，頁189。
〔註366〕丘逢甲：〈濟良所〉，《嶺雲海日樓詩鈔》，頁230。
〔註367〕施士洁：〈金縷曲〉，《後蘇龕合集》，頁341。

青衫白髮傷心客，亂世曾聞避流賊。

燹餘十室今九空，使我一編哀蜀碧。〔註368〕

　　許南英在對策文章中感傷時事，因而被放，這是他關心天下事、關心民生的表現。他在任地方官時也是以百姓福利為重，雖然他任陽春縣令的時間只有六個月，但當他要調署他縣之際，心中掛念的是：「自愧任事未久，興學、教民、清鄉、治盜多留缺點。」〔註369〕

　　丘逢甲也有深切的用世之心，他在〈絜齋世丈以西園述懷集蘇六十韻詩見示，為賦五古四章〉詩中表示：「念天生才心，濟世乃為貴。百折苟不回，終必申吾志。」〔註370〕

　　讀聖賢書的知識分子在學聖效賢的目標下，期許自己要能「以天下為己任」，更要求自己「先天下之憂而憂，後天下之樂而樂」，而最終的目標則是「世界大同」的追求。但是理想和現實之間總存在著鴻溝，尤其是在朝代更迭、政治混亂的年代，戰爭連年不斷、社會動盪不安、人民顛沛流離，在這樣的年代裡，連生命的基本權利都很難掌握，更遑論安定繁榮生活的獲得，但是即使是在這樣的情況之下，知識分子總也還秉持著「仁民愛物」的胸襟，不放棄理想的實現。

　　海東四子他們的作為受到個人的性情、想法影響，自有不同的表現，但整體說來，海東四子對於人世抱著強烈的責任感，身處在動盪、紛擾的時代，他們自身已遭逢重重困難，但是他們仍然關懷國家社會的發展變化、關懷社會大眾生活的疾苦，在他們的作品中，可以看到他們大力批判政治的得失，對歷史進行思考，也希望理清興亡的原由，找出國家富強的方法。以下，探討海東四子作品中對人世關懷的表現，分成一、國內政治的問題。二、外權入侵的問題。三、社會民生的問題，分別論述。

一、國內政治的問題

　　自清穆宗同治在位時開始，慈禧太后即垂簾聽政；穆宗崩逝後，慈禧立年僅四歲的德宗為帝，並且二度垂簾聽政，繼續獨攬朝政。光緒十六年（1890），德宗皇帝開始親政，但是一切用人行政大權仍在慈禧手中。在慈禧把持朝政的四十餘年裡，舉措乖方，國政日非，造成政潮迭起，國勢岌危，

〔註368〕施士洁：〈哀安海〉，《後蘇龕合集》，頁309。
〔註369〕許南英：〈留別陽春紳士〉，《窺園留草》，頁68。
〔註370〕丘逢甲：《嶺雲海日樓詩鈔》，頁347。

也促成滿清政府滅亡。〔註371〕

　　丘逢甲在很多詩篇中抨擊慈禧干政對國家造成的嚴重傷害。雖然受制於時代條件，他無法在詩中直言批判、暢所欲言，而採用神話、象徵、譬喻、諷喻等手法創作，但他對慈禧作爲的誅伐之意是表達得很明確的，如〈雜詩〉之一、之三兩首：

> 義和馭日輪，赫赫鑒八荒。游氛積爲陰，上翳陽無光。
> 太白竊神威，晱晱晝有芒。斗垣森嚴地，飛星敢干行。
> 誰實操天權，得毋失厥綱。寂寂河鼓鳴，慘慘參旗颭。
> 天弧不能弦，縱恣來貪狼。下界蟻虱臣，惴惴心憂傷。
> 欲將災異書，上籲通天閽。
>
> 天雞不能雄，牝雞代爲鳴。膊膊復膈膈，豈云非惡聲？
> 壯士誤起舞，慨然赴功名。失身一非時，其辱寧爲榮。
> 枕戈夜未旦，素月當天行。團團此皎魄，中有妖孽生。
> 得地遽僭妄，吞噬虧陰精。諸仙並束手，坐令天偏盲。
> 憑日復有烏，翳日失其晶。安知蓁養物，乃起爲禍萌。〔註372〕

　　丘逢甲在詩中指責慈禧越僭侵權，不僅破壞朝廷綱常，也是國家日益衰敝的罪魁禍首，他也批評朝廷大臣無法扶正朝綱，又坐視慈禧攬權，甚至曲順他意募金以興土木、縱遊樂的不該。但是以「下界蟻虱臣」自喻的丘逢甲，縱然對傾墜的國勢「惴惴心憂傷」，卻也只是在詩末將國難之因歸諸於「紫霄晝沈沈，鈞天樂方張。王母讌諸天，游戲容東方。天公色然醉，玉女傾霞觴。列侍諸仙官，旍旎各飛揚」，最後竟也只是「茫茫渺難計」、「知之不能去，容使終古橫」，充滿了無力感。

　　中國海軍之創設，始於同治五年（1866）左宗棠在福州設立的船政學堂；光緒十一年（1895），清廷設立海軍衙門，中國海軍規模粗具；光緒十四年（1888），北洋艦隊成立，共有艦艇二十五艘，丁汝昌爲海軍提督，聘英人琅威理爲總教習。後來慈禧移轉經費作爲修建園苑之用，再加上琅威理去職，中國海軍的操練盡弛。光緒二十年（1894）甲午戰爭中，北洋艦隊先敗於黃海，其後更在威海衛遭日本海軍殲滅；在美國調停之下，中日簽訂馬關條約，除了藩屬國朝鮮脫離中國獨立之外，中國要賠款巨款，同時還將臺灣、澎湖

〔註371〕李守孔：《中國近代史》（臺北：三民書局，1990 年 8 月 7 版），頁 70～頁 73。
〔註372〕丘逢甲：《嶺雲海日樓詩鈔》，頁 18。

割予日本。經營三十年的中國海軍竟不堪一戰，這個失敗嚴重打擊國人「船堅砲利」的夢想。光緒二十三年（1897），丘逢甲〈海軍衙門歌，同溫慕柳同年作〉一詩，詳細論述中國海軍自成立至慘敗過程中之種種問題：首先是主事者領導無方——「衙門主者伊何人？萬死何辭對天子」；第二是任事者無能，卻又上下包庇——「衙門沈沈不可望，若有人兮坐武帳。早知隸也實不力，何事揮金置兵仗」、「故將逃降出新將，得相從者皆風雲」；第三是聘用洋匠、洋將——「我不能工召洋匠，我不能軍募洋將」；第四是經營不善——「坐麋廿三行省萬萬之金錢，經營慘淡三十年」，結果卻是「戰守無能地能讓，百萬冤魂海中葬」；而且還成為各國間的笑柄——「劉公島上降旛起，中人痛哭東人喜。旁有西人競嗷訾，中國海軍竟如此」。而他最擔心的是，中國軍隊如此無能，「風雲黯淡海無色，大有他人鼾吾側」、「一東人耳且不敵，何況西人高掌遠蹠紛來前」，國家的前途真是堪憂啊！〔註373〕

丘逢甲在〈前詩多見和者，所懷未盡，復次前韻〉詩中，再次抨議花費鉅額款項、耗日時久，卻不堪一擊的海軍、船政問題，卻也只能無語問蒼天：

天子治四海，吾國古義陳。其實西北方，地廣漠無倫。

有海惟東南，戰局乃日新。何人跨海功，海外鐫蒼珉。

赫然一樓船，費數百萬緡。一礮數十萬，經年工始竣。

一往而不復，惘然問水濱。〔註374〕

甲午戰敗，有識之士紛紛發起救國存種的各種運動；其中，康有為、梁啓超等人鼓吹維新變法主張，圖謀國家重振大業。光緒二十四年（1898）四月，德宗採納康有為、梁啓超之議，下詔變法；然守舊勢力龐大，慈禧復以政權之爭銜恨德宗，因此發起政變，幽囚德宗於瀛臺、捕殺新政六君子，康、梁則逃避國外。戊戌百日新政宣告失敗。丘逢甲是贊成維新運動的，也寄望運動成功以改變國勢，戊戌政變後，他有〈感事詩〉，洋洋灑灑寫成二十首的組詩，批評朝政各種弊端，並痛下針砭之見，下面引錄其中評議政局發展詩作二首於下：

空益朱車衛，難向鐵路權。巫雲嗟楚粵，漢月冷幽燕。

願請脩宮價，先添橫海船。已無夷夏界，何處說防邊。

濱海無安士，潢池更弄兵。鯨波春溢岸，狐火夜連城。

〔註373〕丘逢甲：《嶺雲海日樓詩鈔》，頁304。
〔註374〕丘逢甲：《嶺雲海日樓詩鈔》，頁282。

已誤通臨局，翻增保教名。痴聾吾羨爾，高會集耆英。〔註375〕

許南英〈己亥春日感興〉組詩寫於光緒二十五年，他在詩中指出清廷不改大朝懷柔想法、朝臣只是清議而無實際作為、疆吏則無能保家衛國，這些因素造成國力不振、國土一再被瓜分：

雄心盡付水東流，莽莽河山抱杞憂。

宰相經綸揮麈尾，將軍事業換羊頭。

屏藩誰復維危局，帶礪何堪失上遊？

依舊文章官樣派，尚云聖主是懷柔。〔註376〕

義和團在慈禧縱容之下，於天津、直隸等地焚毀教堂、洋樓，劫掠西人、教士教民，終於在光緒二十六年（1900）引發八國聯軍攻陷北京；慈禧與德宗出走西安，命李鴻章全權處理與八國議和事，而於次年簽下辱國喪權的「辛丑和約」，此即庚子事變。這一年的冬天，丘逢甲到敬州探訪黃遵憲，他在〈南漢敬州修慧寺千佛鐵塔歌〉詩中感歎拳亂之災造成國家受辱、君主蒙羞：

與之抗者談真空，白蓮萬朵開魔風。

誰云此獠有佛性，妖騰怪踔巾何紅？

此亦當今一張角，滿地黃花亂曾作。

國成誰秉邪召邪，聚鐵群驚鑄此錯。

黃金臺邊鐵血殷，六龍西幸趨函關。

麻鞋何日見天子？小臣足繭哀荒山。〔註377〕

他又與黃遵憲往來唱和十一疊韻，討論當時時局種種，他進一步檢討慈禧、載漪、載勛等人欲借助義和拳之力對抗列強，是狂妄荒謬之舉：

無物消愁且舉觴，自拚千日醉程鄉。

誰張仙樂迎金母？漫詫神兵下玉皇。

竭井難醫狂國病，剪燈空弔女宮殤。

白蓮飄盡黃蓮死，惆悵尊前說酒王。〔註378〕

他在〈四用前韻奉答〉詩中，再一次批判慈禧掌權敗壞國政，更因縱放拳匪導致八國聯軍問罪，無辜百姓遭兵燹之災不說，國家又得賠償巨款：

〔註375〕收入《丘逢甲遺作》（臺北：世界河南堂丘氏文獻社，1998年12月），頁122。
〔註376〕許南英：《窺園留草》，頁51。
〔註377〕丘逢甲：《嶺雲海日樓詩鈔》，頁153。
〔註378〕丘逢甲：〈用前韻賦答人境廬主人見和之作〉，《嶺雲海日樓詩鈔》，頁156。

滄海塵蒙鏡殿光，公卿同哭牝朝亡。

河陰兵問充華罪，樂府歌殘斌媚章。

往事數錢憐妲女，異邦傳檄過賓王。

枉崇聖母無生法，難遣神兵禦列強。〔註379〕

而〈六用前韻奉答〉詩中則誅伐載漪等人，因為他們向慈禧盛誇義和團忠勇可恃，卻引發八國聯軍，喪權辱國之外，還導致無辜百姓屍填溝壑，罪該處斬：

縱不人誅亦鬼誅，生靈百萬死何辜！

斷難大義容三叔，休遣清談禦五胡。

行在陽秋書待著，廣明庚子事原殊。

中朝國法兼家法，過必隆刀可在無！〔註380〕

事隔一年之後，丘逢甲對庚子事變有更深入的反省，他對朝廷政策的反覆不定、國人未能在事變之後發憤圖強，尤其，慈禧雖下詔罪己並且素衣豆粥表示懺悔，卻沒有一點實際的作為改善國勢，這種種情形都令丘逢甲感到悲傷與絕望，他在給蕭伯瑤的詩中說到了這種傷痛，並且列數朝政社會種種亂象：

四千年中中國史，咄咄怪事寧有此？

與君不見一年耳，去年此時事方始。

謂之曰戰仍互市，曰和而既攻其使。

同一國民民教異，昨日義民今日匪。

同一國臣南北異，或而矯旨或抗旨。

惟俄德法英日美，其軍更聯義奧比。

以其槍礮禦弓矢，民間尚自傳勝仗，

豈料神兵竟難恃！守城何人無張許，

收京何人無郭李。此時中國論人才，

但得秦檜亦可喜。拒割地議反賴商，

定保皇罪乃殺士。紛紛搆黨互生死，

〔註379〕丘逢甲：《嶺雲海日樓詩鈔》，頁157。
〔註380〕丘逢甲：《嶺雲海日樓詩鈔》，頁157。錢仲聯在詩下註云：「過必隆為康熙初立顧命四臣之一。雍正朝大學士訥親師久無功，朝命賚其祖遺刀斬之於軍前。其刀為清室重物，民初猶存。詩意蓋欲清廷效祖宗家法誅戴漪輩也。」見《人境廬詩草箋注》（上海：上海古籍出版社，1981年6月），頁955。

言新言舊徒爲爾。西來日月猶雙懸，
北去山河枉萬里。儀鸞殿卓諸國旃，
博物院陳歷朝璽。留都扈蹕方爭攻，
遷都返蹕相誓訾。伺人怒喜爲怒喜，
不知國讎況國恥。素衣豆粥哀痛詔，
可惜人心呼不起。嗟哉臣民四萬萬，
誰竟一心奉天子。晏坐東南望西北，
九廟尚在煙塵裡。〔註381〕

　　庚子事變之後八年，也就是光緒三十四年，國家仍爲當年拳亂背負著四萬萬五千萬兩的巨額賠款及利息，許南英來到北京城，見到京城依然「馬龍車水騁康莊，粉黛胭脂獨擅場」，一片歌舞昇平、聲色繁榮的現象，他不禁慨嘆朝廷的荒唐、國人的消極不思振作，寫下〈戊申入都門感興〉組詩兩首。許南英詩中的衰世憤慨之情，引起臺灣詩人的共鳴，鄭竹溪、謝汝銓、鄭毓臣等人都有唱和詩作。〔註382〕

　　光緒三十年（1904）日俄戰爭，施士洁眼見清廷的無能，任憑異族視中國爲禁臠，爲爭奪對方在中國已取得的利益而在中國的土地上發動戰爭，他憤慨地批判國政、外交、疆吏的一無是處，讓無辜人民再一次承受兵燹之災禍：

落落中原幾將材？不見曹彬與潘美！遼東王氣昔所鍾，老兵愁漸矛頭米。何來胡騎滿陪都？投鞭已斷鴨綠水！等閒蠻觸壁上觀，一旦養癰橫決矣。樞垣政策詡中立，外交顧此乃失彼！天南砥柱稱鉅公，跧伏圈中皆帖耳！重門洞開儘揖盜，禹甸俄成羅刹市！……青天欲墜杞憂切，閫帥嬌嫷疊吏稛！誰爲卓帽管幼安，浮海相從邴根矩。歐風亞霧蕩神京，會見銅駝荆棘爾。

　　他對國家能否有振興強盛、與列強平等對待的一天深感懷疑的：「人言二十世紀之舞臺，歐風亞雨紛交催；睡獅殘夢了不覺，天生黃種胡爲哉？」〔註383〕

〔註381〕丘逢甲：〈述哀答伯瑤〉，《嶺雲海日樓詩鈔》，頁362
〔註382〕這些唱和詩發表在《臺灣日日新報》，明治41年7月～9月。
〔註383〕施士洁：〈四疊前韻（時有日、俄戰爭）〉、〈盧用川醛尹以墨拓魏破、壽山石印相貽，作此謝之，兼柬其尊甫坦公〉，《後蘇龕合集》，頁152、頁190。

　　慈禧出走熱河途中曾下詔罪己，並以德宗名義下詔變法，推行新政，也應全國各界立憲之要求，派遣五大臣出洋考察。但慈禧認為立憲派主張召開國會議定一切方案無異剝奪清廷的決策權，因此一再拖延立憲的時間，致使改革派者轉向革命派。革命派領導者是孫中山，他自中法戰敗之年即決定傾覆滿清政權。自此之後的二十六年中，歷經多次組黨、同志起義犧牲，終於在宣統三年武昌起義時完成革命，建立亞洲第一個民主共和國。

　　丘逢甲有〈戊申廣州五月五日作〉詩，「戊申」年即光緒三十四年（1908），丘逢甲在詩裡提到時局敗壞，民窮為盜，劫掠不斷，再加上革命黨起事頻頻，更增社會動盪不安：

　　　年來民窮盜益多，群盜如毛不可櫛。小猶鄉落事攻剽，大且據城謀篡竊。此方告平彼旋起，一歲之間四五發。東南已無乾淨土，半壁江山半腥血。民言官苛迫民變，官言革命黨為孽。……可憐惟爾愚民愚，身罹兵誅家立滅。年來招兵兵益多，東征西防未容撤。飢困兵言月餉少，羅掘官言庫儲絀。嗟哉民變猶可說，祇憂兵變不可說。此事邇來已芽蘗。〔註384〕

　　民國成立之後，國內仍然擾攘不安，尤其軍閥據地稱雄禍國殃民，許南英也為此感到失望，不禁為變動不安的時局慨嘆：

　　　黍禾太息宗周覆，芹藻猶思我魯光。

　　　帝制民權渾未定，明修棧道暗陳倉！

　　　十朝野史傷心秘，一局殘局冷眼明。

　　　縱使河山終有主，可憐宇宙實無情！〔註385〕

　　民國初年政局所以不安，主要是因為袁世凱圖謀恢復帝制，蔡鍔、唐繼堯等人發起討袁行動，雖然袁世凱登基不至百日即被推翻，但此事已造成全國萬里烽煙、擾攘不安，許南英〈感事〉詩作中對此事有所評述：

　　　蓋世梟雄一訃來，愚而自用及身災。

　　　重罹紅劫顛連甚，又為蒼生涕淚哀。

　　　豎子有權傾內閣，替人無羔出瀛臺。

　　　當塗漢讖成虛語，公路粗疏是蠢才。

　　　萬里烽烟捲土來，求魚緣木竟成災。

〔註384〕丘逢甲：《嶺雲海日樓詩鈔》，頁223。
〔註385〕許南英：〈和陳丈劍門新秋偶興呈菽莊主人韻〉，《窺園留草》，頁148。

奸雄末路多尋死，社稷前途實可哀！

藏蟄龍蛇甦漢時，失群麋鹿走蘇臺。

貞元倚伏天難問，何日鍾生濟世才？〔註386〕

許南英另有〈感時〉組詩，也是批判民國初建政局不定、社會不安的現象，他憂心全民不能團結一致追求國家富強，以致爭權奪利的戰事一再重演，這樣不只國勢傾頹，也擔心再次惹來外族侵略：

失著殘棋敗不收，問天徒切杞人憂。命須再革民何罪？灰想重然火尚留！亂政固應誅少正，連衡未必震諸侯。河山破碎紛無主，恐有強鄰為爾謀！

鉅鹿昆陽作壁觀，馬牛風勢不相干。獨阿私意排群議，竟發公言入戰團。繫劍子嬰猶伏道，裹巾張角忽登壇！操戈同室悲辛亥，白骨黃花尚未寒！

削平洪憲已週年，病國阽危幸瓦全。組織共和消帝制，諮詢庶政重民權。邦交有道聞吳札，丘諫無端罪鬻拳。垂死尚聞事黨派，內訌外患兩相連！〔註387〕

民國五年，許南英人在棉蘭，他作長詩〈和杜鵑醉歌行原韻〉一首，為張杜鵑詳述革命、建國的經過，詩中詳細敘述民國建立的經過，以及民國成立後國家政局變化的種種情形，有人物、有事件，還有許南英的評斷，是一首敘寫中華民國開國過程的史詩：

為君縷述辛亥之兵戎，嶺南袞袞有諸公。……哀哉綠營亦可憐！驟聞革命畏葸不敢前。氣餒心驚如待死，虛糜國幣之金錢。我聞干戈衛社稷，胡為號令日遷延。那知烈士號呼日奔走，炸彈連天山谷吼！鐵血幾革爭犧牲，武昌雄鎮為吾有。招手志士東西洋，特萃此邦作淵藪；中山克強響應歸，天喪胡庭信非偶。何物袁氏貪天功，妄謂歷數在爾躬！五族共和輿論定，九年憲法彼虹虹。宵小弄權謀帝制，金錢運動展神通。專制號令操當軸，昆明一軍偏不服。爰舉義旗向北征，赴義六軍齊慟哭。是真義憤感蒼穹，帝制無成洪憲終；六詔兩川呼殺賊，兩湖兩粵俱從風。賊曰「寧可我負天下人」，猶自出師命將蔽江南下列艨艟。南海孽龍興巨浪，殺人血染浪花紅。一家竟

〔註386〕許南英：《窺園留草》，頁167。

〔註387〕許南英：《窺園留草》，頁193。

爾分胡越，賊亦無命遭天伐。若非一旅奮滇南，共和帝制其間不容
髮。吁嗟乎！獨夫起意干眾怒，利令智昏昏如霧；斯人亦是有用材，
獨惜倒行逆施途窮而日暮。〔註388〕

二、外權入侵的問題

（一）武力侵犯

　　歐美資本主義興起，他們前進到遠東進行蠶食鯨吞的殖民主義行動，早
在明鄭之前，荷人就曾入侵臺灣，以牛皮騙取土地，接著，西班牙、葡萄牙
也登陸臺灣，與荷人互相角逐，都是爲了想獲得臺灣的資源。清領時期，先
是道光年間英艦侵犯雞籠，爲達洪阿、姚瑩所逐；接著是美國欲擴大在臺灣
的勢力，先後發生亞羅號事件、羅妹號事件；同治時則有英人大南粵侵墾事
件；同治十三年（1874），日本藉機挑釁發動牡丹社事件；光緒十年（1884），
中法安南之戰時，法將孤拔率艦隊封鎖基隆、淡水。

　　身處臺灣的海東四子，當然對臺灣局勢的變化時時都關心注意。對光緒
九、十年（1883～1884）間法國強權侵略的行徑、列強爲擴大在遠東的勢力
而互相爭奪牽制的情形、清廷派遣劉銘傳到臺防備禦敵等情勢，在施士洁〈越
南聞捷，與祁莘垓同年夜談聯句〉、〈疊前韻〉、〈讀劉爵帥與法夷書，和星皆
韻〉、〈聞劉省三爵帥到臺，張幼樵星使到省有感，仍用前韻〉等詩作中，〔註
389〕都有詳細的描寫，以下引錄其中一首，以明施士洁早年對國家情勢以及臺
灣發展的關懷之情。〈聞劉省三爵帥到臺，張幼樵星使到省有感，仍用前韻〉
一詩寫於光緒十年，於時施士洁視清廷爲正統：

　　　　七省重藩籬，臺地爲主腦。法越兵未解，妖氛仗誰掃？我后燭萬里，
　　　　使臣拜命早。劉錡武而文，淮軍推宿老。行營四十員，先登基隆島。
　　　　張奐文而武，禁近聲名燥。聯蹤五虎口，喧闐及輿皁。一武復一文，
　　　　所至必偃草。威同田宏正，望比羊元保。海外多狂瀾，願公挽既倒。
　　　　茫茫毘舍耶，豺狼久當道。星駕幸靚止，痌瘝想在抱。整率首官吏，
　　　　優劣細探討。庶機申伯歌，其風仍肆好。芻蕘倘見采，古治追軒昊。

　　丘逢甲〈臺北秋感〉組詩三首，寫出臺灣一片欣欣向榮的氣象，同時，
丘逢甲也寫出對列強環伺、交戰不斷情形的憂慮與警惕，充分表達出他對臺

〔註388〕許南英：《窺園留草》，頁176。
〔註389〕施士洁：《後蘇龕合集》，頁320、頁327。

灣發展變化的關注，引錄其中的一首於下：

> 壓城海氣晝成陰，洋舶時量港淺深。
> 蛇足談功諸將略，牛皮借地狡夷心。
> 開荒有客誇投策，感舊無番議采金。
> 我正悲秋同宋玉，登臨聊學楚人吟。〔註390〕

光緒二十年，中日失和發動戰爭，許南英深知日本對臺灣的野心，在〈題畫梅，贈陳煥耀〉詩中，流露出對臺灣前途發展的憂心：

> 斜風料峭到冬初，愛種梅花手自鋤。
> 躑躅荒園猶有恨，荊榛滿地未芟除！〔註391〕

海東四子內渡後，面臨西方資本主義挾其優勢的軍事力量帶來的巨大危機，影響到中國的國權獨立，以及政治、經濟、文化各方面的穩定；再加上東方的日本學習西方有成，也將中國當作它牛刀初試的對象。在列強侵襲之下，國內在面對外族強勁武備挑戰與新科技衝擊時顯得應對無方與無所適從，施士洁〈贈蘇次杉明府〉詩寫道：

> 吁嗟世方艱，運會當叔季！泰西擅奇詭，橫海鳴得意。
> 餘波及東夷，船砲競堅利。堂堂中華稱，逐逐後塵企！
> 時彥紛如毛，日新月更異。鉤輈喧鴃音，羅剎把鬼臂。

施士洁對於中國這一文化大國如今卻得向西方諸國低頭，是有嘲諷之意的，不過，推動了三十多年的洋務運動，在甲午戰爭依然失利，證明此一運動的失敗，也因為戰敗簽約割讓臺灣，造成施士洁「田廬既兵燹，眷屬復疫癘」，他內心感觸良多，他認為洋務運動是「學步殊無慘，效顰終不媚」，所以他提出「變夷當用夏，周孔命脈系」的主張，只是當政者昧於實際，施士洁只能感慨當世「舍己芸人者，安知此精義」。〔註392〕

國人在新、舊文化之間猶豫掙扎，造成國內人士主張對立的現象在穆宗同治年間就已形成，一是以倭仁為主，主張治國之本在人心，強調忠信禮義是立國之本；另一是以奕訢為主，主張廣設同文館，大力推動西學，延請西人教習；〔註393〕兩派主張各有道理，中國也就在新與舊間跌跌撞撞往前進。

〔註390〕收入《丘逢甲遺作》（臺北：世界河南堂丘氏文獻社，1998年12月），頁101。
〔註391〕許南英：《窺園留草》，頁27。
〔註392〕施士洁：《後蘇龕合集》，頁84。
〔註393〕熊月之：《西學東漸與晚清社會》緒論（上海：人民出版社，1995年4月第

三十餘年後的光緒二十三年，施士洁在論斷模仿西學一事時，抱持反對的看法，堅持傳統文化才是立國之本，而他也一直沒有改變「我思仁者古無敵，礮利船堅究難恃」這樣的想法。〔註394〕

　　鴉片戰爭後中英簽定南京條約，廈門成為通商口岸。內渡之後一直居住閩省沿海的施士洁，注意到開放通商五十年後的沿海市鎮改變巨大，除外商奪利造成經濟消退、民生艱困外，又因械鬥、內鬨不斷，整個城市凋敝殘敗，他在〈哀安海〉詩中發出深沈的慨歎：

> 君不見羅平妖鳥市中出，雀伺螳螂蚌持鷸，三里街連五里橋，可憐
> 一炬阿房虩。承平古鎮稱安平，千年萬年不遭兵。笋江通流鷺江接，
> 估客自在烟輪行，百貨閩南羅水陸，倮頓陳橡日相逐；年時更擅菲
> 濱雄，幾輩賈胡炫大腹？歸裝陸賈千金舟，老來於此營菟裘，翛然
> 市隱半村郭，素封平揖千戶侯。一旦蕭牆鬩者起，八公草木夜疑鬼，
> 驀地槍烟彈雨中，萬瓦鱗鱗赤如洗！城門歷劫池魚殃，蟲沙老小同
> 一僵；至今屋底髑髏語，冤燐未敢飛還鄉。嗟爾么麼鬪蝸角，兩戒
> 誰蠻復誰觸？況堪同室此操矛，井里安能免荼毒？模糊黑白紛楸
> 枰，點鼠據社狐憑城！狂炎到處玉石毀，芸芸曷以聊其生？彈丸黑
> 子新成縣，凋殘不耐滄桑變。〔註395〕

　　丘逢甲也一樣注意到西方列強在中國進行經濟的侵略，對中國的經濟以及百姓民生有嚴重的影響。光緒二十二年，丘逢甲初來到廣州，就注意到廣州自道光二十二年（1842）開為通商口岸以來，在外商雲集、繁榮熱鬧的外表之下，事實上已喪失主權，被列強挾脅控制著，他更擔心廣州成為列強攻擊中國的入口，他在給當時的廣東巡撫許振禕的詩中表達了這種焦慮：

> 自從互市啓海禁，一衣帶水連五洲。
> 驅雷策電馭水火，碎裂大地分全毬。
> 恃其弔詭肆要挾，但有榦敦無共球。
> 縱橫捭闔等戰國，勢將迫我為宗周。
> 況乃東粵本始釁，門庭伏寇森戈矛。

　　二次印刷），頁332。

〔註394〕施士洁：〈四疊前韻（時有日俄戰爭）〉，寫於光緒三十年。《後蘇龕合集》，頁
　　　　150。

〔註395〕施士洁：《後蘇龕合集》，頁309。

> 邇來颺車欲西動，更虞瞰我從上游。
>
> 威之不畏德不感，中樞術已窮懷柔。
>
> 海南萬里得安堵，所恃元老能壯猷。
>
> 方今議者利變法，我法不用寧非羞？
>
> 況有治人無法治，若為國計宜人求。 〔註396〕

他並且向許振煒表明自己願為世用的心意：「沈鬱雄心公已知，胥濤聲急撼秋帷」，〔註397〕不過，許振煒最後卻讓他的希望落空。

（二）強行租借割地

列強對中國進行蠶食鯨吞的擴張侵佔策略，一邊從中國周圍的藩屬國下手，道光二十九年（1849），葡萄牙強佔澳門；光緒十一年（1885），英國強奪緬甸、法國則是佔據安南；一邊在中國境內強行租借，如道光二十五年（1845），英海在上海設立租界；光緒二十四年（1898），英國強「租」威海衛與九龍、香港，法國納廣州灣為其勢力範圍，德國亦硬佔膠州灣、青島；至於俄國勢力於光緒二十二年（1896）進入中國東北，佔據海參崴，強租旅順、大連，並展開它兼併滿蒙與新疆的野心；日本在侵吞臺灣、奴役朝鮮之後，又覬覦東南的福建。

當年法國有意染指越南，因而爆發中法之戰，消息傳到臺灣，施士洁〈閏五月十九夜大風雨和辛陔韻〉云：

> 狼烽正起越南城，蜚語流傳海外驚。
>
> 絕島妖氛紛霧氣，遙天唳鶴動風聲。
>
> 籌邊宿將登壇壯，奉使名公攬轡清。
>
> 誰是屠鯨好身手，吹開蜃市見新晴？ 〔註398〕

後來傳來劉永福黑旗軍的捷報，施士洁與祁莘垓夜談聯句，興奮寫下「電音海外來，我輩紓懷抱。夜雨話明燈，夢魂繞旗皁」，〔註399〕再怎麼也想不到後來清廷與法國簽定和議時，越南竟成為法國的保護國了。

對海東四子而言，臺灣割讓給日本是他們最沈重的悲痛，也是他們後半

〔註396〕丘逢甲：〈長句贈許仙屏中丞並乞書心太平草廬額，時將歸潮州〉，《嶺雲海日樓詩鈔》，頁33。

〔註397〕丘逢甲：〈再疊前韻，奉答許仙屏中丞〉，《嶺雲海日樓詩鈔》，頁302。

〔註398〕施士洁：《後蘇龕合集》，頁50。

〔註399〕施士洁：〈越南聞捷，與祁莘垓同年夜談聯句〉，《後蘇龕合集》，頁320。

生涯裡永不療癒的傷口。臺灣淪陷後事隔一年，許南英〈丙申九月初三日有感〉詩中云：

> 涼秋又是月初三，往事回思祇自慚！
>
> 漢代衣冠遺族恨，順昌旗幟老生談。
>
> 血枯魂化傷春鳥，繭破絲纏未死蠶。
>
> 今日飄零遊絕國，海天東望哭臺南！〔註400〕

丘逢甲〈春愁〉亦表露了相同的哀傷：

> 春愁難遣強看山，往事驚心淚欲潸。
>
> 四百萬人同一哭，去年今日割臺灣！〔註401〕

事隔四年，許南英在〈己亥春日感興〉詩中憶起當年對清廷因北邊戰事失利，在不戰的情形下就將東南隅的臺灣放棄，造成臺灣家山淪陷異族手中，仍有很深的憤慨：

> 蒼天何事假強胡，不戰甚於一戰輸。
>
> 十萬控弦屯北鄙，一書傳檄失東隅。〔註402〕

宣統三年（1911），施士洁在寫給日本駐廈門領事菊池義郎及臺南宮司鈴村的詩中，直言臺灣曾是屬於中國的領土的事實，有譴責日本侵略家鄉之意：

> 三淺桑田認劫灰，延平祠下尚殘梅。
>
> 鯤身豈是閩甌脫？曾隸黃輿故籍來。〔註403〕

內渡之後，施士洁注意到列強假借租借之名進行侵佔之實，土地被侵佔，連帶的，當地的經濟、主權、民生等等也都由外國人掌控，這些租界地簡直成了「他國」的領土，清廷無力阻止，又不了解國際公法，只能任憑國土一塊塊被切割，國家被瓜分的危機也就因此而形成。施士洁〈又代友百韻〉表達了這種情況的憂心：

> 廣州有城守，號稱最煩劇；公獨再莅之，六鑾惟所適。
>
> 水陸當要衝，輪蹄互梭織；華夷況雜糅，兵民尤跳擲。……
>
> 泉漳吾梓里，鬥蟻紛赤黑；伏莽尤縱橫，肱篚苦行役。
>
> 鷺江閩下游，南顧憂當軸。倉生起謝傅，投箸寧安食？

〔註400〕許南英：《窺園留草》，頁37。
〔註401〕丘逢甲：《嶺雲海日樓詩鈔》，頁26。
〔註402〕許南英：《窺園留草》，頁51。
〔註403〕施士洁：〈受篆舫山，感時十二絕句，錄寄廈門菊池領事、臺南鈴村宮司〉，《後蘇龕合集》，頁202。

角蝸方戰爭，逐鹿互雄伯。〔註404〕

施士洁看到清廷無力維護領土，一再割讓或租界土地予外族，他批判清政權老大蹣跚，卻自認大國而在外交上採懷柔政策，對於列強劃權割地的要求總是唯諾答應，是瓜分問題所以形成的主要原因：「樞垣政策詡中立，外交顧彼乃失此！」、「龐然帝國嗟老大，不及天驕乳臭稊。干戈已動五洲塵，禮樂尚循三代矩。」〔註405〕他又再大聲發警語希望國人覺醒：

洞天鼓浪龍頭渡，東海遺民鬢已絲。

金碧俄噓江上市，蒼黃誰救劫中棋。

幻形憑社狐為祟，鎩羽棲篔鳳苦饑。

知否漁人涎不止，幾家鷸蚌正相持？〔註406〕

光緒二十二年（1896），丘逢甲來到香港，想到「中朝正全盛，此地已居夷」，不禁「平生陸沈感，獨自發哀噫」。〔註407〕在他聽到德國侵佔膠州灣的消息時，他不願相信清廷竟應允了此事，只能慨嘆清廷政策錯誤、朝中沒有人才：

漢家長策重和親，重譯傳經許大秦。

祆廟屢聞生憤火，蓬山又見起邊塵。

青州酒斷愁難遣，黃海舟遲信未眞。

慷慨出門思弔古，田橫島上更何人？〔註408〕

光緒二十六年（1900），他在到南洋的途中經過充滿異國風情的澳門，他回顧歷史，從明朝將澳門租予葡萄牙人時就開始了錯誤的第一步：「遮天妙手蹙輿圖，誤盡蒼生一字租。前代名臣先鑄錯，莫將割地怨庸奴。」雖然在清雍正年間，藍鹿洲曾極言澳門居夷實為非良策，但是在光緒十三年時（1887），清廷終將澳門割讓給葡萄牙：「五百年中局屢新，兩朝柔遠暢皇仁。自頒一紙鬮租詔，坐看江山換主人。」〔註409〕

這一趟南行，丘逢甲也看到「豈獨開疆自漢秦，南車久已載皇仁」的越南，在被法國侵佔了十多年之後：「誰知富貴誇眞臘，竟屬黃鬚碧眼人」、「傳

〔註404〕施士洁：《後蘇龕合集》，頁241。

〔註405〕施士洁：〈次謝鷗塵大令留別韻四疊前韻〉、〈次謝鷗塵大令留別韻五疊前韻〉，《後蘇龕合集》，頁152。

〔註406〕施士洁：〈和黃狷盦司戎「留別感事」韻〉，《後蘇龕合集》，頁256。

〔註407〕丘逢甲：《嶺雲海日樓詩鈔》，頁30。

〔註408〕丘逢甲：〈聞膠州事書感〉，《嶺雲海日樓詩鈔》，頁307。

〔註409〕丘逢甲：〈澳門雜詩〉，《嶺雲海日樓詩鈔》，頁135。

經但讀佉盧字，遺教無人說士王」，他不禁感慨當年劉永福率領黑旗軍力克法軍的枉然了：

> 力遣屠王攝虎威，殘疆何止割南圻。
>
> 雲山北向空揮淚，孤負遺民望黑旗。〔註410〕

他回程時來到九龍，而九龍就在光緒二十四年時被劃爲英國勢力範圍的，「忽憶去年春色裡，九龍還是漢家山」。〔註411〕中國的疆土就這樣一塊一塊的被瓜分，明明是國土的一部分，卻又成爲「異域」，此時的中國竟然如睡獅，任人綑綁擺佈，丘逢甲不禁大聲呼籲：

> 天公應悔蓬萊割左股，墮落慾界非仙都。邇來仙人所治地益窄，塹山跨海來群胡。各思圈地逞勢力，此邦多寶尤覬覦。此時儻有豪傑出，豈能揖讓無征誅！〔註412〕
>
> 暫息邊烽強自寬，出門西笑說長安。金繒商保太平局，氷炭磨成清要官。南嶠流移傷百越，東藩淪陷痛三韓。驅車欲去仍留滯，風雪關河怯早寒。〔註413〕

他在〈創設嶺東同文學堂序〉文中也詳敘列強對中國蠶食鯨吞的瓜分行動，以及對租界地中的中國百姓苛刻榨取及殘暴對待情形，他以爲非國人有破釜沈舟的覺悟，否則無以自救自強。〔註414〕

（三）經濟蠶食

列強一再瓜分中國土地，對中國而言不僅是主權喪失、領土減少，尤其可怕的是，列強以侵佔到的土地爲根據，並取得種種利權，如領事裁判權、協定關稅權、海關人事權、路權、礦權等等。列強所以能夠在中國得到這些優惠權利，實在是因爲清廷在心態上依舊是「大」中國「柔懷」外族的想法，再加上對「國家」、「主權」觀念缺乏認識，在面對列強簽議條約時的強勢脅迫常不知拒絕，也無力拒絕，因此一再喪辱國家自主權，也一再任憑列強削刮中國的經濟利益，結果是國庫窘迫疲困，人民更是無以維生。就拿關稅來說，關稅關係全國經濟命脈，但是清廷與卻列強簽定「值百抽五」的稅則，

〔註410〕丘逢甲：〈西貢雜詩〉，《嶺雲海日樓詩鈔》，頁142。

〔註411〕丘逢甲：〈九龍有感〉，《嶺雲海日樓詩鈔》，頁140。

〔註412〕丘逢甲：〈題蘭史羅浮紀游圖〉，《嶺雲海日樓詩鈔》，頁181。

〔註413〕丘逢甲：《嶺雲海日樓詩鈔》，頁37。

〔註414〕收入丘晨波、黃志萍、李尚行等編：《丘逢甲文集》（廣東：花城出版社，1994年6月），頁302～頁303。

比本國的貨物稅還要輕了許多，除此值百抽五的稅金之外，未再有其他稅金；反觀列強對中國進口的貨物稅率重，還又另外徵收地稅、身稅，中國商人與外國做一次生意要被剝削好幾層。另外，由於缺乏稅務人員，海關常任用外國人，這種作法雖是不得已，但卻也「使坐長奸利，以笑中國之無才」。面對這種種問題，當時鄭觀應提出「收我權利，富我商民」的主張，如何「重商」、「保商」，也就成了當時企待解決的課題。〔註415〕

丘逢甲在〈汕頭海關歌寄伯瑤〉一詩，對中國面臨的經濟困境有深入精闢的分析：

> 風雷驅鱷出海地，通商口開遠人至。
> 黃沙幻作錦繡場，白日騰上金銀氣。
> 峨峨新舊兩海關，舊關尚屬旂官治。
> 先生在關非關吏，我欲從之問關事。
> 新關主者伊何人？短衣戴笠胡羊鼻。
> 新關稅贏舊關絀，關吏持籌歲能記。
> 新關稅入餘百萬，中朝取之償國債。
> 日日洋輪出入口，紅頭舊船十九廢。
> 土貨稅重洋貨輕，此法已難相抵制。
> 況持歲價兩相較，出口貨惟十之二。
> 入口歲贏二千萬，曷怪民財日窮匱。
> 惟潮出口糖大宗，頗聞近亦鮮溢利。
> 西人嗜糖嗜其白，賤賣赤砂改機製。
> 年來仿製土貨多，各口華商商務墜。
> 如何我不製洋貨，老生抵死讐機器。
> 或言官實掣商肘，機廠欲開預防累。
> 此語或真吾不信，袛怪華商少雄志。
> 坐令洋貨日報關，萬巧千奇無不備。

丘逢甲在詩中指出汕頭海關也正如中國其他港口一樣，有著海關業務的種種弊病，首先是進出口貨物量差距太大的問題。汕頭海關的出口貨物總量，只佔入口貨物總量的十分之二，所以即使新關稅收有增加，但每年百餘萬的

〔註415〕王爾敏：〈晚清外交思想的形成〉，收入《晚清政治思想史論》（臺北：臺灣商務印書館，1995 年 2 月），頁 191～頁 203。

稅收，根本無法和入口總額二千萬的數目相比，中國百姓的錢都被外商賺走
了，也就難怪「民財日窮匱」了。另外，最有商機的糖產，也因華商經營保
守，不願更換機器設備，製造西人需求的白糖，只好將赤砂削價出售給洋商，
洋商轉製爲白糖之後，這些糖又再次進入市場，使得出口糖貨在付出沈重的
稅金之外，又得和洋商轉製的白糖競爭生意，商機更是雪上加霜。更有唯利
是圖的狡猾華商，藉著入洋籍、信洋教，以求獲得外國領事的保護，享有外
商一樣的權利：

> 且看西人領事權，雷厲風行來照會。
> 大官小吏咸胸縮，左華右洋日張示。
> 華商半懸他國旗，報關但用橫行字。
> 其中大駔尤狡獪，播弄高權遽橫恣。
> 商誇洋籍民洋教，時事年來多怪異。

「保商」是亟待解決的問題，丘逢甲〈汕頭海關歌寄伯瑤〉詩中還提到
「保工」的問題：

> 以其貨來以人往，大艙迫窄不能位。
> 歲十萬人出此關，僂指來歸十無四。
> 十萬人中人麂半，載往作工仰喂飼。
> 可憐生死落人手，不信造物人爲貴。
> 中朝屢詔言保商，惜無人陳保工議。
> 我工我商皆可憐，強弱豈非隨國勢？
> 不然十丈黃龍旗，何嘗我國無公使？
> 彼來待以至禮優，我往竟成反比例。〔註416〕

　　國家衰敗，不僅在國際間無法與他國平等立足，百姓亦受到不人道的對
待，真是令人「思之應下哀時淚」。關於華工的悽慘遭遇，施士洁〈蘇門答臘
詠古〉詩中亦曾述及：「白人播殖貪狠策，黃種酸辛販豕悲。」〔註417〕施士洁
〈在許允伯六齱開九雙壽〉文中亦提到許南英署徐聞縣令時向洋商爭取保障
華工權利：

> 邑鄰廣州灣，法人於此爲招誘華工之計。侯曰：「馮夏威既拒夷約，
> 孫銘仲復崇人道，矧予在官，而敢不勉？」徐人迄今頌父母焉。

〔註416〕丘逢甲：《嶺雲海日樓詩鈔》，頁172。
〔註417〕施士洁：《後蘇龕合集》，頁273。

〔註418〕

馮夏威爲菲律賓華僑，於光緒三十一年（1905）回國參加各省工商抵制美
國華工禁約活動，因他曾親歷美國人的苛虐，決定身殉以警醒國人，他於是年
的六月十四日在上海美國總領事館前仰藥自殺，引起國內各界震撼。〔註419〕許
南英於光緒二十九年（1903）卸除徐聞縣令任，是在馮夏威事件之前，此處應
是施士洁誤記。

長久以來廈門居民除要面對外權囂喧侵入，又必須與優勢的外商競爭生
意，城裡物價高漲、民生艱困，再加上連年戰禍、械鬥盜匪不斷，當局又無
良策驅匪保民，逼得良民也爲盜、爲匪；這些問題一直到了民國七年（1918）
時仍未得改善，反因戰禍頻仍而更加嚴重，施士洁〈戊午除夕〉一詩敘述了
這些慘狀：

> 咄哉烏衣國，猗陶昔所侈，遂使跖之徒，雞鳴先我起。何來碧眼
> 大賈胡？逐臭海濱蠅集矢。蕞爾閩南此一隅，婆蘭獨操利倍蓰。
> 自從蠻觸關西鄰，黃金幣值賤於紙。歲事催人可奈何，炊珠斫桂
> 愁薪米。神州南北方鬩牆，日日司農仰屋視。鷺門平準尤可悲，
> 盛者今衰泰者否！況堪草木盡兵氛，風鶴聞聲相尺咫。一枰白黑
> 總模糊，兩戒山河俱破碎。郡邑錢糧豢盜賊，黔黎膏血飽犬豕。
> 探囊胠篋靡不爲，據社憑城良有以！嶼中一叟爲予言，鄉人十室
> 九遷徙。無吏不殃民，無兵不比匪，無身不遭劫，無家不被燬。
> 年年祀竈宰黃羊，今日有竈無人祀。司命張目不敢醉，天醉夢夢
> 乃至此！欃槍掃地人煙空，十丈妖星曳其尾。貪狼食歲此不祥，
> 安得大儺爲祓洗？〔註420〕

對於這些問題，施士洁詩末指出是當政者未盡到職責所造成的，他因此
怒責：「高牙大纛爾何人？肉食乘軒識者鄙！」他並且疾呼：「漁人一綱在其
旁，看爾相持鷸蚌死。」

丘逢甲〈三饒述懷〉一詩，也是從城市的消退殘敗凋零轉變之中看出西
方力量對中國造成的傷害：

> 三饒設治初，頗用憂山賊。孤城依山立，陶築資民力。

〔註418〕施士洁：《後蘇龕合集》，頁417。
〔註419〕馮自由：《華僑革命開國史》（上海：商務印書館，1947年），頁14。
〔註420〕施士洁：《後蘇龕合集》，頁288。

至今古磚文，分堵姓名勒。倭寇海上來，東風戰雲黑。

瀕海雖蹂躪，嚴城晏游息。百里控山川，亦古諸侯國。

王公設險心，實用輔其德。同治元二間，黃巾勢危迫。

距關民氣勇，乃過丸泥塞。承平歲已久，生齒益繁殖。

吏治浸不修，寬假恣姦慝。外教乘隙來，從者紛相惑。

山川固云險，寇已入門闌。山田歲兩熟，民生在稼穡。

年荒百貨貴，菜茹當肉食。道上逢老農，喘汗有飢色。

誰爲富教謀？用奏循良績。〔註421〕

三、社會民生的問題

（一）黑死病

晚清，在中國沿海各地流行的疫癘有黑死病、痢疾、瘧疾、天花等，其中黑死病疫情延續了近二十年，造成的死亡極爲慘重。黑死病（pest）即鼠疫，又音譯爲百斯篤，這一傳染性疾病，曾於十四世紀時肆虐於歐洲各國，十九世紀再次傳布，由於交通頻繁，各國港埠成爲傳染的出入口。光緒二十年（1894），香港出現首發病例，接著，福建、廣東、臺灣各地陸續發現染病者，並且傳布快速。黑死病猖獗於高溫潮濕的夏季，其病菌傳染途徑是經由食物、飲水，極易造成家族集體感染，依《臺灣日日新報》粗略統計，在時疫流行之初的光緒二十二年（1896）四至七月份間，單是廈門一地因染疫而死亡的人數至少有五千人；到了宣統二年（1910）七月，廈門地區因瘟疫之災「每日尙賣出棺木約有百口」；直到民國初年，因禁疫措施推動多年，才鮮聞有黑死病的病例。〔註422〕

光緒二十二年，許南英接受同宗許子榮兄弟的建議，要到南洋尋求發展；他於五月由汕頭來到廣州，打算搭乘海輪前往新嘉坡；當時的新嘉坡爲英屬殖民地，因爲英人防疹疫、禁海舶的關係，他一直滯留在廣州，到了秋天白露之後才搭上海輪。〈述懷〉詩中記云：

五月入羊城，酷暑汗流額；嶺南煙瘴地，況是炎威迫。

西人重衛生，先事防疹疫；英屬新嘉坡，因之禁海舶。

〔註421〕丘逢甲：《嶺雲海日樓詩鈔》，頁117。

〔註422〕《臺灣日日新報》，明治29年8月16日、明治29年10月29日、明治40年6月15日、明治41年8月22日、明治43年7月12日、大正4年5月19日。

來者尚有人，往者已絕迹。令我心如焚，進退殊躑躅。〔註423〕

民國元年（1912），許南英回到臺灣，也注意到日人有「爲防疫起見，每戶月必捕鼠二頭，否則納金」的規定。〔註424〕

內渡之後分別居住在福建、廣東的施士洁、丘逢甲兩人，更是直接受到鼠疫疫情的打擊，他們的家人因爲染疫而病亡者多人。光緒二十三年（1897）五月，施士洁兩妾謝浣霞、郭燕玉因染疫而歿於西岑；對於好不容易才虎口餘生、逃離兵燹，卻先後在西岑遭疫病卒的兩姬妾，施士洁爲之哀悼不絕，他料想黃泉之下的亡者亦不甘捨離親人：

> 又種愁根蒂，最難堪，生離死別，相將入地。嫋嫋么絃雙斷絕，喫盡愁中滋味！怎一旦半途輕棄，儂與孤兒同灑血！料泉臺卿亦愁爲累，血有盡，愁無旣。　莫談千古彭殤例，聽殘宵鐘聲百八，醒來也未？骨肉團欒兵燹後，到此忽遭疫癘，卻怪底蒼蒼何意！孫楚命窮潘岳老，奈月兒，難得星兒替；縱修福，寧兼慧？〔註425〕

施士洁向天詰問，誰知上天眞視人爲芻狗，光緒二十八年（1902），施士洁的第三姜秀娟、孫女仙基又因染疫而亡。〔註426〕

光緒二十六年（1900），丘逢甲長子琰、四子球也因染疫夭折；〔註427〕從南洋歸來才踏上汕頭埠岸的丘逢甲，聽聞惡耗，哀慟寫下：

> 頻年痛哭爲哀時，誰料今朝更哭兒。
>
> 擬遣靈龜向天問，挑燈和淚讀韓詩。
>
> 望爾成人竟不成，中年哀感倍傷神。
>
> 青山何處埋兒骨，黯黯愁雲隔鳳城。〔註428〕

當時的醫術無有效方法治療鼠疫，又因爲疫情傳染擴散快速，因此對染病者採取隔離方法，卻又不加聞問未予以治療照顧，患者如同被宣判了死刑，

〔註423〕許南英：《窺園留草》，頁41。
〔註424〕許南英：〈敝廬因日人築路取用，子弟輩將別謀住所〉詩中注，《窺園留草》，頁110。
〔註425〕施士洁：〈金縷曲〉、〈前調〉，《後蘇龕合集》，頁336、頁337。
〔註426〕施士洁：〈後蘇龕泉廈日記〉光緒二十八年十一月，收入《臺南文化》（舊刊），第8卷第2期，1966年6月，頁3250。這一年，施士洁原配、三男錫熊、孫滄湄亦病卒，但似乎不是遭疫而亡的。
〔註427〕丘琮：〈倉海先生丘公逢甲年譜〉，收入丘逢甲：《嶺雲海日樓詩鈔》，頁401。
〔註428〕丘逢甲：〈南還抵汕頭埠，聞琰兒、球兒殤耗，哀感書此〉，《嶺雲海日樓詩鈔》，頁148。

使得染病家屬噤若寒蟬，卻又恐懼自己也染病。施士洁〈避疫〉詩中將鼠疫肆虐、群醫束手的危急，以及遭疫登鬼錄者眾、縣城爲之而空的悽慘情形有令人驚心的描述，更可惡的是，竟有不肖之徒藉機發死人財：

> 世間奇劫無不有，一疫乃至十年久！郡南山海萬人煙，鬼錄搜羅已八九。海氣蔭騰山氣淫，觸之不覺頭岑岑；耳邊隱約催鬼伯，活血斗然成死核。秦醫束手越巫逃。咄哉滿地腐鼠嚇！一人染疫一家危，百金求巫千金醫。劣醫驕寒□□□，神道荒□□□□；□愈多，此輩何如□□者？渠渠□□□□□，□肉未敢張哭聲。惡句呼群瞰其室，斷絕人踪與鼠跡；昔匃而瘠今盜肥，阿堵探囊如鼠碩。炎天薰葬叢山紛，匃助負土營新墳。豈知狐埋復狐揖，是匃是盜二而一。「摸金校尉」、「發丘郎」，木石心腸鬼亦怵！晨酣午飯宵摴蒱，腦後不聞新鬼呼！惡句之惡惡若此，彼蒼降罰何時已？〔註429〕

（二）鴉片流毒

　　嘉慶、道光年間，英屬殖民地印度所種植的鴉片輸入中國的數量遽增，造成白銀短缺、國家財政窘絀，而且煙毒之害戕賊國民健康甚鉅，道光十八年（1838），林則徐、黃爵滋等人鼓吹禁煙，並上奏疏言鴉片之害：「若猶泄泄視之，是使數十年後，中原幾無可以禦敵之兵，且無可以充餉之銀。」道光十九年（1839），林則徐來到廣州，積極展開查禁鴉片的行動。此舉嚴重打擊英商在華利益，因而造成中英衝突不斷，最後終引發次年的中英鴉片戰爭。戰爭失利的清廷，與英國簽訂「南京條約」，不僅賠款、割讓香港、開五口通商，也無法禁絕煙害。

　　「罌粟花開別樣鮮，阿芙蓉毒滿臺天」，〔註430〕這是丘逢甲寫於光緒十三年時的作品，吸食鴉片之風已蔓延臺灣全島。光緒二十二年秋初，丘逢甲到「中朝正全盛，此地已居夷」的香港，他注意到這個小島上人民吸食鴉片的情形：「玫瑰紛流劫，芙蓉此煽妖。」〔註431〕嗜食鴉片的人並不限於文武官員或富賈巨紳，一般百姓也因深陷煙毒無以自拔，連廟裡清修的僧人也未能逃過芙蓉之劫，丘逢甲〈興福寺〉一詩就描寫蕉嶺縣郊興福寺廟僧嗜食鴉片、

〔註429〕施士洁：《後蘇龕合集》，頁120。
〔註430〕丘逢甲：〈臺灣竹枝詞〉，收入《丘逢甲遺作》（臺北：世界河南堂丘氏文獻社，1998年12月），頁126。這一組詩寫作時間有兩種說法，這裡採翁聖峰：《清代臺灣竹枝之研究》（臺北：文津出版社，1996年4月，頁184）的說法。
〔註431〕丘逢甲：〈香港書感〉，《嶺雲海日樓詩鈔》，頁30。

善男信女改以芙蓉供養僧徒的亂象：

> 豈知古天竺，象教亦頹墜。祅神出持世，魔氛日以肆。
>
> 瞿曇佛故種，受侮來異類。豆瓜強剖分，淨土遽易置。
>
> 五部皆屏王，龍象力難庇。慈悲睹末劫，慧眼應垂淚。
>
> 曇華久不現，貝葉紛相棄。惟煽芙蓉妖，流毒遠相被。
>
> 東來遍震旦，民財坐疲匱。即今寺中僧，與俗亦同嗜。
>
> 猶借福田說，鼓眾博檀施。木佛寂不言，村女競相媚。
>
> 因之變供養，得爲口腹備。

對於吸食鴉片這一社會痼疾，丘逢甲明白知道不是求個人健康保身或圖國家強盛這樣的道德勸說可以改變的，所以他「冷觀發浩歎，懶復著言議」。〔註432〕

宣統二年（1910），丘逢甲遊西樵山時，發現鴉片流毒依然充斥各處，他指出除王親貴臣「昏莽持外交」、「一言足喪邦，坐使利益均」之外，再加上「爾徒媚道心，所志惟金銀」，使得鴉片問題雪上加霜，所以即使鴉片禁令已頒，鴉片流毒仍不減威力：

> 芙蓉亦花妖，轉海毒我民。嗟爾道士居，告誡何諄諄！
>
> 流毒且百年，禁令今始伸。至今論外禍，此特爲之因。〔註433〕

王松曾拿鴉片流毒之害與黑死病做比較，說：「百斯篤，急性之傳染病；阿片煙，緩性之傳染病。」〔註434〕鴉片流毒腐蝕國家經濟、殘害人民健康，更可惡的是那些開鴉片屋、販賣鴉片的人，施士洁〈鷺社歎〉詩中對這些惟利是圖、造成國家社會日益衰敗靡弱的惡徒有深刻的描寫：

> 鷺門昔以嘉禾名，可憐幻作芙蓉城！芙蓉毒遍十八堡，倏然黑海風潮生。黑海舊產黃腰獸，齒長呼群逐其母。楊么作賊甚無賴，甘附黃腰爲牛後。此間人獸本不分，盤結獸腸戴人首。鍾馗寒乞死不第，觸屏怨魄今爲屬；嚇殺黃腰拜下風，一旦膠庠盡輿隸。咄哉芙蓉毒有終，若輩之毒乃無窮！紛紛屠市迷煙雨，群魔競竊芙蓉主。別有施施從外來，傅者齊人咻者楚。吁嚱乎，噫噫刮鷺皮吸鷺脂，魍與魑魅□□□□宰社有肉狐，鼠□□卻逐逐絕倒逋仙□，□□□□

〔註432〕丘逢甲：〈興福寺〉，《嶺雲海日樓詩鈔》，頁294。

〔註433〕丘逢甲：〈游西樵山〉，《嶺雲海日樓詩鈔》，頁279。

〔註434〕王松：《臺陽詩話》（南投：臺灣省文獻委員會，1994年5月），頁58。

丹頂如飛寬。〔註435〕

　　雖然有許多不肖之徒爲虎作倀，殘害自己的同胞，不過，當時的社會中也有許多人關注芙蓉花妖帶來的問題，並有結社去毒的實際行動，〔註436〕書院課試亦以煙害爲論題，藉此促使生員省思鴉片流毒的問題及改善之道。〔註437〕施士洁本人也曾擔任過廈門「去毒社」社長一職，參與推行戒煙的活動。

（三）地方匪盜

　　光緒二十一年，許南英擔任臺南籌防局統領，本爲保衛鄉土、對抗日軍，誰知當臺北淪陷時，臺南劉烏河乘機竊發，許南英抱著「忍聞中澤鳴鴻雁？那肯深山放虎狼」的決心，率領所募得的鄉勇，揮軍直搗匪穴靖平亂事，並寫下〈防匪〉組詩六首，引錄其中二首於下：

> 匹馬馳驅出北門，書生慚愧不能軍！
> 夷吾自創連鄉法，龔遂空傳諭賊文。
> 城社已遭狐鼠毒，溪山竟聚犬羊群！
> 興戎伏莽營三窟，隔岸人家盡賊氛。
>
> 赤子潢池敢弄兵，梗頑竟自外生成。
> 殺人壇作崔苻盜，命將何勞細柳營！
> 白水溪頭屯野壘，烏山嶺上聽殘更。
> 荷戈禦賊皆農父，太息犁鋤盡息耕！〔註438〕

　　當時協同許南英募勇征剿的施士洁也責怪趁機作亂的匪賊，造成臺灣人民要面對「內外雙重險」，更因此削弱了對抗外敵的力量：

> 牛耳爭盟自倒戈，幾番醋海莽騰波！
> 儒冠動色溫而厲，賈肆籤名唯與阿。

〔註435〕施士洁：《後蘇龕合集》，頁201。
〔註436〕《臺灣日日新報》明治39年9月15日：「去毒社者，乃禁止食阿片也。其倡始之人，亦爲伯潛氏。此問題產生以後，四箇月久，文明拒約之檄及阿片鬼歌，紛紛佈告揭貼，中外爲之震駭，是亦出於當時有志者之所爲也。」
〔註437〕《臺灣日日新報》明治33年3月31日：「東亞書院課題有〈擬林文忠禁煙疏〉一題，題下說明：『粵海弛禁以來，煙禍酷烈。各國禁煙公會迄無成議。……今應如何禁絕，於擬疏後另撰長跋，聊寓勸懲，是亦憫時者所當留意歟！』」
〔註438〕許南英：〈防匪〉，《窺園留草》，頁31。

　　　陣列前茅時彥出，歌傳下里眾聲和。

　　　頑史未伐蕭牆急，一簣安能障九河？〔註439〕

　　陽春、陽江兩縣由於「邑為濱海尚武之區，好勇輕生，不循禮法，囂悍之氣未克盡除」，〔註440〕盜匪問題嚴重。許南英在陽春縣任上時，即因「斯民患盜不聊生」而忙著清鄉、治盜，「權當難邑兼疲乏，除是清鄉即坐衙」是他地方官生活的寫照。當他轉調陽江令時，陽江縣內石梯一地「毗連陽春，林密菁深，山壁峭峻，向為兩邑盜賊逋逃淵藪」，〔註441〕匪盜亂民的情況更為嚴重，上級倚重許南英治盜有成，所以將他調署陽江，期望他也平定陽江縣內的匪盜問題。陽江盜匪驕悍猖狂、目中無法，鄉人「遭盜死者亡妻孥，避盜生者斷炊爨」；原來的長官採安撫之策，將盜匪編列軍籍，誰知匪輩野性難馴，反而「聯結叛黨備軍械，欲將春江城踏倒」，並且收買失業窮民為夥，聲勢坐大；他們流竄在陽春、陽江兩邑之間的山區，緝捕不易。許南英秉持「為民請命吾之責」的懷抱，不忍「坐看百姓日沈疴，警報紛紛朝至夕」，因此在光緒三十年（1904）十一月，與參將柯壬貴督同兵勇進剿。用兵三月餘後，擒賊百數人，終使當地百姓能夠「安業事春耕」。至於失業從賊作亂的窮民，許南英則本著「雖將火鍼示明威，還是哀矜憫幽獨」的原則「因法施仁」。〔註442〕由於剿匪有成、威德並重，所以許南英調任三水縣令時：「邑匪盜陸蘭清聞其至也，兔無三窟之恃，鼠有五技之窮，始革面而洗心，終畏威而懷德，而三水遂稱治最焉。」〔註443〕

　　許南英在治匪方面頗有成就。宣統三年（1911），施士洁擔任舫山縣令時也曾經「統率義勇營，夜乘輪舟駛赴柏頭鄉剿盜」，他在〈辛亥舫山樓除夕〉詩中記下窮冬緝匪的艱辛：

　　　聞說海隅有盜藪，書生從戎遽投筆。

　　　三百健兒好身手，使船如馬朔風疾。

　　　窮冬深夜銜枚行，雨打征衣凍於鐵。

　　　天戈耀雪掃鯨氛，火器轟雲穿虎穴。〔註444〕

〔註439〕施士洁：〈同許蘊白兵部募軍感疊前韻〉，《後蘇龕合集》，頁71。
〔註440〕張以成：《陽江志》（臺北：成文出版社，中國方志叢書190號），頁411。
〔註441〕張以成：《陽江志》（臺北：成文出版社，中國方志叢書190號），頁411、頁1007。
〔註442〕許南英：〈與柯參戎月波會剿石梯、珠環土匪紀事六十韻〉，《窺園留草》，頁70。
〔註443〕施士洁：〈許允伯六豔開九雙壽〉，《後蘇龕合集》，頁416。
〔註444〕施士洁：〈辛亥舫山樓除夕〉，《後蘇龕合集》，頁203。

　　盜匪的問題層出不窮，不僅騷擾百姓生活，也打亂經濟生產，嚴重的話甚至動搖國本；盜匪問題能否解決，端賴地方長官的智慧與魄力，假如地官長官懦弱畏事，盜匪則更肆無忌憚，地方百姓淪為魚肉卻無處申冤。施士洁〈打劫〉一詩，敘述泉南地區匪盜坐大、打家劫舍的可惡，而本應為民依靠、為民父母的官員，不單無法保民，連自身都無法自保了：

> 弱肉強食今成風，巨族聊為盜跖行！盜跖年少鄉中豪，夜弄礮火晝舞刀；狗黨狐群隨處有，弱小見之曳兵走。兩重牆壁三重門，抉門破壁驚雞豚。有客新從呂宋回，久別山妻席未煖；可憐萬里橐中裝，覆巢之下無完卵！真盜肱篋不暇悲，假盜嚇殺妻與兒。……搢紳聞之髮指冠，為汝具狀聞於官；一狀不靈瀆至再，縣門如海奈何奈！深居簡出官體尊，汝尚未壽夫馬費；閽人高坐談孔方，爪牙張舞胥隸狂。老盜掩口顧之笑，幾時辦盜官下鄉！城外喧傳前導出，忽然庖代乃雜職；蛙鳴知否為官私？先講委員轎價畢。噫嘻乎！官不辦盜盜賊民，民敢鳴官民自賊！聽官吹角入盜鄉，盜謂小兒吹觱栗。

〔註445〕

（四）械　鬥

　　丘煒菱《五百石洞天揮麈》書中說到閩粵兩地械鬥風氣是自宋代以來數百年的流弊：

> 閩粵下游接壤，鄉僻陋俗，大略從同，種種流弊，非號令條教所可化。曩讀吾鄉先正陳北溪集，有勸漳屬戒鬥戒奢文，知民習澆薄，自宋已然，亦越數百年而不能革；以今觀之，且加屬焉！宜有心人引為大戚！〔註446〕

　　械鬥事件發生之初，常常是少數人的之間的小摩擦，卻演變遍地刀刃、流血成河的慘事，因此而遭到殺傷斃命者無法以數計，至於受到截途捕擄、生擒酷禁，甚至臠殺慘害的更不知道有多少。縣令下鄉彈壓時，卻發生有的被痛毆，有的不敢攖其鋒，而械鬥者見到官兵就逃散，官兵離開後就又再聚攏鬥殺，想要徹底解決械鬥問題並不容易。〔註447〕

〔註445〕施士洁：《後蘇龕合集》，頁121。
〔註446〕丘煒菱：《五百石洞天揮麈》（上海：古籍出版社，續修四庫全書集部 1708冊），頁103。
〔註447〕《臺灣日日新報》，明治四十四年三月六日。

光緒二十八年（1902），施士洁居於廈門，其《後蘇龕泉廈日記》爲清末閩南地區的殘酷械鬥留下詳細記錄，南史〈後蘇龕日記的史料價值〉一文說施士洁日記中所記：「有礮火熾烈的對仗，有『公親』奔走的議和。官吏乘機敲竹槓，紳士從中玩花樣。人命眞是比紙還薄，『每命』才值五百元，『委員』的需求也夠兇，千元鉅金且不足以應付。這類記事從壬寅年初鬧到過年還未休。」〔註448〕除了日記，施士洁也在〈械鬥〉一詩中，詳細敘述了泉南械鬥慘烈的情形：

> 暗地傷人測更巨！寃寃相殺何時□？□礮架起三層樓。衙蠹見之色然喜，差役訪聞憑一紙；文武親臨雞犬譁，一時十室空九家；男者壯者鋌鹿走，婦者稚者沙蟹爬；流離偷向草間活，不及樹上雙棲鴉！……貧者猶有賣子錢，富者賣宅兼賣田，膏脂幸勿嫌炎炎！吏骨饞吻徒隸涎，皮膚刮盡骨肉胺！激而不變豈其然？方今萬事何者先？苞苴有例相沿緣，習以爲尚誰敢捐？□□□□□□□，□□□屋熏成煙；不然□□及爾□，□□□□□□將爾纏！嗚呼！五洲到處騰腥羶，獨爾一方□□偏□偏，安得口銜木石寃海填，天乎何苦蟻命延？而況吳越之仇二十年，釜中豆泣長相煎。願官勿復爲獺鷹，使民自在游叢淵！畫地爲獄蒲作鞭，青天萬口官稱賢，械鬥之民何辜焉！〔註449〕

光緒二十六年，丘逢甲南洋之行前，與許南英在鮀江會面，他和許南英提到當地民風強悍，經常逞氣械鬥的俗風：

> 百粵從來地陸梁，花開爭唱小南強。
> 青天轉粟窮搜括，白晝探丸各奮張。
> 戰氣民偏私鬥勇，憤談人笑老生談。
> 不須更問匡時策，且看新詩壓錦囊。〔註450〕

民國二年（1913），許南英任龍溪縣令，甫到任，他就發覺龍溪縣也有械鬥的弊風，他在〈癸丑三月任命龍溪縣知事，視事日偶成〉詩中提及此事，也表達欲改善這一弊俗的決心：

〔註448〕南史：〈後蘇龕日記的史料價值〉，收入《臺南文化》（舊刊），第8卷第2期，1966年6月，頁3256。

〔註449〕施士洁：《後蘇龕合集》，頁119。

〔註450〕丘逢甲：〈鮀江喜晤許韞伯大令〉，《嶺雲海日樓詩鈔》，頁354。

飛來梟鳥入清漳，遍地荊榛雜梓桑。

私鬥共誇民氣勇，公田太息上農荒。

分門別戶吾無黨，救弊扶衰國有光。

此是紫陽遺教地，問心得過始登場。〔註451〕

他在〈紀私鬥〉詩中除了記述他平定械鬥的過程，也指出惡徒藉鬥圖利、愚弄鄉民的問題：

推原此禍始，出自愚父兄：盛氣分強弱，武力較輸贏。一村為戎首，

鄰社俱聯盟；如秦與六國，合縱而連衡。集鄉弱之財，什一計取盈。

如或斃敵人，出資眾社擎；倘如被敵斃，死者徒犧牲！雖有續命財，

強者相吞并。以此愚父老，利用鬥為生。〔註452〕

械鬥發生的起因常只是因小事摩擦，就因兩方逞勝爭強不罷甘休，演變而成家族間相互廝殺，甚至聯結成數鄉里間數十年不斷的宿仇怨憤，連日械鬥似無止日。例如光緒三十一年（1905），安海鄉裡陳黃兩姓因競爭為旅客搬運行李的生意，演變成械鬥，並訴訟於公庭，訟費累以萬金計。〔註453〕又如光緒三十二年（1906），泉州南門外之黑、白兩旗會，為爭取迎神賽會表演頭籌，連續械鬥兩年，造成多人死傷仍無止息之意。〔註454〕參與械鬥者家破人亡、生計困難，又得躲避官府的追捕，問他所以械鬥原由他也說不明白，卻也不知悔改：

辛勤終歲力於田，積蓄金錢忽化煙。

到得金錢轟化盡，相看垂淚悔從前。

望見軍容一一逃，守門老婦口嘵嘵；

早知理法必如此，此禍由來爾自招。

相持鷸蚌不甘休，驀地漁人一網收。

試問競爭何所事？自家說不出來由。〔註455〕

械鬥風熾，不僅地方擾攘不安，經濟也因此衰退；常有賴當局官員及地方士紳居中協調，化解雙方仇怨。〈臺灣日日新報〉記載：「光緒三十四年，

〔註451〕許南英：《窺園留草》，頁133。

〔註452〕許南英：《窺園留草》，頁136。

〔註453〕《臺灣日日新報》，明治38年12月26日

〔註454〕《臺灣日日新報》，明治39年8月16日。

〔註455〕許南英：〈下鄉止鬥偶成〉，《窺園留草》，頁135。

廈門士紳林季商等人爲消弭械鬥之風，設立弭鬥會，並在每鄉公舉鄉長或族長爲會員，遇該鄉有事，會員須報告會內公評曲直，不得械鬥，若隱匿不報釀成鬥案，送官究辦。」〔註456〕但是，「雖經歷任長官懲辦，終未能泯其鬥風。民國三年，械鬥之風且從僻鄉窮壤蔓延至泉州郡中。」〔註457〕

　　光緒二十八年（1902），施士洁居住在廈門，就曾居中協調過幾次地方上的械鬥糾紛，如他在當年二月至四月間都在處理前後港施氏宗人間的紛爭：

> 聞前後港宗人有互挈事。……午後予至悅秋家，辦前後港事。……予歸途聞坡頂一帶銃聲不已，蓋林、許正鬥也。……前港閣、英等四人來投後港事，予爲婉勸而去。……又前港客頭阿出帶來廈合發家承福信云：洪本部渡頭陳姓毆傷蘇坑諸鄉三十餘人，現稟保商局，經長發客棧阿匏通知陳姓族長認罰，尚未允和，欲候予到廈裁奪。〔註458〕

（五）鄙風陋俗

　　施士洁〈泉南新樂府〉組詩中，〈普渡〉、〈乩童〉兩首對泉南一地迷信的弊俗有詳細的敘述。七月十五日中元節，各鄉鎮常建醮延請僧道頌經，並施食無祀之魂，此即普渡，這本是祈福消災、慈悲爲懷之意，後來卻演變成競比奢靡、耗費無度的虛儀。施士洁〈普渡〉詩中將泉南地方競辦普渡，不管有錢沒錢，家家戶戶都是牲禮陳設如山，還請戲班演戲酬神等極盡奢侈浪費的情形具體生動地描述下來：

> 遠者能來近者悅，家家留客酒筵列；珍錯雞豚與魚鱉，白叟黃童醉且跌。積飯成山香四溢，要使餘波及寒乞。夜闌人散劇已畢，紙錢堆裡灰猶熱。明朝竈冷斷炊煙，賣盡田園癡可憐！田園已賣誰復贖？普渡年年愁不足。牲牢缺欠鬼神瞋，燈火蕭條門戶辱。急隨番客呂宋行，願佛佑我工營生。番婆奩賚入橐盈，歸來演劇酬神明。掌中傀儡泉州城，大班江西尤有名，賈胡一笑千金傾。我聞盂蘭救母目蓮之遺事，何意今俗沿之普度作游戲！一舉每罄中人產，一鄉專貽巨室累；貧者已極富者□，□底滄桑太容易。

　　這樣傾貲耗產辦普渡，只爲不落人後，富豪之家固然沒有困難，但有更

〔註456〕《臺灣日日新報》，明治41年3月10日。

〔註457〕《臺灣日日新報》，大正三年七月三十日。

〔註458〕施士洁：〈後蘇龕泉廈日記〉，收入《臺南文化》（舊刊），頁3235。

多中產家庭為普渡競奢而變賣田產，最後還淪為番客出國做勞工。為改善普渡奢華弊風，施士洁在詩末提出他的見解：

嗟哉時局方艱□，□□□□□□□。何不集此膏與腴，民獻之官□□□？□□散賑偏災區，不然分惠溝中瘽。笑爾媚佛何其愚，怪爾用財何其疏！無乃習俗移人乎？我有一言陳當途，次及鄉黨士大夫；「祭非其鬼」古所誅，榜為厲禁懸通衢。民風返樸民力舒，令人神往康乾初。〔註 459〕

至於因迷信而大行其道的巫覡，男為乩童，女為神姑，他們常僞託神意以迷惑信眾，又藉此斂財取利，不僅鄉愚村婦不辨其虛實，就連搢紳對之亦深信不疑。施士洁〈乩童〉一詩即是描述此閩地劣俗：

咄哉！乩童爾何人？一時見利不見身。賺錢攫物巧於盜，爛頭破面驚為神！父老焚香婦孺拜，搢紳坐視不敢怪。爾非孫泰斗米師，或是方臘紅巾派？醵貲賽會紛如狂，腥羶雜沓村醪強。此獠公然恣饕餮，既醉既飽神之旁。宴罷騰身立神轎，血汗淋漓路人笑。爾豈獨非父母身？世上無如此不肖！〔註 460〕

乩童非童，卻妄稱以「童」，施士洁首先責備其名不正；乩童起乩時，手執刀劍，披髮剖額，血流滿面，施士洁二責其為利傷身，不孝又不肖；乩童假託神佛乩示，煽惑民愚，施士洁三責其僞託詐財，依法當誅；乩童不耕、不漁、不樵，又不為僧道、醫巫、輿隸、庸奴；世上行業千萬種，乩童卻做了如獠類鬼的乩童，因此，施士洁四責乩童不事生產，不利社會國家。

丘逢甲〈燃燈歌〉則說到另一個迷信怪異現象，即神棍為了詐取錢財假託傳燈之義，衍生出燃燈種福之說：

佛門廣大無不受，青天白日開燈筵。寺僧是日大陳設。送客香茗僧親煎。引諸善女向燈拜，佐以梵嫂禮則虔。禮成酌酒酒如泉，水陸並設羅腥羶。為緣首者有加籩，玉山醉倒春風顛。惟緣有簿掌出納，有書記僧職則專。張姑李妹簽名氏，揭榜大字書朱箋。年年此會勞女伴，如鹿女應朝金仙。寺門伐鼓聲淵淵，日斜會散如秋煙。前村歸前後村後，香雲擁護燈光旋。千家百家兒女語，燈前醉倦郎應憐。是時寺僧更笑樂，禪牀富擁銀銅鉛。夜昏佛燈冷無燄，群僧醉飽方

〔註 459〕施士洁：《後蘇龕合集》，頁 123。
〔註 460〕施士洁：《後蘇龕合集》，頁 122。

高眠。自從傳燈失本義，佛應流淚遣言荃。如蛾赴燈為利誘，眾生苦海真無邊。無人出作獅子吼，將疑劫火遺竺乾。南無綺語菩薩者，善哉說此燃燈篇。〔註461〕

在齋婆鼓吹之下，東南西北村的愚男痴女為求得百病蠲、壽命延、福慧雙全，人人皆金燈銀燈一燃再燃，並且以燈引燈，各鄉各寺燈火連綿不斷絕，人人歡喜佈施，人人都期望能夠無災無愆，卻沒有人發現燃燈之說實為神棍斂財之計，燃燈所繳的費用早中飽其私囊。丘逢甲寫此《燃燈歌》，實希望能對無知民眾的迷信行為有棒喝之用。

閩、粵兩省又常因土田細故、口角微嫌而交訟不已，控訟之案審理費時耗財，又有惡棍訟師為求得重酬而舞弄刀筆，使訟案累年審理不斷；再加上差役衙卒各項搜刮，常導致訟案兩造破家蕩產。施士洁〈控案〉一詩，對控訟相關的弊端，以及人民為打官司而遭層層剝削的情形有詳盡的描述：

公堂之下首強俯，歸來目作金□努；恨不將仇畀豺虎，急售屋瓦賣田土，一飽胥差壯牙羽。爾家田屋有時空，爾仇薪膽無時終。官謂爾民皆富農，彼此多牛足穀翁。與官臭味惟青銅，窶人莫入公門中。東家五十西家百，兩家勝負爭咫尺。勝者爾蚊添兩翼，負者爾牝虛一擲。金多金少曷足惜？奈此青天慘無色！還鄉霍霍自磨刀，不敢仇官仇爾曹！首及六親次同里，日夕尋仇決生死。和事老人聞之驚，招呼火伴相調停。先取杯筊卜神明，再請搢紳諸先生；勸爾桑梓留餘情，勿始以訟終以兵！〔註462〕

賭博惡風亦盛於閩、粵，無論士農工商都相競一擲，因為好賭而廢事失業、損財招禍者有之，為賭而傾家蕩產、家破人亡者亦所在多有。更甚的是，又有無賴之輩耍巧詐賭，並因此而釀成命案、偷盜，或激為械鬥。賭棍者，即開設賭場招眾聚賭，並藉此抽取賭費之人。施士洁〈賭棍〉詩中將賭博之害逐一說明，希望能當頭棒喝，喚回深陷其中的人：

竹牌推出銅寶響，市井衣鉢尤專精。場上何來莽紈袴，引之入彀酣如蠅；斷絕父兄棄妻子，長與賭棍為死朋。廣廈□□□□瓦，腴田轉眼無寸莖。顛倒晝夜□□□，□□面□□可憎。君不見泉州城南呂宋客？□□□□白鑷白；金穴喧傳郭況家，紫標豔說臨川宅。賭

〔註461〕丘逢甲：《嶺雲海日樓詩鈔》，頁293。
〔註462〕施士洁：《後蘇龕合集》，頁120。

棍望風爭款門，扶上肩輿行得得。妖伎孌童帶笑迎，花柳開場倍生
色。囊家待客豐且周，先奉煙茶後酒席。須臾客醉奮衣起，果然如
鶴鶴群立。骰盆宛轉作鬼叫，燈火光中蕩魂魄。籠禽穽獸爾焉逃，
目聽眉語誰能識？前車既覆後車繼，瓦注不足金注益，傾筐倒篋信
豪舉。贏得旁觀誇嘖嘖。噫嘻乎！賭棍之狡賭鬼愚，可憐鬼亦愁棍
徒！剮爾鬼肉吸鬼髓，殺鬼不用刀與鈇。破家亡命等凶器，目之為
棍良非誣！當頭一棒喝鬼醒，棍乎何處藏其軀！〔註463〕

詩最後，施士洁將「賭棍」之「棍」轉為「當頭棒喝」的「棍」，希望在
點出賭局中必有詐這一事實後，能使深陷賭局中的「賭鬼」猛然悔悟，從此
戒賭；此一技巧，頗富譏刺奉勸之意。

第四節　季世裡的自我影像

海東四子遭逢黍離麥秀、顛簸亂離的時代，在其放逐流離的生涯中，歷
經各種憂患及考驗，這些憂患及考驗迫使他們探索時代問題的所在，也激發
出他們的「自我」自覺意識的甦醒。

按近代心理分析論一派學者的看法，「自我」是人格中的最重要部分，介
於「本我」與「超我」之中，透過記憶、評價和計劃等知覺活動，在與周圍
的自然和社會世界接觸過程中，解決「本我」與「超我」兩者之間的衝突，
並產生各種適應的行為方式，進而與外在世界發生關聯。在這個與外在世界
不斷接觸、適應的歷程，個人在其遺傳、環境、成熟、學習等因素交互作用
下，表現出身心各方面的獨特性，也就是個人人格的塑造形成。「學習」是人
格塑造過程中最能表現出人之「主體性」的行為，因為，根據心理分析論學
者的說法，學習行為中的「模仿認同」是較深層的內化歷程，是個人模仿自
己所「選取」的「楷模」的行為，認同內化而成為自己的人格的一部分。而
「選取」這個自由能力的實踐，即是自我的醒覺，試圖以自身的力量，掌握
自己的命運。至於認同的對象——楷模，可能是團體中的共有規範，如孔子
「仁」、孟子「義利」等觀念，早已是中國人價值觀中的深層結構；也可能是
名留青史的歷史人物，如：「先天下之憂而憂，後天下之樂而樂」的范仲淹。
中國的哲人更常在大自然中找尋傚效的對象，如《易經‧乾》象曰：「天行健，

〔註463〕施士洁：《後蘇龕合集》，頁 124。

君子以自強不息。」即是勉勵人效法天地自然呈現的道理。

薛雪《一瓢詩話》：

> 作詩必先有詩之基，胸襟是也。有胸襟然後能載其性情智慧，隨遇
> 發生，隨生即盛。千古詩人推杜浣花，其詩隨所遇之人、之境、之
> 事、之物，無處不發其思君王、憂禍亂、悲時日、念友朋、弔古人、
> 懷遠道。凡歡愉、憂愁、離合、今昔之感，一一觸類而起；因遇得
> 題，因題達情，因情敷句，皆由有胸襟以為基。〔註464〕

這種「胸襟」正是個人在遺傳、環境、成熟、學習等因素交互作用下，
所塑造形成的「人格」；而以此為基礎而「載其性情智慧」的作品，正是個
人人格中之「自我」與現實社會環境接觸時，在各種條件制約之下，所展現
出來的個人「價值觀」的呈現。個人的「價值意識」取向，常受其生存的時
空之社會政治條件制約，這些價值困境卻也造成他個人的存在意義，因為個
人在經歷生命中的道德困境時，以何種方式安頓自己的人生，就決定了他的
人格型態。〔註465〕「詩可以觀」，不僅指透過詩可以了解當時的社會，也可
以從詩中觀察到詩人的面貌，所以龐塏《詩義固說》云：「觀其詩可以知其
人。」吳喬《圍爐詩話》亦云：「心聲不同，有如其面。」〔註466〕詩歌是現
實生活中種種情志的反映，生活既不能離開時空而獨存，詩歌也就以時空為
其構成的要素。詩人對應時空而生的觀念與經驗，實則蘊藏著詩人對自己生
命的省思。

海東四子面對世變時代的挑戰時，在困境中做出自己的抉擇，他們自我
認同的價值取向如何？完成了什麼樣的自我形象？本節就從分析海東四子的
作品中有關自我形象的書寫，來了解海東四子作品中呈現的自我形象。在研
究的方法上，運用巴赫金「作者形象」的創造理論。

巴赫金認為「作者形象」是被作者、讀者共同創造出來的，和實際的「創
作者」是不同的，但是，他也認為研究者「利用自傳和傳記材料，研究有關
的時代，即作者生活和創作的時代，研究其他有關作者的資料」，而創造出藝
術史上的作者形象，「如果這一形象真實而深刻，它會幫助聽者讀者更正確更

〔註464〕收入丁福保編：《清詩話》（臺北：木鐸出版社，1988年9月），頁678。
〔註465〕黃俊傑、吳光明合撰：〈古代中國人的價值觀：價值取向的衝突及其消解〉，
　　　　收入沈清松編：《中國人的價值觀──人文學觀點》（臺北：桂冠圖書公司，
　　　　1994年8月），頁1～頁25。
〔註466〕丁福保：《清詩話續編》（臺北：木鐸出版社，1988年9月）。

深刻地理解這位作者的作品。」〔註467〕而且，巴赫金的「鏡中人」、「視域剩餘」兩個理論，正是為「作者與讀者共同創造『作者形象』」這一主張而提出的實踐方法。巴赫金所謂的「鏡中人」，就是：「自己」在看著鏡中的那個「自己」時，事實上是以「他人的視點」來評價自己的，也就是以一種「外在性」來觀察自己，自己和「自己」之間發生「對話」的溝通交流作用。「外在性」的作用，可以藉由反思讓自己更加了解自己，但自己在觀看自己的時候，終究有視野盲界的存在，巴赫金的「視域剩餘」說法，正好彌補了其中之不足。因為我們都可以看到對方看不到的地方，這就是我們每個人所擁有的「視域剩餘」，所以再經由「自我」與「他者」之間的對話而互相補足對自我的認識，這樣，也就達到了對自我的完整認識。〔註468〕

　　海東四子的自我形象，首先呈現在他們的心志抒寫上，這種「詩言志」的作用，呈現出四子所看到的鏡中的自我，也就是海東四子自己心目中所認識到的「自我」，這是我們認識海東四子自我形象的最直接資料；其次，探索四子所要「模仿認同」的學習對象，也能讓我們知道他們想要塑造的自我形象為何，這種模仿學習是透過一再思辨的方式，猶如對話般的溝通，讓作者和「模仿的對象」（或者是人、或者是物）之間建立起一種關聯，我們可以通過這一層關聯，從四子所欲效仿學習的對象來認識四子形象的另類風貌。這類作品，常以詠物詩的體式出現，因為這種創作方式最能讓作者藉著所書寫的對象呈現自己的心志，被書寫的對象在作品中顯現出來的精神，常常就是從事書寫的作者的形象表露。再者，筆者也將考察「他者」，即海東四子的同代人對四子的論述或記敘，因為「視域剩餘」的作用，藉由他們的眼，會使我們對四子形象的認識更為周到。以下就從這三方面進行探討。

〔註467〕巴赫金：〈陀思妥耶夫斯基詩學問題〉，收入錢中文主編：《巴赫金全集》卷五《詩學與訪談》（河北：河北教育出版社，1998年），頁61、頁73。

〔註468〕巴赫金：〈自我意識與自我評價問題〉，收入錢中文主編：《巴赫金全集》卷四《文本、對話與人文》（河北：河北教育出版社，1998年），頁87。劉康：《對話的喧聲》第二章（臺北：麥田出版社，1998年4月），頁98。劉康書中又說：我們都可以看得到對方看不到的地方，這便是我們每個人所擁有的視域剩餘。外在性是指主體的自我對於他者在時間和空間兩個層面上的外在。作者把自己置身於自我之外，以他者的眼睛來觀察自己，這樣，才能整體地把握自己、完成自己、超越自己，從而達到一種「超在」的境界。頁96、頁97。

一、施士洁

（一）心志的抒寫

1、狂傲放誕

早年，施士洁就顯露出狂誕的個性特色，他說：「嗟我廿年來，所遇皆腐朽；歷數交游者，拂意常八九」，就算是赴京會試時所遇到的舉子士人，他認為也不過是「長安紈袴兒，若輩非我耦，癡肥厭膏粱，濁氣熏蔥韭」，只有「詩書發光華，經濟徵抱負；論史極馬班，作文抗韓柳」的馮秋槎，才是他「茫茫萬人海，與君願相守」的朋友。〔註469〕

施士洁深知自己個性的狂放，所以經常以「狂」自況：「憐余狂不減，起舞著袈裟」、「海外有狂生，自號曰『芸況』」，〔註470〕「狂」是他一輩子堅持的姿態，從少年有成、自信滿滿的「絕倒曲江唐進士、不禁忍俊少年狂」，〔註471〕以及流連舞榭歌樓的「狂生未了風塵債，怕見天南錦字書」，〔註472〕一直到歷盡滄桑、看透人事之後的「弔我以詩真壽我，狂奴故態總依然」、「老狂心口自相語，眼底時流奈何許」、「老狂行年五十七，掀髯一笑萬事畢」、「閱盡滄桑老眼詳，入山披髮合陽狂」，〔註473〕其中更有為原則而堅持的狂：「西岑之麓，有逸民焉，不二其性，半百其年。醉舞狂歌，吾全吾天」。〔註474〕

因為個性狂放，施士洁曾甘冒時忌，直言弊端所在：

> 我時客榕垣，鑠金眾口熾，睹彼唯阿習，憤茲流俗議。
>
> 大呼政事堂，聞者輒驚悸，舉世惡直道，我自行我志。〔註475〕

他在〈疊前韻奉答甓丈〉也說：

> 僕也今之狂，雌黃任眾口。得謗遍九州，翕然笑而受。〔註476〕

〔註469〕施士洁：〈和馮秋槎廣文寄贈五十韻〉，《後蘇龕合集》，頁32。
〔註470〕施士洁：〈雨後同陳榕士訪仁壽上人〉、〈艋川除夕遣懷〉，《後蘇龕合集》，頁12、頁18。
〔註471〕施士洁：〈禮闈聯捷〉，《後蘇龕合集》，頁16。
〔註472〕施士洁：〈夜宿竹塹〉，《後蘇龕合集》，頁23。
〔註473〕施士洁：〈去年六十初度，與東海棄民約為生祭之詩而未果，今又一年矣。棄民詩來，如韻和之〉、〈鷺門晤日本詩人串宇鈴村讓〉、〈辛亥舫山樓除夕〉、〈次林彥卿韻和鸝塵〉，《後蘇龕合集》，頁252、頁187、頁203、頁213。
〔註474〕施士洁：〈自顧五十小影寄贈陳槐庭於鹿溪〉，《後蘇龕合集》，頁400。
〔註475〕施士洁：〈贈蘇次彬明府〉，《後蘇龕合集》，頁84。
〔註476〕收入鄭鵬雲：《師友風義錄》（陳支平主編：《臺灣文獻匯刊》，福建：廈門大學出版社，2004年12月），頁13。

因爲個性狂放而無意追逐名利，也不耐辯解自己流連歌榭酒樓的行爲：

> 我生不能立談唾手博卿相，側身袞袞層霄上；又不能親提雄劍斬樓
> 蘭，金印如斗懸腰間！秦宮一生花底活，百年坐受千譏彈。〔註477〕

2、達觀瀟脫

在早期作品〈腐儒〉組詩中，施士洁充分表達出曠放超脫的想法，明言
「吾將師老莊，胸次絕塵壒」，他以一種縱目睥睨而又保持距離的態度看待人
生：「九州紛包羅，窺測日幾輩？嗟彼井底蛙，寧識九州大！」、「聞見所未到，
森然動空籟；或者眉與睫，蠡管奈何奈。」

同時，他也接受佛教「五蘊皆空」、「諸法空相」的說法，以求通透達觀
看待人間事：「我佛言心經，空空而色色。須彌意千□，吾貴守吾職。豈不慕
榮富？時運終有極！芻狗被文繡，識者恥鬼蜮。遊眺向北邙，其間剩往迹。
怒罵與笑嬉，上場等觀劇。」〔註478〕

施士洁雖然也曾「沾沾制義不釋手」、「無聊權向棘闈走」，〔註479〕成爲科
舉士子中的一員，但他卻非追名逐利的人，反而斥咄「直以詩書爲利祿」的
徵逐之士「物而不化何其俗」！〔註480〕他以爲：「得近古人緣脫俗，既稱儒者
敢言貧？」〔註481〕他在二十二歲中進士後，曾對名利做過深刻反思，最後得
到達觀之論：

> 風塵僕僕胡爲乎？利鎖名疆心不死。
>
> 此心無乃多偏營，不爲利使爲名使。
>
> 熊魚兩欲兼者誰？畫餅充饑悟是理。
>
> 矧茲微名宇宙間，恆河太倉沙粟耳。

「逸興遄飛我狂矣」的施士洁，心中嚮往張良「剛則擊椎柔進履，矯然
出沒若游龍，事後能從赤松子」〔註482〕進退自在的瀟灑，能夠不爲名利牽拘、
任眞率性地生活。他在〈短燈檠歌〉中又說：

> 生不願銅駝頭、銀雁足，豪門炫我九華粟；
>
> 又不願丹豹髓、白鳳膏，仙家餌我千歲桃；

〔註477〕施士洁：〈贈林怡廬孝廉〉，《後蘇龕合集》，頁85。
〔註478〕施士洁：《後蘇龕合集》，頁28。
〔註479〕施士洁：〈艋川除夕遣懷〉，《後蘇龕合集》，頁18。
〔註480〕施士洁：〈題梁定甫秋夜讀書圖〉，《後蘇龕合集》，頁13。
〔註481〕施士洁：〈定甫詩來，如韻答之〉，《後蘇龕合集》，頁13。
〔註482〕施士洁：〈艋川除夕遣懷〉，《後蘇龕合集》，頁18。

但願今生有書讀，一燈之下樂莫樂！〔註483〕

又在〈抱琴圖爲尺樓題〉中自云：

此圖示我果何意？塵世抱琴偶遊戲。紛紛俗耳悅箏琶，爨下焦桐肯求媚？嗚呼鐘子往矣知者誰？胡乃自炫其技爲？君我不冠不帶不衫履，曷不徜徉乎鯤身之涘鹿耳之湄？〔註484〕

這些詩作內容都是這種崢嶸、超脫的心志表達。雖然有著這樣的心志，但是當他面對現實生活、爲了生計而奔波勞累時，卻無法泰然處之，〈夜宿後壟，夢中忽得第二聯，後因足成之〉：

兩載誰承菽水歡，何心作客尚盤桓？明知旅食原非易，直到窮途始見難。馮劍空□□鋏在，阮囊羞把一錢看。村雞似向覊人道，風雨前溪耐曉寒。〔註485〕

在臺灣時如此，飄泊流離於大陸時更是牢騷滿腹：

不堪回首鳳凰洲，燹後空存幾卷詩！鯤海餘生憐我老，鯉城作客見君遲。一官枳棘供吟諷，兩載蒿莪付□□。今日相逢淪落甚，塵中何處覓鵃枝？〔註486〕

3、亂世棄民

自乙未割臺被迫離開家鄉，施士洁即強烈感受到流離放逐之感，並以「棄民」身份自居，他在〈和同年易哭菴觀察「寓臺詠懷」韻〉詩中表達失去家鄉流落無處的痛苦：

兩字頭銜署棄民，避秦羞見武陵春。

梓桑脈絡關泉廈，棠棣恩膏失召邠！

誰向南天撐赤手？那容東海變文身！

紛紛灞棘都星散，淒絕田橫島上人。〔註487〕

內渡到大陸，他茫然失措，不知歸向何處：「梓桑息息本相關，失馬今真不復還！問我歸舟何處？卻從縹緲望仙山。」〔註488〕

基本上，施士洁是抱著退縮逃避的心理面對家變、國變、世變的。早年

<hr>

〔註483〕施士洁：《後蘇龕合集》，頁 5。
〔註484〕施士洁：《後蘇龕合集》，頁 14。
〔註485〕施士洁：《後蘇龕合集》，頁 24。
〔註486〕施士洁：〈何勁臣二尹贈詩和韻〉，《後蘇龕合集》，頁 143。
〔註487〕施士洁：《後蘇龕合集》，頁 74。
〔註488〕施士洁：《後蘇龕合集》，頁 78。

在臺灣時，〈闕題〉詩裡即流露這種退怯消極的想法：

> 問我何所有？青氈傲田屋；問我何所好，青箱抵金玉。
>
> 素心或遇之，晨夕偶一酌。頹然抱書臥，冷夢亦自足。
>
> 高城鬱秋陰，冠蓋日相逐；我自閉我竇，不知黃粱熟；
>
> 我自息我影，不知白駒促。人生幾剎那，窮達互榮辱。〔註489〕

內渡之後，遭遇生活中的磨難、親人的生離死別，更令他有無語問蒼天之歎：

> 吹墜罡風總俗胎，餘生笑拎虎鬚來。
>
> 芝苓可有延年訣？樗櫟原非用世才。〔註490〕
>
> 一回相見一淒然，燕子無家已七年。
>
> 倚枕邯鄲醒昨夢，登場傀儡□時賢。
>
> 逢萌此□□冠掛，徐穉何人為榻懸。
>
> 尺蠖求伸成底事？遺珠泣□□重淵。〔註491〕

不過，面對時代的磨難，施士洁也有自己的化解之道：

> 憶吾故吾，踆烏在東；惜吾今吾，劫灰已紅；
>
> 是吾非吾，質之鏡中，不耐而耐，斯為耐公。〔註492〕

個性不耐而要求自己能耐，施士洁以「禍福焉知塞上翁」的思考方式，化解亂世生涯中的種種打擊，所以，「梗汎蓬飄二十霜，寶刀無燄筆無芒」的心酸湧上心頭時，他安慰自己「爨餘留得頑軀在，拚臥沙場醉夜光」；而當生計無著、貧病交侵時，他就自嘲「化龍知否來生事？游戲聊為釜底魚」；也勉勵自己堅持志節：「他日深山采薇蕨，西岑恰與老夫宜」；〔註493〕雖然這樣的態度於事實無補，卻是末世棄民自救的方法。

光緒三十年甲辰，施士洁五十歲，他在這一年的除夕回顧自己的一生，寫下〈甲辰除夕〉云

> 男兒少壯不得志，垂老安用毛錐為？何況鮞生生長鯤身海，坐困書
>
> 傭五十載。二十登鳳池，三十擁皋比；四十傷哉墨絰而戎衣。章甫

〔註489〕施士洁：〈闕題〉，《後蘇龕合集》，頁67。

〔註490〕施士洁：〈六疊前韻〉，《後蘇龕合集》，頁102。

〔註491〕施士洁：〈疊前韻〉，《後蘇龕合集》，頁105。

〔註492〕施士洁：〈己酉八月，女弟子邱韻香自霞陽撮影相貽，即以五十五歲肖像報之，口占三十二字題後〉，《後蘇龕合集》，頁402。

〔註493〕施士洁：〈六十初度，允白以詩壽我，如韻答之〉，《後蘇龕合集》，頁227。

縫掖碌碌者腐儒，韓刀帕首躍躍者健兒。以我千金軀，共此孤城危；
清夜念之刻骨悲，鯤身九月無家時！荊棘縱橫狐兔馳，人皆笑我命
如絲。黑風吹劫急，天昏海倒立；送我扁舟行，浩歌去鄉邑。海若
相窺照影愁，天吳似對吞聲泣。鷺門江水清，竭來鯉魚城；西岑之
山少薇蕨，居者不可以石耕；況我妻孥半鬼錄，劫外有劫誰能平？

浮家十除夕，還作鷺門客；吟髭長幾丈，帶圍減幾尺？〔註494〕

自從家鄉淪陷，十餘年來浮家鷺門，維生不易，自己多病痛，竟又慘遭
妻、妾、子、孫多人死亡的打擊，「予本信天翁，天道究難曉，鼓盆方悼亡，
喪明更傷夭」，〔註495〕也就難怪施士洁大聲詰問：「劫外有劫誰能平？」

施士洁晚年時，經常回顧自己的一生，對自己一生的遭逢，他較許南英、
丘逢甲有更多的牢騷抱怨以及自艾自憐的情緒。他在六十歲生日時回顧自己
飄泊無靠、生離死別的一生，寫下〈耐公六十自祭文〉一文，慨嘆「生不如
死，實恨長終」的沉痛心聲，在文中表露無遺：

嗚呼耐公，生慚人傑，死愧鬼雄。六旬無用，一竅不通。
生不如死，實恨長終！回思少壯，吐氣如虹，二十登第，
三十從戎。不圖轉眴，萬念皆空，桑田滄海，歷劫重重！
四十避地，五十飄蓬，不仕不隱，不商不工，不樵不牧，
不釣不農；淵明無菊，宏景無松，嵇康癖懶，阮籍途窮。
琴焦爨下，錐伏囊中，一生磨蟻，到處泥鴻，駢枝贅拇，
朽禿成翁。而今已矣，漏盡鳴鐘，天人交迫，貧病相攻。
神州莽莽，萬丈塵紅，浮沈人海，曼衍魚龍。掀髯一笑，
頭腦冬烘，強裝瘖啞，故作癡聾：目不欲視，耳不欲聰，
貞我困厄，篤我罷癃。昔賢八十，尚兆非熊。繫予小子，
花甲剛逢，業不加廣，爵不加崇。形骸木偶，眷屬萍蹤，
老而自弔，大耄嗟凶！〔註496〕

生逢亂世，施士洁自覺「此生合是流離鳥，到死終是脈望蟲」，但是，苦
的不僅是自身的遭遇，無法盡到的人生責任也成了心中的折磨：

洁也少孤負庭訓，慈幃聊復娛餘年。

〔註494〕施士洁：《後蘇龕合集》，頁154。
〔註495〕施士洁：〈四孫滄池殤，感懷書此〉，《後蘇龕合集》，頁168。
〔註496〕施士洁：《後蘇龕合集》，頁387。

父書不讀母機斷，覿恭內省叢尤懟！

滄桑萬劫祇一瞬，遂令祖硯成荒田。〔註497〕

自認個性狂傲放誕的施士洁，面對亂離時代的自己，無力無奈，卻也只能故作瀟灑、強裝達觀，以「桑田三淺昔所經，眼底浮雲我何有？雄飛無力搏扶搖，洞天寂寂甘雌守」、「鼠肝蟲臂我何知？作達惟師漆園叟」〔註498〕的話，聊以安慰窮愁寂寞的自己。

（二）認同學習的對象

1、欽仰的前賢

施士洁深深景仰蘇軾，在他的心目中，東坡是「廊廟器」、「高世才」，卻為造物所忌而一生遭逢困躓，令人為之扼腕。施士洁因自己與東坡同生日，而有「讀史發狂癡，大名想附驥」之思，雖然「惟公乃天人，其生也有自；我獨何斯人，曷敢仰而企」，但仍期許自己「他年白鶴峰，身或將公替」。〔註499〕施士洁在面對自己窮厄貧病的一生時，就是學習效法蘇軾一生所遇磨蝎困厄卻又曠達瀟脫以對的精神，他在〈耐公六十自祭文〉就說：

咄哉坡老，磨蝎命宮！嗟予小子，生日與同。綬不拖紫，筆不珥彤，春婆喚醒，一夢朦朧。迢迢千載，仰止遺風：銅琶鐵板，高唱江東。

心香一瓣，聊效吟蜇，敢云自壽，祝岳稱嵩？自憐自哂，自戀自恫！

〔註500〕

2、自然的意象

（1）鶴、禽的意象

施士洁出身書香世家，再加上聰慧過人，年少時即俊穎出眾、英氣勃發。他曾以鶴自喻：「我意常疏放，野鶴展修翮」、「但為宵鶴孤，毋為水鷗狎」，〔註501〕在向友人提及自己近況時也以鶴自比：「晚花香滿大千界，野鶴閒依自在身。」〔註502〕他在〈和曾四青孺飛鶴曲韻〉詩中描述一隻墜落凡塵的

〔註497〕施士洁：〈題揚搏九孝廉令先尊慈讀績圖〉，《後蘇龕合集》，頁169。

〔註498〕施士洁：〈重九日次黃墨卿韻〉，《後蘇龕合集》，頁300。

〔註499〕施士洁：〈二十初度，臞仙長兄招同劉拙菴、陳榕士兩司馬、楊西庚、朱樹吾兩明府、梁定甫拔萃、傅采若上舍、沈竹泉布衣□□穎軒禮東坡像，以洁與東坡同生日也。次日，□題蘇詩後，成八十韻〉，《後蘇龕合集》，頁6。

〔註500〕施士洁：《後蘇龕合集》，頁387。

〔註501〕施士洁：〈鹿溪與春舫族兄夜話〉、〈腐儒〉之四，《後蘇龕合集》，頁10、頁28。

〔註502〕施士洁：〈定甫詩來，如韻答之〉，《後蘇龕合集》，頁13。

飛鶴之種種，其實就是他自己心目中自我形象的寫照，很可以看出他狂傲放誕卻又自艾自憐的態度：

> 驀然一晌三千年，來向榑桑最高樹。振翮常邀鷥勒飛，揚吭偶趁迦陵語。朝遊金穴餌胡麻，暮返青田吸乳霞。目擊天池九萬里，沈浮無數枯枝槎，乘風從此訪壺嶠，久矣塵世非吾家。家本層崖依古木，左有瑤芝右銀竹。雛聲不減鳳凰毛，學舞昆侖五雲簇。六翮養成霄霓間，一枝笑彼鶵鷯宿。低頭飲啄已無端，況復雪霜多苦寒！陡把凡胎換靈骨，阿誰睨我金僊丹。矰繳安能撓我志，稻梁豈足供我餐？鶴兮似汝今何害，西望華峰東望岱，驚飇怒電相盤旋，且自置身向空外。高飛莫再到下方，燕雀寧知九州大？緱山引嶺白雲悠，吹笙渺渺王喬儔。茅盈不復林逋往，吁嗟鶴兮誰與遊！吁嗟鶴兮誰爲謀？使我隱懷千歲憂。君不見蓬萊羽士拍天起，時行則行止則止；欲往從之借草履，恨不深山遇鳳子。又不見來歸丁令心，鬱陶數聲淒絕聞。霜皐有鳥有鳥歌，且號遼東城郭秋草高。〔註503〕

光緒三十四年，經歷流離傷亂多年之後，施士洁在寫給以鶴笙的詩中，將自己比喻爲「巢破不得返」的冤禽：

> 何來丁令威，老鶴前身轉；一轉五百年，城郭人民換。
>
> 迄今華表歸，哀鳴淚如綫！鶴亦憐冤禽，嗷嗷類澤雁。
>
> 小劫鍛其羽，桑田已三淺！自從天帝醉，鶉首問誰竊？〔註504〕

乙未割臺，家山淪陷，自此以後，滄海桑田，途窮路哭，在這世變時代所遭逢的一切，對施士洁生命造成的擠壓，我們可以從飛鶴轉爲冤禽這個變化中明白一二。

（2）松竹梅的意象

「松竹梅三友，乃能度窮臘」，〔註505〕這是施士洁中舉之前所寫的詩句，而松竹梅也眞成爲施士洁一生的朋友，高潔堅貞的松竹梅意象不斷出現在施士洁日後的生活裡，也出現在他的詩作中。在臺灣石蘭山館的讀書生涯時期，施士洁過著「赤崁城西五畝宅，往來不見名利客；祇有騷人互唱酬，庶幾情性無閡隔」的詩人生活，「醉鄉高臥輕王侯」，他將當時往來密切的摯交江子

〔註503〕施士洁：《後蘇龕合集》，頁10。

〔註504〕施士洁：〈鷺門重晤以鶴笙大令〉，《後蘇龕合集》，頁171。

〔註505〕施士洁：〈腐儒〉，《後蘇龕合集》，頁28。

彝、李敘卿、祁星垙三人喻為松竹梅，「竟成松竹梅三友，與我共結歲寒盟」，而物以類聚，「論交豈在窮與通，芝蘭臭味千古同」，可見，他也是以高潔絕俗的松竹梅來自我期許，和一般名利客是不同的：「餘子碌碌曷足數？可憐滿目叩頭蟲」。〔註506〕

松、竹、梅這三種意象多次出現在他的創作中：「相期鍊就冰霜骨，佇見參天百尺松。」〔註507〕「松竹梅花三友在，後彫珍重歲寒身。」〔註508〕「歲寒松竹梅，三友乃吾益。」〔註509〕「歲寒松竹故交稀，偕隱逋仙夙願違。我憶梅花花憶我，含香應待主人歸。」〔註510〕施士洁作品中的松、竹、梅，都是志節堅貞、嶙峋傲骨的表徵，也是施士洁一生的自我惕厲。值得注意的，在〈榕城除夕夢臺南明延平王祠古梅〉詩中，施士洁賦與梅花另一種象徵意象；歷經臺灣政權一再更迭的多變歷史，於今老幹幾滄桑的延平郡王祠裡的古梅，與慘遭劫淪、歸鄉夢斷的施士洁的身影相互映疊：

> 蜃樓一瞥又飛煙，獨樹亭亭冷可憐。
> 翠羽縞衣雜荊棘，冰肌玉骨染腥羶。
> 我與梅花相伯仲，餘生已斷羅浮夢。
> 銅餅紙帳泣飄零，塵中何處逋仙洞。〔註511〕

花與人同樣遭受世變時代的折磨，沾惹腥羶的花令人憐，而如微塵飄零天地間的人，更是無奈可憐！

（三）他者之眼

林景仁〈秋日懷人（施耐公先生）〉詩中云：

> 耆舊閩中久絕倫，經時憔悴寄江濱。
> 東寧門第傷烽火，西抱文章更刧塵。
> 亂後餘生有藜榻，老來風度尚菱巾。
> 爭傳碑版售皇甫，一字千緡未算貧。〔註512〕

〔註506〕施士洁：《後蘇龕合集》，頁326。
〔註507〕施士洁：〈感事書懷，再疊前韻寄介堂，並質琛笙、允白〉，《後蘇龕合集》，頁225。
〔註508〕施士洁：〈四疊前韻酬健人〉之八，《後蘇龕合集》，頁237。
〔註509〕施士洁：〈涂生弟和詩，疊韻答之〉，《後蘇龕合集》，頁275。
〔註510〕施士洁：〈憶梅〉，《後蘇龕合集》，頁290。
〔註511〕施士洁：《後蘇龕合集》，頁87。
〔註512〕見林健人：《摩達山漫草》，收入《臺灣風物》第22卷2期，1972年，頁8。

施士洁在廈門商會任事時，就和林爾嘉家族經常往來，林健人雖是後生小輩，但是家學淵源，自身又俊秀聰穎、才氣橫溢，和施士洁等人忘年相交、相知甚悉。詩裡特別提到施士洁聲望好，文采甚得眾望，因此常有人邀請他寫賀詞、壽言、祭文等，這些潤筆之資也成了施士洁的經濟來源之一。

魏潤菴〈南清遊覽紀錄〉認為施士洁的才華、學養和丘逢甲相當：

> 竊計臺灣文風，甲第雖不乏人，然以天才煥發，學問淵博。孰若我
> 雲舫先生及邱君逢甲其人乎？〔註513〕

謝汝銓〈進士施士洁山長〉一詩提到施士洁家學淵源，與父親施瓊芳都中為進士，是臺灣難得的父子進士，並且先後擔任海東書院山長；他在誇讚施士洁才華高明後，也說到施士洁個性風流放誕：

> 兩世文宗在海東，才華豔說八閩雄。
> 風流放誕真名士，小我能無尚大同。〔註514〕

二、許南英

（一）心志的抒寫

1、傲骨嶙峋

光緒十二年，許南英赴京會試，因對策傷時被放；赴考未售，心中當然失意落寞，但是不迎合當局歡喜，而在策文中議論時局、為民請命，甚且因此而落榜了，許南英也不後悔，他心中自有其堅持的原則：

> 臺閣花如錦，關河柳不春；不如歸去好，傲骨自嶙峋。〔註515〕

許南英愛梅，因為梅有耐歲寒的傲骨，他以此砥礪自己，要求自己能如梅花，在經歷徹骨之寒後，還能散發撲鼻之香。所以，當他被迫拋棄家產、離開家鄉，一家老小逃難來到廣東，生活沒有著落，一切從零開始，他就是以梅的傲骨精神惕厲自己：

> 金石圖書付刼灰，那堪問訊故園梅？
> 憐渠傲骨嶙峋甚，猶自含香海外來。〔註516〕

〔註513〕《漢文臺灣日日新報》，明治44年2月15日。

〔註514〕謝汝銓：《雪漁詩集》（臺北：龍文出版社，1992年6月），頁40。

〔註515〕許南英：〈丙戌偕徐佝千、陳梧岡兩同年來京會試，徐捷得工部，陳考得中書；余已入彀，因對策傷時被放。二君強欲留余在京過夏，書此謝之〉，《窺園留草》，頁8。

〔註516〕許南英：〈題畫梅，贈宗人穆堂同年〉，《窺園留草》，頁36。

因為這分傲骨的堅持，有時就與時流格格不入，許南英有時就自已退恬下來，不與人爭：

> 儒生薄福爲行客，俗子多金類長官。
>
> 坎壈自憐還自解，無求頓覺天地寬。〔註517〕
>
> 與世殊不合，於人無所求。科頭踞松下，洗耳擇清流。
>
> 入幕郄超老，下車馮婦羞。兒曹能食力，老子又何憂！〔註518〕

但終其一生，不管遭逢如何艱辛困難，許南英一點也不稍改其「肚皮時不合，鯁骨傲難柔」〔註519〕的個性。

2、宰官之責

許南英在早年所寫的〈筆〉一詩中，明白表示了他立身處世的根本原則：

> 質直而心虛，與人無他技；毫末不敢私，盡心而已矣。〔註520〕

無論是家庭責任的承擔，或是和朋友相互交往，許南英都是本著「盡心無私」的態度以對；這種精神也表現在他到吏部投供改官，奉調到各縣任縣令。許南英浪遊新加坡時，和同宗許秋河商量往後出處以及家庭的生計，雖然仕宦非他所願，但因沒有其他的久遠之道，許南英在許秋河的鼓勵之下做了出仕的決定：「何處桃源遂隱淪？風塵復現宰官身。此生久已如旋磨，未死何堪更轉輪。」〔註521〕一旦決定仕宦，許南英就決心盡到職責，本著「州縣宰親近人民，群眾利害容我乘除」〔註522〕的仁愛襟懷，爲民除害，爲民造福：

> 爲貧爲祿仕，聽䕮五羊城。努力還自愛，勿墮我家聲。〔註523〕

許南英回國之後，到吏部投供改官分發廣東，先後擔任徐聞、陽春、陽江、三水、龍溪等縣的縣令；他在赴徐聞縣令任的前夕時，思考著如何治理縣事：

> 我今綰墨綬，遠在徐聞地。海濱民未馴，自昔稱難治；而以襪線
> 才，美錦使一試。恐遺桑梓羞，亦抱衾影愧。我思古君子，愛人

〔註517〕許南英：〈偶成〉，《窺園留草》，頁42。
〔註518〕許南英：〈閒居〉，《窺園留草》，頁142。
〔註519〕許南英：〈賀林菽臧侍郎暨德配龔夫人四十初度逢閏重慶〉，《窺園留草》，頁145。
〔註520〕許南英：《窺園留草》，頁1。
〔註521〕許南英：《窺園留草》，頁47。
〔註522〕許贊堃：〈窺園先生詩傳〉，收在《窺園留草》，頁243。
〔註523〕許南英：〈和秋河送行原韻〉，《窺園留草》，頁43。

以禮義；……何以端士習？何以開民智？我當盡我心，瘠苦不敢避。〔註524〕

他在陽春縣令任期只有六個月，被轉調到陽江縣的派令下來時，他反躬自省這六個月裡在陽春縣的作為，充滿自責自惕的求諸己心情：

權陽春篆僅六月耳，忽奉檄調署陽江。自愧任事未久，興學、教民、清鄉、治盜多留缺點；清夜自思，百端交集。偶成六章，用誌吾過。〔註525〕

他在陽江縣令任內，目睹百姓深受盜禍之害，雖然「儒官自恨難荷戈，其奈猖獗如賊何」，但是「為民請命吾之責」，因此，他與遊擊柯壬貴會剿整治縣內土匪；匪盜問題解決之後，他為縣民能夠「從今安業事春耕，已無強梁窺戶牖」而歡喜，又因為「窮民失業俱從賊，漠陽一江多荊棘」的問題，他提醒自己在處治從匪的民眾時，要能「謹懍自防流酷吏，哀矜太惜此頑民」，〔註526〕這些都是他愛民如己的心情。

3、末世棄民

臺灣民主國抗日失敗，許南英在內渡之前寫下〈和王泳翔留別臺南諸友原韻〉一詩，表達家山變色、即將流離奔亡的苦楚：

竹枝唱罷淚如絲，庶務紛更異昔時。

一樣災黎遭小劫，幽冤誰訴與天知？〔註527〕

自此以後，「我本林泉癖，無意謁帝京」的許南英被迫走上宦途，也因此，許南英「身世浮萍似，家山刦火餘」、「漂搖無定處，違計身外名」，〔註528〕他在〈秋思〉詩中說：

出門惘惘有誰親？到處溪山是主人。

詩思復因秋後起，世情還覺夢中真。

晨星夜月傷行色，北馬南船歷瘦身。

我似散仙遭小劫，罡風再謫墜凡塵。〔註529〕

〔註524〕許南英：〈邱仙根工部付書王伯嵩索畫梅，適余將之任徐聞，倚裝作畫應之，並題此詩〉，《窺園留草》，頁57。

〔註525〕許南英：〈留別陽春紳士〉，《窺園留草》，頁68。

〔註526〕許南英：〈與柯參戎月波會剿石梯、珠環土匪紀事六十韻〉，《窺園留草》，頁70。

〔註527〕許南英：《窺園留草》，頁33。

〔註528〕許南英：〈歲除日得家書〉、〈和秋河送行原韻〉，《窺園留草》，頁42、頁44。

〔註529〕許南英：《窺園留草》，頁46。

也在〈和易實甫觀察原韻〉詩中說：

> 愁腸醉酒未能醇，眼底荊榛氣不春；
>
> 舊地釣遊誰是主？新亭慟哭爾何人？
>
> 重城赤嵌家何在？小刼紅羊跡已陳！
>
> 四萬萬人黃種裡，頭銜特別署遺民。〔註530〕 ．

　　被放逐者在流亡生涯中所遭遇的一切悽涼悲苦，只有親身經歷的當事者才知道其中的冷暖，其中最苦的，是思念家鄉之情；每當許南英思及家鄉臺灣，他就感到憾恨無盡：

> 涼秋又是月初三，往事回思祇自慙！
>
> 漢代衣冠遺族恨，順昌旗幟老生談！
>
> 血枯魂化傷春鳥，繭破絲纏未死蠶。
>
> 今日飄零遊絕國，海天東望哭臺南！〔註531〕
>
> 豈獨他鄉我不歸，明月烏鵲亦南飛。
>
> 渡河宿將成功少，闤巷新粧凤願違！
>
> 宗祖江山鯤鹿走，隸奴性質馬牛肥！
>
> 行吟澤畔殊無奈，且著靈均敗色衣。〔註532〕

　　內渡後，許南英欲歸祖籍未能如願，「罡風送客到三陽，揭邑於吾是故鄉」、「欲尋呂祖邯鄲道，竟入裴公綠野堂」，〔註533〕更增添許南英的失落感，不知何去何從。他曾動念出家，「皈依佛海證如來，搗碎人生盡化埃」，〔註534〕但因人生責任未了而作罷：

> 破盡家山膹此身，蒼天厄我作勞人。
>
> 幾莖髮甚千斤重，尚有風塵未了因。〔註535〕

　　致於窮厄困窘的生活，在自我砥礪之下，許南英倒也能安然自適：

> 厚祿故人都謝絕，甘窮餓，採薇食蕨；泌水衡門，杜門謝客，畏見
>
> 英雄鐵血。　　同學少年多不賤，經亂離，死生契闊；自咬菜根，

〔註530〕許南英：《窺園留草》，頁77。

〔註531〕許南英：〈丙申九月初三日有感〉，《窺園留草》，頁37。

〔註532〕許南英：〈秋懷八首和邱仙根工部原韻〉，《窺園留草》，頁86。

〔註533〕許南英：〈乙未秋日遊丁家絜園〉，《窺園留草》，頁34。

〔註534〕許南英：〈四疊前韻〉，《窺園留草》，頁152。

〔註535〕許南英：〈臺局之變，臺北郭茂才會川仗義與抗，所謀不遂，聞其來鷺江虎溪巖祝髮僧矣；感而作此〉，《窺園留草》，頁36。

晚菘秋來，應有高人羨殺！〔註536〕

南船北馬走風塵，賸此沙場未死身；勁草疾風知氣節，寒花晴雪見精神。干戈滿地無邊將，波浪兼天有故人。遙憶延平祠宇下，古梅搖落不勝春。〔註537〕

許南英在〈吏部投供以兵曹改知縣，歸途車中口占〉詩中，說自己如同旋磨不得停的轉輪，不僅歸隱山林的願望無法遂意，又得違背心志走上仕途之路，但這一切都是為了照顧家人生活，為了人倫責任的完成：

何處桃源遂隱淪？風塵復現宰官身。

此生久已如旋磨，未死何堪更轉輪！

半世駒光愁到老，一巢燕子苦依人！

勞勞自分無閒福，少得餘閒病又親！〔註538〕

一直到了民國五年，許南英由於家庭經濟的需要，遠渡重洋去到棉蘭任職，最後又病死在該地。若非家山淪陷被迫成為被放逐的遺民，若非末世棄民生活的困難，許南英應是不必遭逢這一切的。不過，許南英自有其化解困厄之道，在〈落葉〉這一闋詞裡，許南英表現出其曠達超脫的瀟灑精神，也讓我們明白他是如何走過他屯蹇躓礙的後半生：

餘生如此樹，值深秋，蕭瑟落江潭；似杜陵老去，支離南北、漂泊東南。前度婆娑生意，對此復何堪？遠眺秋江淨，露出精藍。　招呼兒童淨掃，與樵青竹裡，烹茗清談。問歸根何處？此理正邅疐。是天時，冬藏秋斂；向招隄，問訊老瞿曇。齊解脫，與墜車醉者理相參！〔註539〕

（二）認同學習的對象

1、學習前賢

（1）蘇　軾

光緒二十六年，許南英登臨番禺小金山的妙高臺，想到蘇軾也曾登臨此高臺並寫有〈金山妙高臺〉一詩，許南英慨然「獨訪先先勝跡來」，見到「白

〔註536〕許南英：〈幽居〉，《窺園留草》，頁209。

〔註537〕許南英：〈己亥春日感興〉，《窺園留草》，頁52。

〔註538〕許南英：《窺園留草》，頁47。

〔註539〕許南英：〈落葉〉，《窺園留草》，頁217。

雲流水繞高臺」，〔註540〕悠悠之情頓生，心中自是追懷無盡。

許南英在〈題蘇文忠遺像〉詩前序文云：

> 余以壬寅出宰徐陽，官廨湫溢，別賃東偏道觀爲兒輩讀書舍，以石
> 搨蘇文忠遺像懸於齋中；徐展雲先生集公句爲聯輔之，用伸感慨。
> 景仰前徽，無限吾道其窮之意焉！簿書之暇，集公句，得詩三首，
> 敬題公像。昔孔毅父以集句見贈，公次韻答之，有「問君久假何時
> 歸」之句。余假公句即以還公，亦自信取不傷廉也。〔註541〕

他對蘇東坡的深刻認識以及虔心仰慕之情，在此表露無遺。「崎嶇世味嘗
應遍，鶴骨龍姿尙宛然」、「芒鞋竹杖自輕軟，春在先生杖履中」〔註542〕，是
他對蘇軾的稱頌，也是對自己的勉勵。

（2）文天祥

許南英曾到廣東海豐五坡嶺遊覽，兩度瞻拜文信國公祠堂裡的文天祥遺
像，「五坡氣象留磅礴，片石鬚眉自老蒼」，〔註543〕是許南英記述眼前所見的
方飯亭，他感受到這裡充滿著文天祥的凜然正氣。許南英在沈思緬懷之後，
寫下〈再登方飯亭拜文山先生遺像〉，表達他對文天祥的欽佩：

> 哲人日已遠，凜烈此丹青！古道留顏色，窮時見典型。
> 死生蒙霧露，道義塞蒼冥。浩氣浮雲白，風檐一小亭。〔註544〕

（3）臺灣先賢

許南英〈閑散石虎墓〉述及明朝時期來到臺灣的諸位先賢：「臺灣自鼎革
而還，鄭氏開荒爲初祖。其實亦有濟時賢，文武衣冠難僕數。」〔註545〕而無
論是「一鼓荷蘭戰而克，寓兵於農教稼穡」開發建設臺灣的鄭成功，或是留
下遺民傲岸風骨的王忠孝、盧若騰，還是推動文學教化的沈光文、俞荔等人，
只要是對臺灣的經營有所貢獻的人，都是許南英認同欽仰的前賢。至於跟從
寧靖王「雉經完晚節」的五妃，許南英褒揚其忠貞高潔的精神，爲後人留下
典範。另外，許南英特地爲避亂臺灣的明末進士李茂春、以及未在臺灣志乘

〔註540〕許南英：〈玅高臺〉，《窺園留草》，頁 53。
〔註541〕許南英：《窺園留草》，頁 58。
〔註542〕許南英：《窺園留草》，頁 58。
〔註543〕許南英：〈遊海豐五坡嶺文信國公祠堂，拜瞻方飯亭文山先生像〉，《窺園留
　　　　草》，頁 56。
〔註544〕許南英：《窺園留草》，頁 56。
〔註545〕許南英：《窺園留草》，頁 14。

留名的「石虎」寫詩爲傳，其中他特別標舉出「閑散」的精神：「墓中虎骨化灰塵，頭銜獨以『閑散』取。」〔註546〕由此可以看出許南英在書院教育養成的儒家文化襟懷之外，另有「閑散」退隱的個性。〔註547〕

2、效法自然

（1）梅　花

許贊堃〈窺園先生詩傳〉說：「先生生平以梅自況，酷愛梅花，且能爲它寫照。」〔註548〕能夠耐歲寒的梅花在許南英的心目中是：

> 花魁曾獨占，冷癖本天生。萬卉春皆共，乾坤氣獨清。〔註549〕

梅花「清高不受塵」、梅花「古幹虬枝能屈鐵」、梅花「橫斜古榦無妨傲」，〔註550〕許南英最欣賞的是梅花的清、孤、傲的精神。他以梅花自喻，「我寫梅花花寫我，可知俱是冷中人」〔註551〕，所以，清、孤、傲也是他理想的人格之基調。日本侵略占領了臺灣後，那高潔清雅、傲骨嶙峋的梅花在許南英的詩作中也就成了遺民的形象，也是他自身形象的象徵：「獨有梅花偏耐冷，枯根不受帝王仁」、〔註552〕「共受鋤根苦，憐誰傲骨枯」、「太息蟠根地，終應變道途」，〔註553〕他既憐惜梅花，也警惕自己自要在放逐絕望中轉化超脫。

（2）猗　蘭

光緒三十二年年春日，許南英見兒童握蘭花十數箭，詰其所來，蓋一箭五錢買來的。許南英傷猗蘭其品貴而賤價，更痛「世有貴品而賤售如蘭者」，因而作〈猗蘭歎〉。許南英在陽江縣令任上建樹頗多，卻爲解決盜患籌款徵收木捐而導致木商抗爭；後來又發生陽江習藝所罪犯越獄事件，許南英因此被

〔註546〕許南英：〈閑散石虎墓〉，《窺園留草》，頁14。

〔註547〕許南英在敍寫自己中進士後辭官回里生涯的〈窺園漫興〉詩中，亦用到「閑散」二字：「笑爾樞曹閒散吏，不當官去愧無才。」《窺園留草》，頁27。

〔註548〕收入許南英：《窺園留草》，頁246。

〔註549〕許南英：〈讀宋人張澤民梅花詩，戲次其韻〉，《窺園留草》，頁141。

〔註550〕許南英：〈畫梅，題贈季軒貳尹〉、〈陳子承司馬囑梅花圖，爲其母鄭太宜人寫照〉、〈詠梅八首，憶梅〉，《窺園留草》，頁75、頁45、頁183。

〔註551〕許南英：〈爲張介安同年畫梅〉，《窺園留草》，頁76。

〔註552〕許南英：〈弔梅〉，《窺園留草》，頁166。詩序云：「延平郡王祠舊有古梅一樹，今茲來遊，枯萎死矣。樹猶如此，人何以堪！意鐵幹冰枝，亦不忍受新朝雨露乎？悵然有感。」

〔註553〕許南英：〈窺園梅花二株被日人移植四春園，聞亦枯悴而死；以詩弔之〉，《窺園留草》，頁10。

撤職留緝。這些挫折打擊很令許南英失意,因而自號「春江冷宦」;雖然三個月內將逃脫的罪犯捕回過半,並且捐復翎頂,但受謗遭譏的不遇之痛卻令許南英深有感慨:

> 猗蘭歎!惆悵春江畔,凡草貴,蘭花賤!何物賣花奴,百錢二十箭!吁嗟乎國香!爾何不在黃金屋、白玉堂!豪華珠履三千客,綺旎金釵十二行;芍藥牡丹同供養,追陪花相與花王。不然幽居在空谷,朝榮夕萎同草木;絕壁懸崖不可尋,望風懷想君幽獨!峻品如斯高位置,或出或處得其義。天涯何處無知音,何必風塵貶價值?胡爲乎?滋培涵養冬復春,花時不遇素心人;含香飲恨香魂泣,竟屈英雄在俗塵!譬之志士有懷抱,世無明王傷潦倒;抱關擊柝隱下僚,薄俸微官殊草草!譬如美人自媚嫵,紅顏薄命身無主;春風桃李感韶華,百金嫁與大腹賈!蘭兮我爲抱不平,以筆代口嗟歎不成聲!

許南英爲猗蘭歎,其實他更爲己身遭遇而歎,蘭即己,己即蘭,「蘭其知我我知蘭,各抱芳心勿摧折」。〔註554〕

(3)新　松

許南英在〈園中新松〉詩中頌讚新松、期待新松:

> 秋來金氣肅,冬至霜雪屬;翳彼蒙茸草,轉瞬蜉蝣斃。
> 孤松自矯矯,後彫歷寒歲。始看捧日心,漸拓凌雲勢;
> 任爾施蔦蘿,豈憂纏薜荔!終古垂清陰,重重蔭一切。

許南英期許自己也能如矯矯新松一樣,雖然「及身無五尺,乃爲亂草蔽」,但不畏打擊、考驗的新松,在歷鍊歲寒之後,「共見草敷榮,誰識松淹滯」,〔註556〕長成頂天立地的巨樹,不僅成就了自己,亦護翼著大地,許南英「以爲人生無論做大小事,當要有建樹,才對得起社會」〔註557〕的想法,正是詩中新松的精神!

(4)菊　花

「風骨寒逾瘦,霜花傲亦圓」〔註558〕的菊花,對許南英來說,象徵「澹

〔註554〕許南英:《窺園留草》,頁73。
〔註556〕許南英:《窺園留草》,頁60。
〔註557〕許贊堃:〈窺園先生詩傳〉,收入《窺園留草》,頁241。
〔註558〕許南英:〈菊花〉,《窺園留草》,頁50。

泊」、「傲骨」、「孤芳」、「耐霜」、「晚節」等美德，所以常是他藉以自勵自勉的對象，換句話說，許南英對自己的形象認知蘊涵有菊花的鮮明影子。〈寒夜起坐〉：「蕭條瘦菊英，尚耐西風冷；豈我不如花，未堪當此境？」〔註559〕〈品菊〉：「秋色漫相爭，霜花種種呈；如人甘澹泊，等我費詳評。傲骨誰堪瘦？孤芳孰最清？何當邀賞識，老圃冠群英。」〔註560〕

（三）他者之眼

施士洁在〈許允伯六豔開九雙壽〉一文中，極力讚揚許南英的宦蹟，在此僅引徐聞令任內事功一例為證：

> 滄桑瞥眼，竿木隨身，既去兵曹，旋為民宰。邑有徐聞者，東粵所稱邊瘠者也。侯以鍾晧、林廬之長，為尹鐸、晉陽之障。莅政伊始，視民如傷，朱元晦倉乃常平，劉善明田能贖命。徐人曰：「衣衣我，食食我，風風人，雨雨人！」偏災以寧，頌聲斯作。邑鄰廣州灣，法人於此為誘華工之計。侯曰：「馮夏威既拒夷約，孫銘仲復崇人道，矧予在官，而敢不勉？」徐人迄今頌父母焉。徐之樹葬，為他邑所無。侯效朱昂捊觜之仁，成何庾砭俗之治，令行禁止，徐人化之。〔註561〕

在此段文字中，許南英仁民愛民的賢良宰官形象明白可見，而這正是許南英嚴以自律而得的結果。《臺灣日日新報》亦有一則報導可以證明當時人稱許南英為賢宰官：

> 臺南許南英君，前清時代，曾出仕粵東，政聲頗著。自清帝讓位後，許君遂致仕家居。近者閩政府慕其名，強聘其出山；許君情不能卻，及復渡閩海，現已由孫都督檄委為漳州府知事。許君經於去廿五日，抵漳接篆。此後重展鴻猷，為民造福，於許氏有厚望焉。〔註562〕

汪春源〈窺園留草序〉則點出許南英的澹泊個性：

> 赤嵌城南故居有地數弓，雜花木，署曰「窺園」，日與朋儕觴詠；間或寫梅弄翰以自娛，君蓋澹於仕進者。〔註563〕

林景仁〈窺園留草序〉文中談到許南英的個性，並慨嘆許南英一生坎坷淪蹟：

〔註559〕許南英：《窺園留草》，頁 12。
〔註560〕許南英：《窺園留草》，頁 26。
〔註561〕施士洁：《後蘇龕合集》，頁 417。
〔註562〕《臺灣日日新報》，大正 2 年 4 月 5 日。
〔註563〕收入許南英：《窺園留草》，頁 3。

獨許先生蘊白者，幼而奇窮，仕而屯邅，死且葬異域。吁！天之所
以待詩人者，抑何若斯之酷邪！……先生椎輪大雅，丹艧元氣；嬋
娟不在貌，孰睇君如美人？傲睨不受憐，知何物為名士。〔註564〕

許南英真心與人交往，丘煒菱《五百石洞天揮塵》就說許南英：

近有書來，屢詢無恙，亦一多情君子也。〔註565〕

另外，謝汝銓〈進士許南英夫子〉一詩，是對許南英的一生做整體的概述：

科名春榜得經魁，不入詞林負藻才。浩劫心傷家國事，劉琨末路賦
詩哀。〔註566〕

三、丘逢甲

（一）心志的抒寫

1、壯志未酬

丘逢甲十四歲參加童子試時，在〈窮經致用‧調寄西江〉一詞中寫道：

興起八叉手健，吟成七步才雄。更兼史滿懷中，只覺大才適用。

欲布知時甘雨，願乘破浪長風。他年位若至三公，定有甘棠雅頌。

可見丘逢甲年幼時即立志遠大，並想在政治上有所作為；不過，他在二
十五歲中進士之後即告假回鄉，在臺灣從事教育工作，擔任書院山長；其子
丘琮〈倉海先生丘公逢甲年譜〉說丘逢甲這一抉擇是因為「公無意仕途」，
〔註567〕但是縱看丘逢甲的一生，仕與不仕這其間的矛盾一直存在，我們從
他的許多創作中都可以看到其中的矛盾掙扎。〔註568〕丘逢甲〈紀夢詩〉詩
序云：

十二月初二夕，夢一道士贈圖三幀。第一圖道衣冠上題云：風塵澒

〔註564〕收入許南英：《窺園留草》，頁7。
〔註565〕收入《續修四庫全書》集部第1708冊（上海：古籍出版社），頁175。
〔註566〕謝汝銓：《雪漁詩集》（臺北：龍文出版社，1992年6月），頁39。
〔註567〕收入丘逢甲：《嶺雲海日樓詩鈔》，頁394。
〔註568〕余美玲：〈新亭空灑淚，詩中聞懺聲〉文中，也提到丘逢甲這一內在自我的期
許與外在實際的形象衝突分裂的矛盾態度：「畢竟作為傳統儒家知識分子的性
格，丘逢甲大抵仍不脫治國平天下的抱負與理想，他關注於現實，執著於人
間，更何況丘逢甲是不得已而辭官告歸，因此他的詩歌在透露懷才不遇的同
時，更多是為蒼生刻碑的渴念與建立功業的焦慮。」收入東海大學中國文學
系主編：《日治時期臺灣傳統文學論文集》（臺北：文津出版社，2003年2月），
頁76、頁81。

洞欲何之？西岳仙雲出獨遲。他日經繪誰不識？最難知是在山時。
夢中欲易其落句，道士曰：已定，毋易。閱第二圖，甲而仗劍將軍
也。三圖冠服雍容如朝士，上均無題識，覺而不知所謂。姑為二詩
以紀之，此則真所謂痴人說夢矣。〔註569〕

〈題東山楊子仙廟〉序中又云：

仙在明中葉曾晦迹鎮平東山予族祖曰明家為牧者，靈迹迭著，出語
玄遠。……惟「蟾蜍滿地走，蝴蝶滿天飛，此地當出大魁」語，至
今未驗，且不知所云。

其詩之三則云：「鰲頭龍首總浮名，何事神仙也世情。蝴蝶滿天蟾滿地，
莫將隱語賺書生。」〔註570〕

丘逢甲詳紀這些夢中言、神仙語，而且相信這些許諾會實現；在這當中
所顯示的是丘逢甲期許自己有大展鴻圖、闢地封侯的一天，所以，他對自己
形象的認知一是「甲而仗劍將軍」，一是「冠服雍容如朝士」。內渡之初，他
懷著雄心壯志，欲為世用，所以，他告訴弟弟丘時甫說：「自笑獸痴老難賣，
橫戈還想立奇功。」又在詩作中說：「戎馬書生豪氣在，三臺高處望中原」、
「平生儒冠久自厭，長劍橫腰衣短後。不妨圖我做老兵，天下于今武方右」。
〔註571〕他又在〈題帶經而鋤圖〉詩中云：

生不願作讀書萬卷髯東坡，富貴竟付春夢婆；黃州鋤麥不得飽，儋
州借笠空行歌。亦不願作白木長鑱杜陵叟，饑驅繭足荒山走；戴笠
吟詩太瘦生，許身稷契終何有？圖中者誰笠蓋頭，岸然道貌清且修。
帶經而鋤偶然耳，寧必便與古人古事爭千秋？笠圓象天鋤治地，手
中之書道人事。大布單衣不掩骭，獨立蒼茫豈無意？蕭蕭落木寒岩
冬，眼看雷雨回春容。躬耕南陽誦梁父，莫道當今無臥龍。〔註572〕

丘逢甲很清楚地表明他「丈夫生當為八督州、取萬戶侯」〔註573〕的企圖

〔註569〕丘逢甲：《嶺雲海日樓詩鈔》，頁308。
〔註570〕丘逢甲：《嶺雲海日樓詩鈔》，頁2。
〔註571〕丘逢甲：〈除夕示五弟時甫三絕句〉、〈尋鎮山樓故址，因登城四眺，越日遂游
　　　　城北諸山〉、〈眉仙為作獨立圖，三年尚未成，作此速之〉，《嶺雲海日樓詩鈔》，
　　　　頁80、頁13、頁168。
〔註572〕丘逢甲：《嶺雲海日樓詩鈔》，頁73。
〔註573〕丘逢甲：〈長句贈許仙屏中丞並乞書心太平草廬額，時將歸潮州〉，《嶺雲海日
　　　　樓詩鈔》，頁34。他在〈東山酒樓放歌〉亦表露相同的心志：「丈夫生當為祖
　　　　豫州，渡江警報祖國讐，中原不使群胡留。不然當作李鄴侯，翩然衣白與帝

心，他不願像杜甫、蘇軾只有成就文學表現，目前不遇的耕讀生活是暫時的，他心中期望著那天遇到伯樂受其重用，他就可以像諸葛亮一樣發揮政治軍事長才，完成豐功偉業。只是他一直沒有機會再展長才，深爲「淪落閒身五嶺東，一片雄心無著處」、「消耗壯心無處著，十年閒作嶺南游」〔註574〕自苦，並因此而扼腕慨嘆不斷，他有詩云：

　　熱血填胸鬱不涼，騎驪披髮走南荒。

　　未酬戎馬書生志，依舊吾廬榜自強。

　　何事悲天只自悲，寒齋倚枕苦尋思。

　　書生悵作封侯夢，愁煞黃粱飯熟時。〔註575〕

他又在〈東山謁韓祠畢，得子華長句，次韻寄答〉寫道：

　　書生今日良可哀，有策難上黃金臺。

　　燕趙曾聞古多士，悲歌慷慨安在哉？

　　空談橫磨十萬劍，言者自憤旁人咍。

　　漢家不出衛霍才，西極天馬何時來！〔註576〕

這都是他「留此七尺軀，馬革不得裹」的「沈鬱雄心」無得發揮，「何日掃塵迎警蹕，當時入轂枉英雄。萬言策在嗟無用，冷對山堂燭淚紅」〔註577〕的鬱抑慨歎啊！

2、義軍故帥

雖然乙未抗日行動失敗令丘逢甲有無限憾恨：「隻手迴天日，都成志未申」、「夢裡陳書仍痛哭，縱橫殘淚枕痕深」，〔註578〕但他內渡後依然抱持恢復重整鄉土的念頭：「全輸非定局，已溺有燃灰。棄地原非策，呼天儻見哀。十年如未死，捲土定重來。」、〔註579〕「鳳凰臺上望鄉關，地老天荒故將閒。自寫鄂王詞在壁，從頭整頓舊山河。」〔註580〕即使內渡十多年了臺灣仍未收復，

　　游，天家骨肉畀無尤。胡爲祗學謫仙醉，到處吟詩題酒樓。」頁111。

〔註574〕丘逢甲：〈尋鎮山樓故址，因登城四眺〉、〈五疊前韻〉，《嶺雲海日樓詩鈔》，頁12、頁202。

〔註575〕丘逢甲：〈憶舊述今，次曉滄見贈原韻〉、〈書事疊前韻〉，《嶺雲海日樓詩鈔》，頁67。

〔註576〕丘逢甲：《嶺雲海日樓詩鈔》，頁167。

〔註577〕丘逢甲：〈古詩〉、〈三月初八日〉，《嶺雲海日樓詩鈔》，頁32、頁166。

〔註578〕丘逢甲：〈陳孝廉見訪山中賦贈〉、〈愁雲〉，《嶺雲海日樓詩鈔》，頁20、頁21。

〔註579〕丘逢甲：〈送頌臣之臺灣〉，《嶺雲海日樓詩鈔》，頁24。

〔註580〕丘逢甲：〈有感書贈義軍舊書記〉，《嶺雲海日樓詩鈔》，頁128。

但是丘逢甲從未忘記這一心願：

> 年年鄉夢阻歸鞍，恨不隨風化羽翰。
>
> 捲土重來心未已，移山自信事非難。
>
> 雨餘璚瑁潮初落，月下珊瑚島漸寬。
>
> 地老天荒留此誓，義旗東指戰雲寒。〔註581〕

因爲復臺心志的堅決，丘逢甲對於自己擔任義軍統領一事在內渡多年之後仍念念不忘，並且一再提及，〈沈艾孫爲刻印石章三，賦此爲謝〉：「留與後賢珍印譜，便應傳是漢將軍（印文曰義軍舊帥）。」〔註582〕〈伯惠以其先人禹勤刺史柳陰洗馬圖索題，爲賦四絕〉：「汗馬無功桑海變，題詩人是故將軍。」〔註583〕〈題松甫弟遺像〉：「題圖者誰？爲乃兄義師故帥虞曹郎。」〔註584〕

他也多次表示擔心自己長時離群閒居嶺南，時移運轉，到時候「長笛且吹新道調，短衣誰識故將軍」、「中原有客正悲歌，事去曾揮指日戈。誰解聞簫思將帥，誓將傾簀障江河。」〔註585〕苦無機會再爲世用的丘逢甲，曾向故交謝道隆訴說內心的焦慮：「同州況復是同文，大息鴻溝地竟分。尺籍已成新國土，短衣誰憶故將軍？」也曾向好友王曉滄表達這份心情：

> 漫說曾驅十萬師，河湟收復竟無期。
>
> 秋風老驥思千里，故國鷦鷯困一枝。
>
> 醇酒悲涼公子淚，麻鞋奔走小臣詩。
>
> 勞君尚記虯髯傳，心冷全輸此局棋。〔註586〕

光緒三十四年，邱逢甲〈題凌孟徵天空海闊詩鈔並答所問臺灣事〉詩中和友人談及乙未抗日未成的遺憾：「滿目刼塵無法說，青天碧海哭詩人」、「自有千秋詩史在，任人成敗論英雄」，〔註587〕所以「無法說」、所以「任人論」，恐怕是丘逢甲終生都無法解脫的遺憾吧！

3、棄民之悲

抗日行動失敗，丘逢甲被迫離鄉內渡，〈天涯〉一詩中敘述了當時生離死

〔註581〕丘逢甲：〈再疊前韻〉，《嶺雲海日樓詩鈔》，頁199。

〔註582〕丘逢甲：《嶺雲海日樓詩鈔》，頁125。

〔註583〕丘逢甲：《嶺雲海日樓詩鈔》，頁305。

〔註584〕丘逢甲：《嶺雲海日樓詩鈔》，頁213。

〔註585〕丘逢甲：〈秋懷〉、〈寄家菽園孝廉新架坡〉，《嶺雲海日樓詩鈔》，頁37、頁41。

〔註586〕丘逢甲：〈得頌臣臺灣書卻寄〉、〈次韻答王曉滄廣文〉，《嶺雲海日樓詩鈔》，頁314、頁64。

〔註587〕丘逢甲：《嶺雲海日樓詩鈔》，頁465。

別的悲痛：「天涯雁斷少書還，夢入虛無縹渺間。兵火餘生心易碎，愁人未老鬢先斑。沒蕃親故淪滄海，歸漢郎官邈故山。已分生離同死別，不堪揮涕說臺灣。」〔註588〕〈菊枕詩〉又云：「夷氛海上來，倚枕聞驚蟄。是時菊正花，黃金甲紛披。秋風一場戰，應保危臺危。朱崖地遽棄，百計不得施。餘生脫虎口，寤寐空相思？昔為稱意花，今作斷腸枝。」〔註589〕從此之後，家鄉成為夢中之境，往事也只能在夢中重溫：

> 往事何堪說，征衫血淚斑。龍歸天外雨，鱉沒海中山。
> 銀燭麈詩罷，牙旂校獵還。不知成異域，夜夜夢臺灣。〔註590〕

無奈成為棄民，其中之顛沛流離漂泊不定、千轉百折的憂思愁緒，丘逢甲在〈鮀浦喜晤蕭伯瑤夜話〉詩中有所描寫：「天涯等是淪落人，筆花黯淡愁不春。不堪更訴蟲沙劫，九州舉目皆鯤身。長劍倚天悲未遇，流布人間贋詩句。乾顛坤搖臥不穩，睡龍夜瞰風雲氣。」〔註591〕

宣統元年，丘逢甲定居澹定邨已十三年，當初以為賦閑山居只是暫時，並自許「相期保晚節，古誼吾何讓？審須作警枕，重擁將軍帳」、「戎馬書生豪氣在，三臺高處望中原」。〔註592〕誰知十三年已過，丘逢甲自覺時不我予，而且年華已老大，卻仍無機會，「三年不飛亦已矣，豈有一舉天能沖」，他無奈地說：

> 獨居深念此何世，此仍據亂非大同。兀然遠慕太平世，高歌金石深山中。山中古瀑飛潺湲，白雲滿徑無人蹤。冥心自鑄太平象，人間半夜聞清鐘。儒書自昔用者寡，況今閉塞方嚴冬。……太平有待吾且老，豈有丹鼎能還童？眼中雞鶩各爭長，臥看一鶴蒼霄沖。廟堂紛紛有人在，山林養志猶吾容。臥龍一出太多事，惜不終老從龐公。〔註593〕

未能為世用，他有終老於盧山澹定邨的想法，他在以攝影法成澹定邨心太平草盧圖之後說：「偶圖山居志吾幸已脫劫外。」並表示：「此間山水清雄良足寄懷抱，且收倚天長劍韜神鋒。太平民或容作，教取子孫識字為耕農。」

〔註588〕丘逢甲：《嶺雲海日樓詩鈔》，頁 11。
〔註589〕丘逢甲：《嶺雲海日樓詩鈔》，頁 10。
〔註590〕丘逢甲：〈往事〉，《嶺雲海日樓詩鈔》，頁 28。
〔註591〕丘逢甲：《嶺雲海日樓詩鈔》，頁 92。
〔註592〕丘逢甲：〈菊枕詩〉、〈尋鎮山樓故址，因登城四眺，越日遂游城北諸山〉，《嶺雲海日樓詩鈔》，頁 293、頁 13。
〔註593〕丘逢甲：〈疊韻再題心太平草盧圖，並答溫丹銘〉，《嶺雲海日樓詩鈔》，頁 245。

〔註 594〕

（二）認同學習的對象

1、學習前賢

（1）諸葛亮

丘逢甲內渡之初閒居山村，詩中常見諸葛亮耕居南陽待勢而發的意象，這是他用以勉勵自己的：

乾坤蒼莽正風塵，力挽狂瀾仗要人。

豈有桃源堪避世，不妨蔬水且安貧。

天閽遼阻愁呵壁，時局艱危痛唇薪。

祇恐南陽難穩臥，中原戎馬待綸巾。〔註 595〕

澹定邨築成，夏季平書「馬來西極、龍臥南陽」二語為楹帖以贈，將當時山居的丘逢甲比喻為諸葛亮。丘逢甲自己也有詩作，云：「下筆眞成千丈強，更將龍臥許南陽。何當窺井重炎火，天馬西來漢道昌。」〔註 596〕還有光緒二十四年〈題帶經而鋤圖〉詩中：「躬耕南陽誦梁父，莫道當今無臥龍。」丘逢甲創作中諸葛亮的意象是他在未得時機展長才不得不暫居鄉野時自我惕勵、自我期許的學習典範象徵。

（2）韓　愈

光緒二十二年，丘逢甲拜謁潮州韓文公祠，他認為韓愈因諫迎佛骨被貶放到潮州，卻是嶺南人民的福氣，因為韓愈開創潮州的文教事業，「教雖僅期月，潮人到今思」，〔註 597〕韓愈對嶺南地區的影響厥功甚偉。丘逢甲又有〈韓祠歌同夏季平作〉一詩，也是力讚韓愈對嶺南之地的教化、造福之功，以及南粵百姓對韓愈的追念感激：

泰山北斗公文章，安知天使文蠻疆？

昇易椎結爲冠裳，止八閱月教澤長。

風雷驅鱷宵奔亡，禱雨大湖歲乃穰。

雨至相度溪山旁，乃移新邑居中央。

〔註 594〕丘逢甲：〈以攝影法成澹定邨心太平草廬圖，張六士爲題長句，次其韻〉，《嶺雲海日樓詩鈔》，頁 243。

〔註 595〕丘逢甲：〈村居書感，次崧甫韻〉，《嶺雲海日樓詩鈔》，頁 16。

〔註 596〕丘逢甲：〈季平爲書「澹定邨」三大字，並書贈「馬來西極，龍臥南陽」二語爲楹帖賦謝〉，《嶺雲海日樓詩鈔》，頁 98。

〔註 597〕丘逢甲：〈說潮〉，《嶺雲海日樓詩鈔》，頁 53。

先立學校登秀良，餘事更爲游山忙。

去乃留衣老僧堂。公德在民民不忘，

千年雄邑成金湯。祠公東山慰民望，　〔註598〕

　　丘逢甲並且表明願意效法韓愈精神：「相與謁公神慨慷，誓繼公志迴瀾狂。」〔註599〕丘逢甲內渡後居於嶺南，當他鬱鬱潛伏、恨淚滿襟之際，他即以貶放到南粵的韓愈自我安慰也自我惕厲：「渡海來爲南粵人，五年傷別兼傷春。生似昌黎厄磨蝎，終日坎壈纏其身。」〔註600〕

　　在丘逢甲心中，韓愈和文天祥一樣可敬，也都是他嚮往企慕的對象，他在〈東山酒樓放歌〉詩中寫道：「自有此山數游者，昌黎文山皆吾儔。」〔註601〕又在〈東山松石歌和鄭生〉詩中，將韓愈與文天祥比喻爲東山之松之石，松以支大廈之傾、石將補西北之天傾，以呈現韓、文兩人的精神，而這正也是丘逢甲一生懷著壯志欲爲世用的心願：

古人不我待，誰文章而誰氣節。但見石非石兮松非松，乃古人肝膽之輪囷、冠紱之從容。願拜石作丈、松作公。我昔在韓山，有石曰雙旌。種松其間，冀成樑棟，支大廈之傾而惜其遲生。松靈石頑，誰使松化石？長此冥冥。匪石實頑，石能補西北之天傾。〔註602〕

（3）文天祥

　　丘逢甲在〈說潮〉詩中直接明言他對文天祥的敬佩與效法之心：

我懷文文山，夙昔夢寐通。攜我煙霄間，俯瞰青濛濛。

乾坤正傾側，玉簡寧爲功。夢覺謹志之，浩然思無窮。〔註603〕

　　光緒二十五年爲文天祥六百六十三年周年誕辰，丘逢甲與好友數人在東山大忠祠舉行祝壽活動，並說：「我來主此山，私淑懷愚衷。」〔註604〕事後，丘逢甲爲東山書院學生所成立的「壽忠社」撰寫〈東山壽忠社緣起〉一文，文中說：「爲聖賢之徒、忠義之士，其壽爲至永。」因爲：

惟聖賢之徒、忠義之士，力任斯道之重而不辭，躬拯天下之危而不

〔註598〕丘逢甲：《嶺雲海日樓詩鈔》，頁99。

〔註599〕丘逢甲：《嶺雲海日樓詩鈔》，頁99。

〔註600〕丘逢甲：〈游東岩疊韻答柳汀〉，《嶺雲海日樓詩鈔》，頁94。

〔註601〕丘逢甲：《嶺雲海日樓詩鈔》，頁111。

〔註602〕丘逢甲：《嶺雲海日樓詩鈔》，頁102。

〔註603〕丘逢甲：〈說潮〉，《嶺雲海日樓詩鈔》，頁55。

〔註604〕丘逢甲：〈己亥五月二日東山大忠祠祝文信國公生日〉，《嶺雲海日樓詩鈔》，頁109。

顧，當其有生之年，艱虞困辱，百折閱恤，而儕伍庸俗、酣豢富貴之人，或且非笑之、訾毀之，以為人生幾何，是亦徒自苦耳，然其道積久而彌光，其名易世而彌盛，千秋萬歲之後，其足迹所至，猶令人憑弔而興起，相與社而稷之、尸而祝之，則天有日月、地有山川之日，謂皆其壽日可也，雖日日壽之可也，不必定以生日稱壽也。而後世私淑之徒，方且不忘其生日而壽之，以記其景仰無已之思。〔註605〕

他對文天祥景仰無已之意，在此表露無遺。文天祥於國家存亡之際承擔起救國大任，知其不可而為，視死如歸，成仁取義，丘逢甲所欲表彰顯揚的正是此種精神：

宜振者人心，宜作者士氣。所願藉公靈，斯道或不墜。

壽酒躋公堂，敬表希賢意。此意良無窮，種樹為之記。〔註606〕

雖然文天祥「報國志未終」，但是丘逢甲認為文天祥就如「嶺梅最高品，著花冰雪中」。他也和同儔友朋相互砥礪，要學習文天祥「成仁取義」的精神，為國盡忠努力：「同堂祝公者，願公為之師。同持忠義心，以為治平基。運會值大同，一統兼華夷。」〔註607〕他也自我期許，日後能像文天祥一樣萬古流芳：「三字千秋澹定邨，大書留處萬靈尊。他年乞與和平里，同證名賢雪爪痕。」〔註608〕

（4）林一桂

丘逢甲寫有〈景忠祠弔故明孝廉林丹九先生一桂〉二首，其一云：

崖壁斑斑碧血痕，先生當日此成仁。

三閩四廣支離局，一息千秋草莽臣。

亂世科名娛老母，荒山鬃髮表完人。

扁舟欲訪悲歌處，冷月空潭瀉古春。〔註609〕

一線天是明朝林丹九殉節之地，丘逢甲在光緒二十一年重陽節遊鎮平城

〔註605〕收入丘晨波、黃志萍、李尚行等編：《丘逢甲文集》（廣東：花城出版社，1994年6月），頁229。

〔註606〕丘逢甲：〈己亥五月二日東山大忠祠祝文信國公生日〉，《嶺雲海日樓詩鈔》，頁109。

〔註607〕丘逢甲：《嶺雲海日樓詩鈔》，頁109。

〔註608〕丘逢甲：〈季平為書「澹定邨」三大字，並書贈「馬來西極、龍臥南陽」二語為楹帖賦謝〉，《嶺雲海日樓詩鈔》，頁98。

〔註609〕丘逢甲：《嶺雲海日樓詩鈔》，頁11。

西長潭八景時曾到此地憑弔，他在〈重九日遊長潭〉詩中說：「此行非攬勝，清節懷采薇。」可見，他是有所爲而來的。丘逢甲對林丹九爲國殉身的忠貞志節表示欽仰：「巖翠冷欲滴，泉飛破秋煙。中有碧血痕，終古長涓涓。」他設想林丹九在殉節之際對忠、孝兩難全的掙扎：「九州已無地，一線猶有天。鍊石思補之，天乎俄已顛。亦欲一葉舟，奉母終天年。」林丹九最後選擇殉國而達到忠孝兩全的完節，丘逢甲讚揚曰：「山靈鑒孤貞，寧須史官編。」卻又急急呼告：「吁嗟厄陽九，不死胡能賢？人生祇一死，死況忠孝全！」〔註610〕這句辯證的話，其實是他與自己心靈之間的探問與對答，也是他匆匆離開臺灣內渡之後一直無法化解的困境。丘逢甲〈嗟哉行〉詩中雖未提及林丹九，但是也是生死之際的抉擇問題的思考：

> 噫吁乎嗟哉！行百者半九十里，晚節末路之難乃如此。君不見扶風
> 大儒宮中才子當時果以投荒死，豈不賢名溢青史？左手撫圖右引
> 劍，人生變節須史耳。〔註611〕

死與不死，須臾之間而已，卻是人生大問題；這是懸在丘逢甲心中的一個問題。

2、效法自然

（1）菊　花

丘逢甲〈菊花詩四律〉之二：「平生恥作呈身事，坐愛黃花淡不濃。何忍投人羞晚節，不妨供佛借秋容。」〔註612〕詩中所呈現的恬淡無欲、貞保晚節的形象，是歷來詩人創作中的菊花本有的特徵。丘逢甲另有〈野菊〉、〈采菊歌〉二詩：

> 入眼驚看秋氣新，孤芳難挽出叢榛。
> 英華豈復關培植，爛熳依然見本眞。
> 淡極君心宜在野，生成傲骨不依人。
> 陶潛死後無知己，淪落天涯爲愴神。〔註613〕
> 世人貴蕙賤眞菊，棄置在野容堪傷。
> 蕭敷艾榮苦迫壓，誰復過問荒丘旁？

〔註610〕丘逢甲：《嶺雲海日樓詩鈔》，頁5。
〔註611〕丘逢甲：《嶺雲海日樓詩鈔》，頁68。
〔註612〕丘逢甲：《嶺雲海日樓詩鈔》，頁235。
〔註613〕丘逢甲：詩前引文出自詩前序文，《嶺雲海日樓詩鈔》，頁8。

秋霜殺物百卉死，若抱晚節天爲彰。

空山無人蔚深秀，正色獨得中央黃。

流傳偏種世競采，紫色奪正工時妝。

此花隱逸應鮮識，山中開並神芝光。

我生於時得秋氣，獨寡時好成清狂。

黃金照耀忽滿谷，采擷寧使英華藏。〔註614〕

〈采菊歌〉詩中那「空山無人蔚深秀，正色獨得中央黃。」的黃菊花，正是「我生於時得秋氣，獨寡時好成清狂」丘逢甲的自喻，菊花花影和詩人形影重映，菊花清高潔節的形象即是他心中自我形象之一。內渡後深感不遇的丘逢甲，感嘆菊花「開不後時而乃無賞者」，又「喜其獨秀而復傷其不遇」，正是他不遇於世的心聲表露，他引用齊東鄉諺「貴則爲寶、賤則爲草」，爲棄置在野復遭蕭艾迫壓的眞菊抱屈，而其實是他自己潛鬱在內心的怨尤與憤懣：「要之摧折世俗手，毋如老死荒山荒」。〔註615〕

（2）木　棉

別名英雄樹的紅木棉，幹高花偉，是「南天珍木瑰奇絕」，花開時的光燄奪目，任誰看了都留下深刻印象，丘逢甲即有詩〈東山木棉花盛開，坐對成詠〉讚曰：

觴花合啓紅雲宴，倚樹如揮赤羽兵。

我正山中斂文采，相看奇氣頓縱橫。〔註616〕

那開滿樹枝紅如烈燄的花朵，那隨風競飛如冰清雪花的棉絮，丘逢甲頌揚曰：

旁人莫妄疑輕薄，此花肝膽原輪囷。

入時自作風流格，尚留清白人間説。

同是「英雄心性由來熱」，丘逢甲對熱情如火、冰清如雪的木棉樹，深抱相惜之情，並以「待竟蒼生衣被功」相勗勉。〔註617〕

（3）竹

竹，志節君子的象徵，丘逢甲〈題畫竹〉云：

拔地氣不撓，參天節何勁？平生觀物心，獨對秋篁影。

〔註614〕丘逢甲：《嶺雲海日樓詩鈔》，頁9。

〔註615〕所引詩句出自丘逢甲：〈采菊歌〉，《嶺雲海日樓詩鈔》，頁9。

〔註616〕丘逢甲：《嶺雲海日樓詩鈔》，頁331。

〔註617〕丘逢甲：《嶺雲海日樓詩鈔》，頁101。

這是丘逢甲靜心觀察竹之後所欲效法竹的優點；又云：

寒崖茁孤篠，見石不見地。屈曲自盤根，難掩凌雲氣。〔註618〕

是他體悟到竹在遭遇困厄、懷才不遇之際，仍堅持本有之風骨精神，丘逢甲也從中反省自身，惕厲自己：不管環境如何惡劣，他不放棄原本的理想。丘逢甲另有〈題畫竹〉一首，詩中流露他欲用於世，卻未能如願的落寞心聲：

冉冉古瑯玕，結根廣莫野。取之作律筩，持用覺天下。當世無倫伶，

誰是知音者？空教二帝女，攀枝淚如瀉。竹枝有葉葉有陰，雲封嶻

谷無鳳吟。九嶷山高湘水深，題君此圖傷我心。〔註619〕

（三）他者之眼

洪棄生《寄鶴齋詩話》：「吾郡邱進士仙根，詩才出群，駢體亦工麗。在諸生時，受知唐臬使，有才子之目。」〔註620〕他在給丘逢甲的信中，亦直接明白跟丘逢甲說：「臨風延企，覺他日以文章名世爲海岱增輝者，惟吾君一人。」〔註621〕在他的心目中，丘逢甲是才子，致於「論儒行，若仙根，浮華耳。」〔註622〕

丘逢甲對時人對他舉義抗日未能堅持到底的評議，一直抱著「人間成敗論英雄，野史荒唐恐未公。古柳斜陽圍坐聽，一時談笑付盲翁。」〔註623〕的態度以對，而時人或後人對他的評議也有不同的看法，如丘煒萲《五百石洞天揮麈》中所說的委婉而中肯：

家仲閼工部乙未臺灣之役義聲震乎天下，顧以事多掣肘不稱其志

意。避地歸來，終無有憐而起之者，平生豪宕感激之意屢見於詩。

予嘗欲集而刻之以示知者，蒙其錄寄乙未內渡以後之作凡若干篇，

句奇語重，意苦心長，此自漢魏下逮唐宋，舉能茹其精神而著我本

色，允屬必傳之作。〔註624〕

謝汝銓〈進士邱逢甲先生〉一詩內容是針對丘逢甲任臺灣國義軍統領，

〔註618〕丘逢甲：《嶺雲海日樓詩鈔》，頁74。

〔註619〕丘逢甲：《嶺雲海日樓詩鈔》，頁128。

〔註620〕洪棄生：《寄鶴齋詩話》（南投：臺灣省文獻委員會，1993年5月），頁93。

〔註621〕洪棄生：〈與邱仙根進士書（癸巳）〉《寄鶴齋選集》（臺北：臺灣銀行經濟研究室，1972年8月），頁174。

〔註622〕洪棄生：〈與林君（己亥）〉，收入《寄鶴齋選集》，頁198。

〔註623〕丘逢甲：〈有書時事者，爲贅其卷端〉，《嶺雲海日樓詩鈔》，頁3。

〔註624〕收入《續修四庫全書》集部第1708冊（上海：古籍出版社），頁175。

卻未能克盡厥職而抒發的：

> 飛電燕京誓枕戈，得臣死後始言和。
>
> 家資席捲隨唐遁，伏處羊城愧恨多。〔註625〕

林幼春〈諸將（邱仙根工部）〉，詩中肯定丘逢甲詩創作的成就，但對他在臺、日臺北的戰事之後就離臺內渡一事，林幼春表示不能接受：

> 文章任昉推名手，勸進齊臺首上牋。
>
> 鉛槧生涯邀異數，菰蒲人物此居先。
>
> 一時噓氣能行雨，滿望隨風直上天。
>
> 誰信抱琴滄海去，瘴雲長隔祖生鞭。〔註626〕

丘煒萲〈詩中八友歌〉中說丘逢甲：

> 吾家仙根工悲歌，鐵騎突出揮金戈。
>
> 短衣日暮南山阿，鬱勃誰當醉尉呵。〔註627〕

在丘煒萲的印象裡，丘逢甲留下的是一文筆強健卻牢騷滿腹、愁苦悲吟的形象。另外，彭國棟《廣臺灣詩乘》云：「〈自題三十登壇照片〉、〈聞海客談澎湖事〉、〈次韻東山感秋詞〉、〈席上作〉、〈答王曉滄廣文〉、〈憶舊述今次韻答曉滄見贈〉、〈有書時事，為贅其卷端〉、〈有感書贈義軍舊書記〉諸詩，流落之感、復臺之志，畢見於詩，真不愧英雄傳裡名。」〔註628〕則以為丘逢甲內渡之後仍念念不忘臺灣，並有復臺之心，仍是一世英雄。

四、汪春源

（一）心志的抒寫

1・棄世遺民

汪春源〈移寓〉詩云：

> 宦情似水棲身隱，世事如棋冷眼窺。
>
> 廿載浮家萍泛感，愧無劉尹買山貲。
>
> 星星鯤澥幾遺民，何處桃源好隱淪。

〔註625〕謝汝銓：《雪漁詩集》（臺北：龍文出版社，1992年6月），頁45。

〔註626〕連橫：《臺灣詩乘》（臺北：臺灣銀行經濟研究室，1960年1月），頁253。

〔註627〕丘煒萲：《丘菽園居士詩集》（臺北：文海出版社，1978年1月），頁62。

〔註628〕彭國棟：《廣臺灣詩乘》（南投：臺灣省文獻委員會，1956年4月），頁143～頁145。

世變滄桑成幻夢，歲寒梅雪伴吟身。〔註629〕

詩中流露出身處世變時代人民的流離悲苦，在顛沛飄泊的生涯中，即是夢中桃源亦是渺不可及的，但是詩人對自我仍有所堅持，期許自己能如寒梅在冰雪天地間依然潔白芳香。

2、坦然面對

汪春源〈留園雅集席上即事〉說：

祇愧江郎才已盡，今朝枉自上吟臺。〔註630〕

勞生何以慰酸哀，酒盞相逢笑口開。

他在〈菽莊觀菊奉懷叔翁季翁兩主人用莊□卿韻〉詩中又說：

萬方為難離群□，百事無成不合宜。

他日同舟儔侶返，與公把酒蟹螯持。〔註631〕

明白表示面對人生種種問題，他都願意面對承擔，並加以化解。他五十歲時，菽莊主人惠賜竹杖，他想到的是「長房學道曾騎此，留伴芒鞵載酒行」，〔註632〕正是這種開通達觀的態度，讓他走過亂世人生。林景仁〈秋日懷汪杏泉先生〉詩也說：「老事丹鉛真學子，枉教縑素怨佳人。」〔註633〕是汪春源學道的另一證明。

（二）認同學習的對象

汪春源留下的詩作不多，且多是酬酢之作，這些僅留的作品內容無法討論這一項。

（三）他者之眼

光緒二十六年汪春源入都補行殿試前，許南英贈詩讚許鼓勵他：「東海文章餘數子，西清品望孰為儔。樓臺蜃氣文星朗，邑里鯤沙逝水流。」當汪春源登榜回籍時，許南英為友人欣喜：「一枝又占故園春，猶是天公雨露仁。」〔註634〕都可以看出許南英對汪春源學養的肯定。

〔註629〕收入《重修臺灣省通志》卷十藝文志文學篇（臺中：臺灣省文獻委員會，1998年6月），頁484。

〔註630〕收入鄭鵬雲：《師友風義錄》（臺北：臺北市文獻委員會，1976年），頁90。

〔註631〕收入《菽莊相關詩文集》，陳支平主編：《臺灣文獻匯刊》（福建：廈門大學出版社，2004年12月），頁380。

〔註632〕收入《菽莊相關詩文集》，頁379。

〔註633〕見林健人：《摩達山漫草》，收入《臺灣風物》第22卷2期，1972年，頁9。

〔註634〕許南英：〈送汪春源入都補殿試〉、〈題畫梅，贈汪杏泉〉，《窺園留草》，頁53、

林景仁〈江杏泉丈輓詞弔之〉：

風痕泡景若爲情，歎逝今朝賦又成。

海外再無前進士，社中群惜古先生。

青蠅弔客死何恨，雛鳳佳兒聲已清。

曾記從容承誓約，他年雞酒肯寒盟？〔註635〕

汪春源過世，代表臺灣傳統知識分子時代的結束，尤其，施、許、丘、汪這一代傳統知識分子，身逢家變國變，又被時代潮流推擠到外緣，這樣的際遇，讓與他們相知相惜的後生晚輩林景仁亦爲之抱憾。可感慶幸的是後嗣新起，可以承父志、可以繼父業。

黃瀚〈弔汪柳塘春源〉：

早歲科名艷，平生語論眞。舊居淪異族，仙吏作羈人。

身弱寧堪瘦，兒才豈久貧。東瀛渺何許，魂返恐迷津。〔註636〕

黃瀚對於汪春源早年失怙卻能奮發有爲深感敬佩，卻也對他生逢亂世的遭逢歎惋；人已亡，家山卻仍未收復，「魂返恐迷津」一句表達出的流離放逐之遺民的悲苦無以復加。

謝汝銓〈進士汪春源藝友〉則寫出汪春源另一方面的面貌：

飲茶送客意驕人，縣令榮膺一命新。

民教相仇偏不管，量移猶幸憫儒臣。〔註637〕

儒家強調爲人處世力求盡人事、有承擔的責任感，強調人要有自作主宰的主體性，因爲發揮了主體的抉擇力量，也才擁有人格尊嚴。〔註638〕海東四子面對其所處時代的特殊時空，也面對緊臨而來的種種衝突與打擊，因爲身處世變時代，他們所要面對的考驗和挑戰也就更多，我們從他們的創作中看到他們在一連串的困境中決定了他們人生的抉擇，完成了他們人生的意義，也塑造出他們自己的人格形象。施士洁，許南英，丘逢甲、汪春源的一生際遇大致相同，但是因爲個性、想法不同，他們的人生選擇與實踐也都不同，呈顯出來的形象也各自不同。

頁 54。

〔註635〕林健人：《東寧草》，收入《臺灣風物》第 22 卷 2 期，1972 年，頁 89。

〔註636〕黃瀚：《禾山詩鈔》（未著錄出版資料），頁 192。

〔註637〕謝汝銓：《雪漁詩集》（臺北：龍文出版社，1992 年 6 月），頁 46。

〔註638〕徐復觀：〈中國古代人文精神之成長〉，收入黎漢基等編：《徐復觀雜文補編》
第一冊（臺北：中研究中國文哲研究所，2001 年 12 月），頁 142。

第八章　結　論

　　錢穆：「讀中國文學作品，必牽涉到其作者。考究作者，必牽涉到其身世。其生平是何等人，乃可有何等作品。……中國傳統以人爲本，人必有一共通標準。作者之標準，更高於其作品。作品之標準，必次於其作者。此即文運與世運相通之所在也。」〔註1〕

　　臺灣海東四子施士洁、許南英、丘逢甲、汪春源四人，他們在光緒十三年時會聚於當時全臺的文教中心——海東書院，並且發展出相互間亦師亦友的情誼；他們的情誼，在世變時代的流離顛沛中有不同的發展及結果。值得我們注意的，身爲末代臺灣傳統知識分子的海東四子，在光緒二十一年臺灣割讓給日本之後，被迫離開家鄉，開始後半生的放逐生涯；在這同時，他們也必須面對滿清朝廷的無能、國家傾頹的困局，以及西方列強帶來的衝擊。不過，在末世的局限與危殆之中卻也蘊藏著生機與希望，未來是如何發展，就決定於人之「主體性」如何發揮應變的能力。中國知識分子「自覺」地推動一連串的自強運動、革命事業，就爲突破時局的困境，追求到國家的富強繁榮。身爲社會中的一分子，處在時代制約與局限之下的海東四子，是如何自覺地發揮「主體性」，在世變之中成就其人生及其文學表現，是本論文研究的重點，而所欲彰顯的，是海東四子本身及其作品中所呈現的「人」與「時代」的關係。本論文研究完成，得到以下的結論：

〔註1〕　錢穆：〈中國文學史概觀〉，收入《中國文學論叢》（臺北：東大圖書有限公司，1983 年 10 月），頁 62。

一、書院教育與海東四子的崛起

臺灣的教育在陳璸、姚瑩、藍廷珍、楊二酉、徐宗幹等人的經營下，以朱子學的儒家文化體系為本，確定明人倫、辨義利、讀經書、學聖賢的教育目標，這種以人格道德教育為主的精神，是臺灣書院教育的精神，希望培育出以通經學古為業，以行道濟世為品的人才，處有守，出有為。海東書院在此教育風氣之下，也以陶冶士人品德使達於聖賢之境、教育士人成為「治國平天下」之才為目標，我們可以從劉良璧手定海東書院學規中的明大義、務實學二條，以及覺羅四明重訂的海東書院學規中的端士習、重師友、敦實行三條，看出其中之梗概。雖然入書院讀書也是追求舉業的完成，但是施士洁、許南英、丘逢甲在中為進士之後，都選擇回臺灣推動教育這一條路，汪春源中進士時是在光緒二十九年，臺灣已割讓。這除了和他們個人的志趣有關之外，也和書院教育目標之理想性有關係。他們在書院教育中成長、茁壯，功成之後也推動教育栽培新的一代，就是他們體認到教育重要性的證明。光緒二十一年前他們在臺灣時是如此，光緒二十一年他們內渡之後也是如此。

二、海東四子在顛沛流離中成長

光緒二十一年，清廷將臺灣割讓給日本，這一年施士洁和許南英四十一歲，丘逢甲三十二歲，汪春源二十七歲，正值人生青壯，可以大有作為的年齡，卻因日本侵佔臺灣，他們被迫離開家鄉，成為被放逐者，除丘逢甲有能力買山築邸外，另外三個人一直都過著飄泊不定四處賃居的生活。生計艱困、經濟窘迫是他們一生煩惱的問題，心靈的無依更是無法化解的折磨。他們都感受到時代轉變帶來的扭轉力量，也察覺到這股推擠力量將他們從社會中邊緣化了，但是，海東四子也都有應變、適變的意識及決心，所以，他們在顛沛流離之際，仍然關心家國社會，仍然積極從事文教事業，並參與各種社會活動。他們不斷地開發前進，回應時代對他們的考驗，正是其「主體性」精神發揮的表現。他們在時代浪潮的推擠之下流盪飄泊，固然是被迫的、無奈的，但海東四子也因此而擴展了他們的活動空間，與新世界、新時代有更多的接觸。雖然個人薄弱的力量無力扭轉整個情勢，但是他們對世界新局、晚清的困境、西方新學都有過反思檢討，和當時代的中國人一樣，置身在時代洪流裡，嘗試走過這段過渡時期的危疑、困頓，探索正確的路線，也期待走出更茁壯的將來。

三、政權更迭中的士人風骨及仁心

　　海東四子面對政權輪換、認同歸屬的問題，因為個人的特別情況——如家世、思想等不同而有不同的想法。所以，海東四子對於清廷、革命、民國、日本的接受或排拒態度在程度上各有不同，又因為認知情況隨著時間的改變而改變，他們的態度也稍有變化。基本上說來，大環境改變的力量強過個人的意志選擇，但是，在強大力量壓迫之下，海東四子仍有其個人的堅持與選擇。尤其可貴的是，他們皆本著儒家仁愛胸襟關心民瘼，這種精神表現在乙未抗日行動中，也表現在他們的教育事業中，其中，做為地方宰官的許南英，更是時時以民為重，以為民乘除利害為責。在他們對自身的觀照中所呈現的自我之影像，流露出傳統知識分子對志節風骨的堅持，雖然受到時代潮流的牽制有許多的無可奈何，但海東四子堅毅、傲岸的身影仍挺立在歷史洪流之中。

四、西學衝擊下的新時代人意識

　　在西學衝擊之下，海東四子一方面對傳統文化、思想進行省視、評斷，一方面也觀察、學習西方新學，無論是政治、社會的新觀念，或是新奇的科技文明、迥異的文化風俗，海東四子都勇於接觸並且學習，雖然常有「不合時宜」之歎，但是事實上，海東四子在作品中充分記錄了他們接觸到的時代新思想、新文化與科學新知識，可見他們並不落於時代潮流之外。施士洁偏重於日常器物及風俗的接觸，許南英則關心新時代裡大環境的人與事的變化，丘逢甲對科學新知提到最多，也留意到西方力量在國內造成的各種問題。汪春源僅存少量的詩作，其中則有關於西方婚俗的用語。他們有許多寫實詩作敘述了當時的社會情形，也針對事件提出他們的意見及呼籲。他們在新時代裡不斷地開拓、成長，正因為他們有要成為新時代一分子的意識。

五、四子創作以詩記史、以詩補史

　　由於詩人憂國憂民的仁愛襟懷，清末時期的文學在世變時代環境的刺激之下，發展出富涵「詩史」精神、寫實敘事的創作風格，在形式上也有相應的變化，無論是詩體、組詩、長題，還是詩序、詩注的運用，都是為了達到「以詩記史」、「以詩補史」的目的；又為了方便傳播新觀念、新思想，在詩歌的語言力求簡樸明白、淺近易懂，詩歌創作具有散文化、口語化的特色，

「時語」、「新詞」頻繁入詩。這是清代末期詩歌創作所具有的時代特色。文學的創作並不一定只是被動地爲時代所決定，創作中的內容、思想、風格也不一定只是被動的反映時代而已，文學作品中所以會具有時代社會性，實在是因爲詩人憂國憂民，對時代具有自覺、關懷的能力，才能寫出具有時代精神的詩史作品。這種自覺的創作意識在海東四子的創作中明白可見，所以，海東四子的創作內容及思想深具有意識時代，其創作的藝術技巧也呈現出時代的創作藝術特徵，深刻表現出他們與時代的密切關係。

六、重新校對四子詩集的必要

雅集吟詠、酬酢唱和等活動對海東四子來說，不僅是與同好相聚的社交活動，也是他們維護傳統詩學、記錄時代的方法。他們一生對生命、時代的回應，對國家前途的思考，這段探索追尋過程中的種種，他們都敘寫、抒發在他們記事寫實的詩作中。卻或因他們沒有以詩傳世的想法，再加上生逢亂世，作品保持不易，如汪春源的《柳塘詩文集》就遺佚了。在兵燹烽火之餘，他們的作品集能夠流傳下來，使臺灣文學的寶藏更加豐富，是我們該加以珍惜的。許南英、丘逢甲的作品在其後人的努力整理之下情況比較好，但是字句錯誤或是作品缺失的情形在現今通行的各家版本中仍多處可見；施士洁的作品遺佚更多，保留下來的也遭到蟲蠹水漫，字缺句散，有許多作品幾乎已不成形。我們應重新整理校對他們的作品集，使臺灣文學遺產得到更完善的照顧、保存，更期願能找尋回汪春源的《柳塘詩文集》。

七、未來研究的展望

本論文《臺灣海東四子研究》視海東四子爲一「群體」，並爲清末臺灣傳統知識分子的代表，論文中探究他們在光緒年間至民國成立初年這一時間斷限裡，移徙流離在臺灣、大陸、海外這些不同的空間中，他們受到時代環境什麼樣的影響，他們又如何在創作中反映出對時代的回響，以及呈現出多少當時文學的時代特徵，目的在了解海東四子在其時代中的位置，以了解當時的臺灣人民、臺灣文學與時代的關係。筆者認爲這是海東四子創作的最大特色，也是研究海東四子最值得注意的價值所在。

不過，海東四子的作品數量很多，而且兼具各種內容及風格，因爲本論

文研究的重心放在「人與時代」的探討，以彰顯四子作品中的詩史精神，因此，著重在研究、分析海東四子具社會寫實特色的作品；致於其他風格作品的研究，應在日後再做探究，以期能完整呈現海東四子其人與其創作的全貌。

引用文獻及參考文獻

壹、引用文獻

海東諸子作品

1. 〈汪進士自述〉，汪春源，《臺南市政》第八期，1965 年 1 月。
2. 《後蘇龕泉廈日記》，施士洁，《臺南文化》（舊刊）第 8 卷第 2 期，1966 年 6 月。
3. 《柏莊詩草》，丘逢甲，臺北：臺北市文獻委員會，1980 年 6 月。
4. 《竹溪唱和集》，丘逢甲等，《臺灣風物》第 30 卷第 2 期，1980 年 6 月。
5. 《後蘇龕合集》，施士洁，南投：臺灣省文獻委員會，1993 年 9 月。
6. 《窺園留草》，許南英，南投：臺灣省文獻委員會，1993 年 9 月。
7. 《嶺雲海日樓詩鈔》，丘逢甲，南投：臺灣省文獻委員會，1994 年 5 月。
8. 《丘逢甲文集》，丘晨波、黃志萍，廣東：花城出版社，1994 年 6 月。
9. 《丘逢甲遺作》，世界河南堂丘氏文獻社編印，臺北：世界河南堂丘氏文獻社出版，1998 年 12 月。

史地、傳記類

1. 《瀛洲校士錄》，徐宗幹編，臺灣分館微捲第 239ＡＱ號。
2. 《浯江鄭氏家乘》，鄭鵬雲，1913 年 8 月。
3. 《華僑革命開國史》，馮自由，上海：商務印書館，1947 年。
4. 《東瀛紀事》，林豪，臺北：臺灣銀行，1957 年 12 月。
5. 《蠡測彙鈔》，鄧傳安，臺北：臺灣銀行，1958 年 1 月。
6. 《巡臺退思錄》，劉璈，臺北：臺灣銀行，1958 年 8 月。

7. 《臺南市志稿》，臺南市文獻委員會編印，臺南：臺南市文獻委員會，1959年。

8. 《治臺必告錄》，丁曰健，臺北：臺灣銀行，1959年7月。

9. 《臺灣教育碑記》，臺灣銀行經濟研究室編輯，臺北：臺灣銀行，1959年7月。

10. 《臺灣采訪冊》，陳國瑛，臺北：臺灣銀行，1959年9月。

11. 《臺灣府志》，高拱乾，臺北：臺灣銀行，1960年2月。

12. 《鳳山縣采訪冊》，盧德嘉，臺北：臺灣銀行，1960年8月。

13. 《重修福建臺灣府志》，劉良璧，臺北：臺灣銀行，1961年3月。

14. 《臺灣縣志》，陳文達，臺北：臺灣銀行，1961年6月。

15. 《澎湖紀略》，胡建偉，臺北：臺灣銀行，1961年7月。

16. 《重修臺灣府志》，范咸，臺北：臺灣銀行，1961年11月。

17. 《續修臺灣府志》，余文儀，臺北：臺灣銀行，1962年4月。

18. 《臺灣通志》，臺灣銀行經濟研究室編輯，臺北：臺灣銀行，1962年5月。

19. 《續修臺灣縣志》，謝金鑾、鄭兼才，臺北：臺灣銀行，1962年6月。

20. 《淡水廳志》，陳培桂，臺北：臺灣銀行，1963年8月。

21. 《清文宗實錄選輯》，臺灣銀行經濟研究室主編，臺北：臺灣銀行，1964年3月。

22. 《陳清端公年譜》，陳宗洛，臺北：臺灣銀行，1964年11月。

23. 《臺灣南部碑文集成》，臺灣銀行經濟研究室編輯，臺北：臺灣銀行，1966年3月。

24. 《續碑傳選集》，臺灣銀行經濟研究室編輯，臺北：臺灣銀行，1966年4月。

25. 《清會典臺灣事例》，臺灣銀行經濟研究室編，臺北：臺灣銀行，1966年5月。

26. 《臺中市志稿》，臺中市文獻委員會，臺中：臺中市文獻委員會，1969年5月。

27. 《小酉腴山館主人自著年譜》，吳大廷，臺北：臺灣銀行，1971年12月。

28. 《清代臺灣教育史料彙編》，張炳楠，臺中：臺灣省文獻委員會，1973年4月。

29. 《徐聞縣志》，王輔之，臺北：成文出版社，1974年12月。

30. 《陽江志》，張以誠，臺北：成文出版社，1974年12月。

31. 《民國丘倉海先生逢甲年譜》，鄭喜夫，臺北：臺灣商務印書館，1981

年 11 月。

32. 《明清進士題名碑錄索引》，文史哲出版社編輯部編，臺北：文史哲出版社，1982 年。

33. 《臺南市志・人物志》，黃典權，臺北：成文出版社，1983 年 3 月。

34. 《明清歷科進士題名錄》，朱保炯、謝沛霖，臺北：文海出版社，1984 年 1 月。

35. 《板橋林本源家傳》，王國璠，臺北：林本源祭祀公業，1985 年 2 月。

36. 《臺灣的傳統中國社會》，陳其南，臺北：允晨出版社，1987 年 3 月。

37. 《近代中國的變局》，郭廷以，臺北：聯經出版社，1987 年 6 月。

38. 《中國婦女史論文集》第二輯，李又寧、張玉法，臺北：臺灣商務印書館 1988 年 5 月。

39. 《臺灣近代史事與人物》，陳三井，臺北：臺灣商務印書館，1988 年 7 月。

40. 《知識分子與臺灣發展》，中國論壇編輯委員會主編，臺北：中國論壇雜誌出版，1989 年 10 月。

41. 《中國近代史》，李守孔，臺北：三民書局，1990 年 8 月。

42. 《清代臺灣移民社會研究》，陳孔立，福建：廈門大學出版社，1990 年 10 月。

43. 《中國現代化論文集》，中央研究院近代史研究所編，臺北：中央研究院近代史研究所，1991 年 3 月。

44. 《臺灣史研究》，黃秀政，臺北：臺灣學生書局，1992 年 2 月。

45. 《日據時期臺灣社會領導階層之研究》，吳文星撰，臺北：正中書局，1992 年 3 月。

46. 《少年的回顧》，鄒魯，臺北：龍文出版社，1993 年 3 月。

47. 《瀛海偕亡記》，洪棄生，南投：臺灣省文獻委員會，1993 年 5 月。

48. 《臺灣史綱》，黃大受，臺北：三民書局，1993 年 8 月。

49. 《魂南記》，易順鼎，南投：臺灣省文獻委員會，1993 年 9 月。

50. 《臺灣史事概說》，郭廷以，臺北：正中書局，1993 年 11 月十一刷。

51. 《臺灣通史》，連橫，臺北：眾文圖書公司，1994 年 5 月一版二刷。

52. 《臺灣史》，盛清沂，臺北：眾文圖書公司，1994 年 5 月一版再刷。

53. 《臺灣關係文獻集零》，諸家，南投：臺灣省文獻委員會，1994 年 5 月。

54. 《認同與國家：近代中西歷史的比較論文集》，中央研究院近代史研究所編，臺北：中央研究院近代史研究所，1994 年 6 月。

55. 《清季申報臺灣紀事輯錄》，臺灣銀行經濟研究室主編，南投：臺灣省文

獻委員會，1994 年 7 月。

56. 《晚清政治思想史論》，王爾敏，臺北：臺灣商務印書館，1995 年 2 月。

57. 《中國近代思想史論》，王爾敏，臺北：臺灣商務印書館，1995 年 2 月。

58. 《臺灣人物群像》，葉榮鐘，臺北：時報文化出版公司，1995 年 4 月。

59. 《西學東漸與晚清社會》，熊月之，上海：人民出版社，1995 年 4 月二刷。

60. 《清代竹塹地區的家族與地域社會》，黃朝進，臺北：國史館，1995 年 6 月。

61. 《府城文物特展圖錄》，國立歷史博物館編輯委員會編，臺北：國立歷史博物館，1995 年。

62. 《中國現代史》，林能士等，臺北：大中國圖書公司，1996 年 1 月。

63. 《臺陽見聞錄》，唐贊袞，南投：臺灣省文獻委員會，1996 年 9 月。

64. 《清光緒朝中日交涉史料選輯》，臺灣省文獻委員會編，南投：臺灣省文獻委員會，1997 年 6 月。

65. 《劉壯肅公奏議》，劉銘傳，南投：臺灣省文獻委員會，1997 年 6 月。

66. 《丘逢甲傳》，楊護源，南投：臺灣省文獻委員會，1997 年 6 月。

67. 《施氏世界》，施憲章等，彰化：世界臨濮施氏宗親總會，1997 年 11 月。

68. 《新竹市志》，張永堂主編，新竹：新竹市政府，1997 年 12 月。

69. 《重修臺灣省通志》，臺灣省文獻委員會編，臺中：臺灣省文獻委員會，1998 年 6 月。

70. 《臺灣的書院》，王啟宗，臺北：行政院文化建設委員會，1999 年 6 月增訂 1 版。

71. 《臺灣的書院與科舉》，林文龍，臺北：常民文化事業公司，1999 年 9 月。

72. 《臺灣史人物小傳》，盧錦堂，臺北：國家圖書館，2001 年 6 月。

73. 《丘逢甲傳》，徐博東、黃志萍，臺北：海峽學術出版社，2003 年 9 月。

74. 《丘逢甲交往錄》，丘鑄昌撰，武漢：華中師範大學出版社，2004 年 10 月。

75. 《臺灣居留公報》，陳支平主編，福建：廈門大學出版社，2004 年 12 月。

76. 《臺灣文化志》，伊能嘉矩，臺中：臺灣省文獻委員會，1985 年 11 月。

77. 《臺灣地名研究》，安倍明義，臺北：武陵出版社，1996 年 9 月。

經書、思想、心理類

1. 《詩毛氏傳疏》，陳奐，臺北：臺灣學生書局，1978 年 9 月五版。

2. 《文化評論與中國情懷》，余英時，臺北：允晨文化有限公司，1993 年 5

月。

3. 《衝擊與蛻變》，胡維華、李書源，臺北：萬象圖書股份有限公司，1993年5月。

4. 《中國人的價值觀──人文學觀點》，沈清松主編，臺北：桂冠圖書股份有限公司，1994年8月。

5. 《臺灣儒學》，陳昭瑛，臺北：正中書局，2000年3月。

6. 《學術史與方法學的省思》，王汎森，臺北：中央研究院歷史語言研究所，2000年12月。

7. 《明清臺灣儒學論》，潘朝陽，臺北：臺灣學生書局，2001年10月。

8. 《中國近代思想與學術的系譜》，王汎森，臺北：聯經出版有限公司，2003年6月。

9. 《清代學術概論》，梁啟超，臺北：中華書局，1989年6月十一刷。

10. 《徐復觀雜文補編》第一冊，黎漢基主編，臺北：中央研究院中國文哲研究所籌備處，2001年12月。

11. 《教育心理學》，張春興、林清山，臺北：文景書局，1975年4月修訂三版。

12. 《心理學》，張春興，臺北：臺灣東華書局，1989年3月26版。

文學理論

1. 《文心雕龍注》，王更生，臺北：學海出版社，1977年8月。

2. 《詩品注》，陳延傑，臺北：臺灣開明書店，1978年10月。

3. 《清詩話》，丁福保編，臺北：木鐸出版社，1988年9月。

4. 《文學社會學》，何金蘭，臺北：桂冠圖書公司，1989年8月。

5. 《文學論》，韋勒克等著，王夢鷗等譯，臺北：志文出版社，1992年12月再版。

6. 《寄鶴齋詩話》，洪棄生，南投：臺灣省文獻委員會，1993年5月。

7. 《臺陽詩話》，王松，南投：臺灣省文獻委員會，1994年5月。

8. 《再登巴比倫塔：巴赫金與對話理論》，董小英，北京：三聯書店，1995年3月。

9. 《對話的喧聲》，劉康，臺北：麥田出版公司，1998年4月初版二刷。

10. 《巴赫金全集》，錢中文主編，河北：河北教育出版社，1998年。

詩文集

1. 《禾山詩鈔》，黃瀚，（未著錄出版資料）。

2. 《菽莊主人四十壽言》，福建廈門，1914年。

3. 《菽莊侍郎銀婚祝賀詩文集》，福建廈門，1916 年。

4. 《菽莊先生雲環夫人結婚三十年帳詞》，吳曾祺編，福建廈門，1921 年 12 月。

5. 《東寧擊缽吟前集》，曾朝枝，臺灣分館微捲第 1925 號，1934 年 3 月。

6. 《臺灣詩醇》，賴子清，臺灣分館微捲第 239ＡＡＨ號，1935 年 6 月。

7. 《飲冰室全集》，梁啓超，臺北：臺灣中華書局，1960 年 3 月。

8. 《斯未信齋文編》，徐宗幹，臺北：臺灣銀行，1960 年 10 月。

9. 《陳清端公文選》，陳璸，臺北：臺灣銀行，1961 年 9 月。

10. 《石遺先生集》，陳衍，臺北：藝文印書館，1964 年。

11. 《雅堂文集》，連橫，臺北：臺灣銀行，1964 年 12 月。

12. 《人境廬詩草》，黃遵憲，臺北：商務印書館，1968 年 12 月。

13. 《詩畸》，唐景崧，臺北：臺灣中華書局，1971 年。

14. 《寄鶴齋選集》，洪棄生，臺北：臺灣銀行，1972 年 8 月。

15. 《菽園詩集》，丘煒萲，臺北：文海出版社，1974 年。

16. 《師友風義錄》，鄭鵬雲，臺北：臺北文獻委員會，1976 年。

17. 《丘菽園居士詩集》，丘煒萲，臺北：文海出版社，1978 年 1 月。

18. 《黃公度先生傳稿》，吳天任，臺北：文海出版社，1978 年 1 月。

19. 《沈傲樵父子詩詞選》，沈琛笙、沈驥，臺北：慈廬主人發行，1979 年。

20. 《臺灣詩錄拾遺》，林文龍編，臺中：臺灣省文獻委員會，1979 年 12 月。

21. 《飲冰室文集》，梁啓超，臺北：同光出版社，1980 年 7 月。

22. 《吳子光全集》，王國璠輯，臺北：臺灣史蹟研究中心，1981 年。

23. 《海東三鳳集》，呂汝玉等，臺北：臺灣史蹟研究中心，1981 年 6 月。

24. 《許地山代表作》，陳信元編，臺北：蘭亭書店，1983 年 6 月。

25. 《臺灣詩錄》，陳漢光編，臺中：臺灣省文獻委員會，1984 年 6 月再版。

26. 《胡適作品集》，胡適，臺北：遠流出版社，1986 年。

27. 《國史鏡原》，龔鵬程等編，臺北：時報文化出版社，1986 年 12 月。

28. 《丙寅留稿，繡英閣詩合刊》，邱緝臣、邱韻香，福建：東山圖書館出版，1989 年 4 月。

29. 《石蘭山館遺稿》，施瓊芳，臺北：龍文出版社，1992 年 3 月。

30. 《北郭園全集》，鄭用錫，臺北：龍文出版社，1992 年 6 月。

31. 《林菽莊先生詩稿》，林爾嘉，臺北：文龍出版社，1992 年 3 月。

32. 《雪漁詩集》，謝汝銓，臺北：龍文出版，1992 年 6 月。

33. 《省廬遺稿》，謝國文，臺北：龍文出版社，1992 年。

34. 《清詩鑒賞辭典》，張秉戍、張哲庵編，重慶：重慶出版社出版，1992年 12 月。

35. 《無悶草堂詩存》，林朝崧，南投：臺灣省文獻委員會，1993 年 9 月。

36. 《滄海遺民賸稿》，王松，南投：臺灣省文獻委員會，1994 年 5 月。

37. 《使署閒情》，六十七，南投：臺灣省文獻委員會，1994 年 5 月。

38. 《飲冰室專集》，梁啟超，北京：中華書局，1994 年 9 月一版二刷。

39. 《許丙丁作品集》，許丙丁，臺南：臺南文化中心，1996 年 5 月。

40. 《臺灣詩鈔》，吳幅員，南投：臺灣省文獻委員會，1997 年。

41. 《施梅樵詩集》，施梅樵，臺北：龍文出版社，2001 年 6 月。

42. 《肖巖草堂詩鈔》，傅于天，臺北：龍文出版社，2001 年 6 月。

43. 《臺灣文獻匯刊》，陳支平主編，福建：廈門大學出版社，2004 年 12 月。

文學專著

1. 《談藝術》，錢鍾書，臺北：藍田出版社。

2. 《廣臺灣詩乘》，彭國棟，臺中：臺灣省文獻委員會，1956 年 4 月。

3. 《雅言》，連橫，臺北：臺灣銀行，1963 年 2 月。

4. 《臺灣詩薈雜文鈔》，連橫，臺北：臺灣銀行，1966 年 3 月。

5. 《臺灣先賢著作提要》，王國璠，新竹：臺灣省立新竹社會教育館，1974年 6 月。

6. 《文章辨體序說》，吳訥，臺北：長安出版社，1978 年 12 月。

7. 《文體明辨序說》，徐師曾，臺北：長安出版社，1978 年 12 月。

8. 《中國文學發展史》，劉大杰，臺北：華正書局，1977 年 5 月。

9. 《三百年來臺灣作家與作品》，王國璠、邱勝安，高雄：臺灣時報，1977年 8 月。

10. 《陶淵明集校箋》，楊勇，臺北：盤庚出版社，1979 年 2 月。

11. 《人境廬詩草箋注》，錢仲聯，上海：上海古籍出版社，1981 年 6 月。

12. 《抒情的境界》，蔡英俊編，臺北：聯經出版公司，1983 年 4 月第二印行。

13. 《丘逢甲研究》，吳宏聰等編，廣東：廣東人民出版社，1986 年 11 月。

14. 《中國詩歌流變史》，李日剛，臺北：文津出版社，1987 年 2 月。

15. 《文化文學與美學》，龔鵬程，臺北：時報文化出版公司，1988 年 2 月。

16. 《許地山研究集》，周俟松、杜汝淼撰，南京：南京大學出版社，1989年。

17. 《臺灣近代文學叢稿》，汪毅夫，福建：海峽文藝出版社，1990 年 7 月。

18. 《中國歷代文學論著精選》，郭紹虞編，臺北：華正書局，1991 年 3 月。

19. 《臺灣文學史》，劉登翰等撰，福建：海峽文藝出版社，1991 年 6 月。

20. 《清代廣東詩歌研究》，嚴明，臺北：文津出版社，1991 年 8 月。

21. 《臺灣詩薈》，連橫，南投：臺灣省文獻委員會，1992 年 3 月。

22. 《臺灣詩乘》，連橫，南投：臺灣省文獻委員會，1992 年 3 月。

23. 《詩香谷》，黃永武，臺北：健行出版社，1992 年 10 月。

24. 《詩史本色與妙悟》，龔鵬程，臺北：臺灣學生書局，1993 年 2 月增訂版一刷。

25. 《清末民初的文學思潮》，陳燕，臺北：華正書局，1993 年 9 月。

26. 《宋詩縱論叢編》，張高評編，高雄：麗文文化事業公司，1993 年 10 月。

27. 《清末小說與社會政治變遷》，賴芳伶，臺北：大安出版社，1994 年 9 月。

28. 《臺中縣文學發展史》，施懿琳、鍾美芳、楊翠合著，臺中：臺中縣立文化中心，1995 年 6 月。

29. 《宋代之新變與代雄》，張高評，臺北：洪葉文化事業公司，1995 年 9 月。

30. 《晚清詩研究》，魏仲佑，臺北：文津出版社，1995 年 12 月。

31. 《臺灣詩選注》，陳昭瑛，臺北：正中書局，1996 年 2 月。

32. 《清代臺灣竹枝詞之研究》，翁聖峰，臺北：文津出版社，1996 年 4 月。

33. 《丘逢甲與臺灣歷史文化學術研究討論會論文集》，逢甲大學人文社會研教中心，臺中：逢甲大學人文社會研教中心，1997 年。

34. 《中國近代文學思潮》，劉增傑，臺北：文史哲出版社，1997 年 2 月。

35. 《臺灣文學在臺灣》，龔鵬程，臺北：駱駝出版社，1997 年 3 月。

36. 《臺灣寫實詩作之抗日精神研究》，許俊雅，臺北：國立編譯館，1997 年 4 月。

37. 《洪棄生及其作品考述》，程玉凰，臺北：國史館，1997 年 5 月。

38. 《彰化縣文學發展史》，施懿琳、楊翠，彰化：彰化縣立文化中心，1997 年 5 月。

39. 《生與死——明季士大夫的抉擇》，何冠彪，臺北：聯經出版事業有限公司，1997 年 10 月。

40. 《丘逢甲之詩學研究》，張鳳蘭，臺北：里仁書局，1998 年 3 月。

41. 《臺灣近代詩人在福建》，汪毅夫，臺北：幼獅文化公司，1998 年 4 月。

42. 《清詩史》，嚴迪昌，臺北：五南圖書出版公司，1998 年 10 月。

43. 《丘逢甲研究》，吳宏聰等撰，臺北：世界河南堂丘氏文獻社，1998 年 12 月。

44. 《丘逢甲、丘念臺父子及其時代學術研討會論文集》，逢甲大學人文社會研教中心，臺中：逢甲大學人文社會研教中心，1999 年 5 月。

45. 《臺灣古典詩面面觀》，江寶釵，臺北：巨流圖書公司，1999 年 12 月。

46. 《世變與創化》，衣若芬，劉苑如編，臺北：中央研究院中國文哲研究所籌備處，2000 年。

47. 《臺灣古典文學作家論集》，盧嘉興，臺南：臺南文化中心，2000 年 11 月。

48. 《五百石洞天揮麈》，丘煒菱，上海：上海古籍出版社，續修四庫全書，集部第 1708 冊，2002 年。

49. 《柏莊詩草研究》，余美玲，臺中：逢甲大學中文系，國科會計畫，2002 年 8 月～2003 年 7 月。

50. 《日治時期臺灣傳統文學論文集》，東海大學中國文學系主編，臺北：文津出版社，2003 年 2 月。

51. 《臺灣與大陸文學關係研究》，楊若萍，上海：上海文藝出版社，2004 年 3 月。

論 文

1. 《清代臺灣詩所反映的漢人社會》，施懿琳，臺北：臺灣師範大學國文研究所博士論文，1990 年。

2. 《清代臺南地區的開發與社會變遷》，趙文榮，臺南：國立師範學院鄉土文化研究所碩士論文，1999 年。

3. 《許南英及其詩詞研究》，楊明珠，臺北：中國文化大學中國文學研究所碩士論文，1999 年。

4. 《許南英窺園留草研究》，賴筱萍，臺中：逢甲大學中國文學研究所碩士論文，2002 年。

5. 《丘逢甲潮州詩研究》，賴筱萍，臺中：逢甲大學中國文學研究所碩士論文，2003 年。

6. 《從康有為和嚴復看晚清思想之嬗變》，鄭雅文，彰化：國立彰化師範大學國文研究所碩士論文，2004 年。

7. 《丘逢甲、「詩界革命」及其與日治時期臺灣傳統文學的關係》，王惠玲，臺中：東海大學中國文學研究所博士論文，2006 年 1 月。

8. 《施士洁後蘇龕合集研究》，陳淑美，臺北：政治大學中國文學研究所碩士論文，2006 年。

期刊報紙

1. 《臺灣新報》，1896 年 1 月至 1898 年 5 月。

2. 《臺灣日日新報》，1898 年 5 月至 1937 年 4 月。

3. 《漢文臺灣日日新報》。

4. 《臺南新報》。

5. 〈臺南米街父子進士〉，王甘菊，《聯合報》，1992 年 12 月 28 日第 17 版。

6. 〈中華民族乙未抗日史導論〉，曾迺碩，《臺灣文獻》第 6 卷第 3 期，1955 年 9 月。

7. 〈臺灣古代詩文社〉，賴鶴洲，《臺北文物》第 8 卷第 2 期，1959 年 6 月。

8. 〈乙未抗日雜記〉，廖毓文搜記，《臺北文物》第 9 卷第 1 期，1960 年 3 月。

9. 〈許南英的詩詞〉，毛一波，《臺灣文獻》第 15 卷第 1 期，1964 年 3 月。

10. 〈丘逢甲先生之詩〉，陳漢光，《臺灣文獻》第 15 卷第 1 期，1964 年 3 月。

11. 〈兩件新史料〉，黃典權，《臺南市政》第 8 期，1965 年 1 月。

12. 〈林毫雲先生家傳及其詩鈔〉，陳漢光，《臺灣文獻》第 17 卷第 3 期，1966 年 9 月。

13. 〈鄭鵬雲的詩作及其他〉，陳漢光，《臺灣文獻》第 18 卷第 4 期，1967 年。

14. 〈三百年來臺灣的詩〉，連景初，《臺南文化》舊刊第 8 卷第 3 期，1968 年 9 月。

15. 《林健人先生詩作彙輯》，陳漢光，《臺灣風物》第 22 卷第 2、3 期，1972 年。

16. 〈清代臺灣書院制度初探〉，張勝彥，《食貨月刊》復刊第 6 卷第 3、4 期，1976 年 6 月。

17. 〈臺南詩文社〉，賴子清，《臺南文化》（新刊）第 8 期，1980 年 1 月。

18. 〈倉海先生集外集〉，王國璠編，《臺北文獻》直字第 51、52 期，1980 年 6 月。

19. 〈書院與臺灣社會〉，黃秀政，《臺灣文獻》第 31 卷第 3 期，1980 年 9 月。

20. 〈清代臺灣基層政治體系中非正式結構之發展〉，蔡淵絜，《國立臺灣師範大學歷史學報》第 11 期，1983 年 6 月。

21. 〈丘菽園與臺灣詩友之關係〉，鄭喜夫，《臺灣文獻》第 38 卷第 2 期，1987 年 6 月。

22. 〈臺南「崇正社」、「浪吟詩社」、「南社」創立問題辨正〉，楊明珠，《臺南文化》第 51 期，2001 年 9 月。

23. 〈書院——儒教在地方的傳播形式〉，潘朝陽，《鵝湖》第 21 卷第 5 期，

1995 年 11 月。

24. 〈從書院學規看清代臺灣書院的儒學教育宗旨〉，林孟輝撰，《孔孟月刊》，第 37 卷第 6 期，1999 年 2 月。

25. 〈民國初年孔教問題之爭論〉，黃克武，《師範大學歷史學報》，第 12 期，1984 年 6 月。

26. 〈臺灣民主國與劉永福〉，謝佳卿，《臺灣文獻》第 52 卷第 2 期，2001 年 6 月。

27. 〈丘逢甲「柏莊詩草」試論〉，江昆峰，《臺北文獻》直字第 146 期，2003 年 12 月。

28. 〈隨地山臺灣行〉，周俟松，《文教資料簡報》第 96 期，1979 年 12 月。

29. 〈臺灣愛國詩人許南英及其創作〉，包恆新，《福建論壇》第 2 期，1982 年。

30. 〈試析丘逢甲詩歌的藝術特色及其詩歌理論〉，黃志萍、徐博東，《臺灣研究集刊》，1987 年第 1 期。

31. 〈《窺園留草》識小錄〉，汪毅夫，《福建論壇》，1988 年第 2 期。

32. 〈臺灣教育會雜誌——再版記及內容介紹〉，又吉盛清著，潘淑慧譯，《國立中央圖書館臺灣分館館刊》第 3 卷第 2 期，1996 年 12 月。

貳、參考文獻

史地傳記類

1. 《臺灣遊記》，張遵旭，臺灣銀行經濟研究室主編，臺北：臺灣銀行，1960 年 8 月。

2. 《嶺海微飆》，丘念臺，臺北：中華日報社，1976 年 12 月再版。

3. 《臺灣書院小史》，馬肇選，彰化：社會教育館，1977 年 9 月再版。

4. 《臺灣史上的人物》，楊雲萍，臺北：成文出版社，1981 年 5 月。

5. 《中日甲午戰爭》，文廷式等，臺北：廣文書局，1981 年 8 月再版。

6. 《重修臺灣省通志》，臺灣省文獻委員會編，臺中：臺灣省文獻委員會，1985 年 3 月。

7. 《丘逢甲評傳》，丘鑄昌，廣東：廣東人民出版社，1987 年 5 月。

8. 《臺灣近代史論》，尹章義，臺北：自立晚報，1993 年 7 月一版五刷。

9. 《櫟社沿革志略》，傅錫祺，南投：臺灣省文獻委員會，1993 年 9 月。

10. 《哀臺灣箋釋》，李鶴田，南投：臺灣省文獻委員會，1993 年 9 月。

11. 《南明研究與臺灣文化》，楊雲萍，臺北：臺灣風物雜誌社，1993 年 10 月。

12. 《臺灣民主國之研究》，黃昭堂，臺北：財團法人現代學術研究基金會，1993 年 12 月。

13. 《臺灣近代史研究》，吳密察，臺北：稻鄉出版社，1994 年 3 月三刷。

14. 《歷史轉折論》，張雄，上海：社會科學院出版社，1994 年 4 月。

15. 《李春生的思想與時代》，李明輝，臺北：正中書局，1995 年 4 月。

16. 《清末新知識界的社團活動》，桑兵，北京：三聯書局，1995 年 4 月。

17. 《中國書院史》，樊克政，臺北：文津出版社，1995 年 9 月。

18. 《動盪時代的知識份子》，李良玉，臺北：南天書局，1996 年 8 月。

19. 《中國書院文化》，楊布生等，臺北：雲龍出版社，1997 年 6 月。

20. 《臺灣姓氏之研究》，彭桂芳，新竹：新竹社教館，1997 年 10 月三版。

21. 《閩臺歷史社會與民俗文化》，汪毅夫，廈門：鷺江出版社，2000 年 8 月。

22. 《臺灣意識與臺灣文化》，黃俊傑，臺北：正中書局，2000 年 9 月。

23. 《臺灣史》，山崎繁樹，臺北：武陵出版社，1995 年 8 月二版三刷。

24. 《臺灣四百年的歷史與展望》，伊藤潔，臺北：新遠東出版社，1995 年 9 月二版。

學術思想類

1. 《中國近三百年學術史》，梁啓超，臺北：華正書局，1979 年 5 月。

2. 《中國人的性格》，李亦園等，臺北：桂冠圖書公司，1988 年 3 月。

3. 《清代學術與文化》，王俊義等，遼寧：教育出版社，1993 年 10 月。

4. 《第一屆臺灣儒學研究國際學術研討會論文集》，成大中文系編，臺南：市立文化中心，1997 年 6 月。

詩文集

1. 《臺灣竹枝詞選集》，陳香，臺北：商務印書館，1983 年 4 月。

2. 《溪山煙雨樓詩存》，陳逢源，臺北：龍文出版社，1992 年 3 月。

3. 《吳德功先生全集》，吳德功，南投：臺灣文獻委員會，1992 年 5 月。

文學理論

1. 《中國文學理論》，劉若愚，臺北：聯經出版公司，1993 年 11 月四刷。

2. 《文學社會學》，羅‧埃斯卡皮撰，王美華、于沛譯，安徽：安徽文藝出版社，1987 年 9 月。

文學專著

1. 《三臺詩傳》，李漁叔，臺北：學海出版社，1976 年。

2. 《讀詩隅記》，龔鵬程，臺北：華正書局，1982 年 4 月。

3. 《中國文學論集續編》，徐復觀，臺北：臺灣學生書局，1984 年 9 月再版。

4. 《臺灣文學風貌》，李瑞騰，臺北：三民書局，1991 年 5 月。

5. 《詩詞曲格律淺說》，呂正惠，臺北：大安出版社，1991 年 5 月一版三刷。

6. 《唐代社會與元白文學集團關係之研究》，馬銘浩，臺北：臺灣學生書局，1991 年 6 月。

7. 《晚清文學思想論》，李瑞騰，臺北：漢光文化公司，1992 年 2 月。

8. 《明清文學論集》，龔顯宗，臺北：華正書局，1996 年 1 月。

9. 《臺灣文學中的歷史經驗》，東海大學中國文學系主編，臺北：文津出版社，1997 年 6 月。

10. 《嘉義地區古典文學發展史》，江寶釵，嘉義：嘉義市立文化中心，1998 年 6 月。

11. 《臺灣古典文學與文獻》，東海大學中國文學系主編，臺北：文津出版社，1999 年 1 月。

12. 《明清時期的臺灣傳統文學學術研討會論文集》，東海大學中文系編，臺北：文津出版社，2002 年 3 月。

13. 《傳統詩文的殖民地變奏——王松詩話與詩的現代詮釋》，林美秀，高雄：太普公關事業有限公司，2002 年 9 月。

學位論文

1. 《臺灣詩社之研究》，王文顏，臺北：政治大學中文研究所碩士論文，1979 年。

2. 《清末流寓詩人及其作品之研究》，周滿枝，臺北：政治大學中文研究所碩士論文，1980 年。

3. 《臺灣詩史》，廖雪蘭，臺北：中國文化大學中國文學研究所博士論文，1983 年。

4. 《黃遵憲及其詩研究》，張堂錡，臺北：臺灣師範大學國文研究所博士論文，1990 年。

5. 《臺灣光復前重要詩社作家作品研究》，陳丹馨，臺北：東吳大學中文研究所碩士論文，1991 年。

6. 《日據時代臺灣知識份子的思想風格及其文學表現之研究》，陳明柔，臺北：淡江大學中文研究所碩士論文，1992 年。

7. 《丘逢甲嶺雲海日樓詩鈔研究》，徐肇誠，臺南：成功大學中文研究所碩士論文，1993 年。

8. 《道咸同時期淡水廳文人及其詩文研究》，謝志賜，臺北：臺灣師範大學國文研究所碩士論文，1995 年。

9. 《清代臺灣竹塹地區傳統文學研究》，黃美娥，臺北：輔仁大學中文研究所博士論文，1999 年。

學報、期刊

1. 〈許南英與許地山〉，連景初，《臺南文化》（舊刊）第 2 卷第 2 期。

2. 〈中國詩中的時間空間與自我〉，劉若愚，《書目季刊》第 21 卷第 3 期。

3. 〈乙未抗日在文壇上的反映〉，廖漢臣，《臺灣省文獻專刊》第 2 卷第 3 期，1951 年 11 月。

4. 〈乙未之役邱逢甲事蹟考證〉，曾迺碩，《臺灣文獻》第 7 卷第 3 期，1956 年。

5. 〈邱逢甲在臺灣文學史之位置〉，林熊祥，《臺灣文獻》第 9 卷第 1 期，1958 年。

6. 〈斐亭吟社，牡丹詩社〉，賴鶴洲，《臺北文物》第 6 卷第 4 期，1958 年 6 月。

7. 〈道光丁酉科福建拔貢年齒錄〉，施瓊芳，《臺南文化》舊刊第 6 卷第 1 期，1958 年 8 月。

8. 〈小東山詩存及其他〉，陳漢光，《臺灣文獻》第 15 卷第 3 期，1964 年。

9. 〈唐景崧抗日之心跡及其奏電存稿〉，張雄潮，《臺灣文獻》第 16 卷第 1 期，1965 年。

10. 〈唐薇卿駐臺韻事考〉，黃得時，《臺灣文獻》第 17 卷第 1 期，1966 年 3 月。

11. 〈許南英的生平〉，毛一波，《藝文誌》第 18 期，1967 年 3 月。

12. 〈明寧靖王暨五妃文獻〉，陳漢光，《臺灣文獻》第 20 卷第 3 期，1969 年 9 月。

13. 〈記臺南府城詩壇領袖趙雲石喬梓〉，盧嘉興，《臺灣文獻》第 26 卷第 3 期，1975 年 9 月。

14. 〈日據初期的籠絡政策〉，王詩琅，《臺灣文獻》，第 26 卷 4 期，1976 年 3 月。

15. 〈詩鐘摭述〉，楊向時，中華學術院編《中華學術與現代文化叢書二文學論集》，1978 年 7 月。

16. 〈清代臺灣社會領導階層性質之轉變〉，蔡淵絜，《史聯雜誌》第 3 期，1983 年 6 月。

17. 〈臺灣割讓與乙未抗日運動〉，黃秀政，《臺灣文獻》第 39 卷第 3 期，1988 年 9 月。

18. 〈清代臺灣知識份子對社會變亂之反應〉，郭伶芬，《靜宜人文學報》第 1 期，1989 年 4 月。

19. 〈日據時期臺灣古典詩的抗議精神與比興諷諭傳統〉，施懿琳，臺北：中國古典文學研究會編《古典文學》第 12 集，1992 年 10 月。

20. 〈區域特性與文學傳統〉，龔鵬程，《聯合文學》第 8 卷第 12 期，1992 年 10 月。

21. 〈清代臺南海東書院考〉，郭至和，《臺東師院社會科教育學刊》，1993 年 1 月。

22. 〈國家認同衝突下的臺灣文學研究〉，林瑞明，《文學臺灣》第 7 期，1993 年 7 月。

23. 〈談丘逢甲與謝道隆的情誼〉，楊哲宏，《臺灣文學觀察雜誌》第 8 期，1993 年 9 月。

24. 〈梁啓超與霧峰林家三傑的臺灣情誼〉，謝秋萍，《臺灣文學觀察雜誌》第 8 期，1993 年 9 月。

25. 〈區域特性與土地認同〉，黃琪椿，《臺灣文學》第 9 期，1994 年 1 月。

26. 〈康有爲致丘逢甲書考釋〉，曾一民，《逢甲學報》第 27 期，1994 年 11 月。

27. 〈生與死的關懷——中國詩人對死亡的凝視〉，陳清俊，《中國學術年刊》第 16 期，1995 年 3 月。

28. 〈論韓愈之「以詩爲文」〉，何寄澎，臺北：臺大中文系編《中國文學的多層面探討國際學術會議論文集》，1996 年 4 月。

29. 〈乙未割臺與舊詩變貌〉，龔顯宗，桃園：中央大學中文系編《近代中國文學與思想集刊》第 1 號，1995 年 6 月。

30. 〈丘逢甲的詩學與詩教〉，王甦，桃園：中央大學中文系編《第三屆近代中國學術研討會論文集》，1997 年 3 月。

31. 〈丘逢甲對日觀念的轉變〉，謝佳卿，《臺灣源流》第 6 期，1997 年 6 月。

32. 〈丘逢甲詠物詩的美學觀〉，王甦，臺北：淡江大學中文研究所編《文學與美學》第 6 集，1998 年 5 月。

33. 〈論櫟社詩人作品中的祖國情結及其演變〉，廖振富，桃園：中央大學中文系編《第六屆近代中國學術研討會論文集》，2000 年 3 月。

34. 〈寒梅與詩心——許南英梅花詩探析〉，余美玲，《臺灣文學學報》，2000 年 6 月。

35. 〈臺南詩人施瓊芳作品中的臺灣社會面相〉，吳毓琪，《文學臺灣》第 36 期，2000 年 10 月。

36. 〈海東進士施士洁的詩情與世情〉，余美玲，《逢甲人文社會學報》第 1

期，2000 年 11 月。

37. 〈施士洁後蘇龕詩鈔之鄉愁書寫〉，王建國，《文學臺灣》第 43 期，2002 年 7 月。

38. 〈府城臺南父子雙進士——施瓊芳、施士洁〉，謝碧連，《臺南文化》第 53 期，2002 年 10 月。

39. 〈丘逢甲捲走餉銀十萬兩謎題試解〉，張同湘，《南臺文化》第 4 期，2002 年 12 月。

40. 〈乙未世代的離散書寫——兼論許南英與丘逢甲的差異〉，林麗美，《島語》第 3 期，2003 年。

41. 〈施士洁「臺江新竹枝詞」探析〉，向麗頻，《東海大學文學院學報》第 44 卷，2003 年 7 月。

42. 〈帝國魅影——櫟社詩人王石鵬的國家認同〉，黃美娥，《東海大學文學院學報》第 44 卷，2003 年 7 月。

43. 〈由「滄海」及相關意象看丘逢甲內渡後的心境與夢想〉，丁旭輝，《漢學研究》第 21 卷第 1 期，2003 年 10 月。

44. 〈中國的寫實派文學理論〉，王文生，《社會科學戰線》第 3 期，1981 年。

45. 〈落花生主義與許地山的後期創作〉，宋益喬，《文學評論叢刊》第 23 輯，1982 年 4 月。

46. 〈略論丘逢甲的詩〉，黃香山，《福建論壇》第三期，1983 年。

47. 〈許地山與他的父親〉，周俟松，《新文學史料》第 4 期，1985 年。

48. 〈清代學風和詩風的關係〉，錢仲聯，《文史知識》第 10 期，1985 年。

附錄一　時事年表

紀　年	臺　灣　大　事	中　國　大　事	世　界　大　事
咸豐五年 1855	淡水閩粵械鬥。 劉家謀著《海音詩》。	捻亂坐大，於黃河、淮水間爲亂。（至同治七年才平）	日本設洋學所，專研西洋學術、教育、文化，並譯洋書。
咸豐六年 1856	美艦入基隆。	英以亞羅號船事件爲藉口，挑起第二次鴉片戰爭。	
咸豐七年 1857	鄭用錫組斯盛社。	英法聯軍攻陷廣州。	俄皇宣布解放農奴。
咸豐八年 1858	臺灣正式開港。	因英法聯軍簽定天津條約。 中俄簽定璦琿條約。	
咸豐九年 1859	淡水漳、泉械鬥，爲臺灣北部械鬥之最。	英法聯軍進犯天津大沽砲臺。	達爾文《物種原始》出版。
咸豐十年 1860	開安平、打狗、淡水、基隆爲商埠。 普魯士船攻擊南部原住民。	第二次英法聯軍，文宗避難熱河，後簽定北京條約。自強運動開始	林肯當選美國總統。
咸豐十一年 1861	彰化戴潮春起事。 德荷丹麥西班牙亦訂約享有臺灣通商權利。	慈禧在北京發動宮廷政變，垂簾聽政。 英倫敦教會設醫院於北京。	
同治元年 1862	彰化戴潮春起事。 淡水設海關。	兩次英法聯軍促發「師夷之長技以制夷」的自強運動。 自強運動的成果，最後卻在甲午戰爭中一敗塗地。	
同治二年 1863	雞籠設海關。	法於上海設租界。 李鴻章創設「上海廣方言館」。	林肯解放黑奴。
同治三年 1864	安平、打狗設海關。 丁日健爲兵備道，戴潮春事件平定。 林占梅開潛園文酒之會。	太平軍竄入閩省，直陷漳州。 廣州同文館成立。	

同治四年 1865	倫敦長老教會牧師至府治傳教。英長老會牧師馬雅各、杜嘉得於鳳山建立臺灣第一所現代化醫院。	李鴻章在上海創辦江南機器製造局。 太平軍敗亡。	
同治五年 1866	羅東分類械鬥。英艦被原住民襲擊。	左宗棠奏設福州船政局，開中國新式造船業之風。	
同治六年 1867	美船員為原住民殺害，美領事與清廷交涉。	倭仁一派主張治國之本在人心，堅決反對聘請洋人教習；奕訢一派建議再設館習天文、算學，延請西人教習。	
同治七年 1868	英荷恩大南澳侵墾事件。		日本明治即位，銳意維新。
同治八年 1869	洋商與安平兵弁衝突。 鳳山、打狗基督徒被迫害，英艦封鎖安平。	俄藉口定續約，侵佔唐努烏梁海西南、蒙古以西等地。	
同治九年 1870		英傳教士李提摩太抵上海。	
同治十年 1871	琉球船民為牡丹社原住民殺害。 設臺北府。英設臺海航線。	與日簽定天津通商條約及海關稅則。 英人鋪設香港、上海海底電線。	
同治十一年 1872	馬偕牧師至淡水宣教。日本以琉球人被牡丹社原住民殺害為由，出兵臺灣。	第一次派遣三十名學童赴美留學。	
同治十二年 1873		法攻佔越南河內，為劉永福黑旗軍所敗。	
同治十三年 1874	日本藉牡丹社事件攻打臺灣。欽差大臣沈葆楨五月入臺。	三月，中國調查華工受虐情形。 慈禧二次聽政。	
光緒元年 1875	宜蘭械鬥。 沈葆楨七月二十二日離臺。閩撫丁日昌赴臺。	李鴻章、沈葆禎督辦南、北洋防務，並購艦建立新式海軍。 廈門教會設立「戒纏足會」。	日本挑釁朝鮮，次年約定其為獨立自主國，清廷漠然以對。
光緒二年 1876	基隆煤礦開始以機器開採。	上海淞滬鐵路通車，旋被清政府收買拆除。	美國貝爾發明電話。
光緒三年 1877	丁日昌親自坐鎮臺灣府屬歲試。	左宗棠平定新疆。上海有線電報發報。與西班牙簽訂古巴華工條約，嚴禁販賣華工。	
光緒四年 1878	臺北知府為陳星聚。 三角莊呂氏築「筱雲軒」。		
光緒五年 1879	建淡水縣儒學。	中俄簽定返還依犁條約。 日本取琉球，改為沖繩縣。	

光緒六年 1880	建臺北府儒學及登瀛書院。 福建巡撫岑毓英赴臺勘閱。 俄艦臨海參威。臺灣架砲防 俄。	李鴻章創設中國海軍，並辦 天津水師學堂。	美國進行全國鐵路 鋪設工程。
光緒七年 1881	基督教長老教會巴克禮設臺 南神學校。五月，劉璈為臺 灣道，防日藉琉球案生事。	上海租界區電話裝成。	
光緒八年 1882	臺北府城興建完工。 澎湖風災，巡撫岑毓英到福 州、臺灣賑濟。	法兵據清屬國安南。朝鮮內 亂，日本派兵進入，清亦命 丁汝昌率兵入朝鮮，清助定 亂，而許日駐軍。	朝鮮內亂，日派兵入 朝鮮。美禁止華人移 民十年。
光緒九年 1883		法攻越南。吏部主事唐景崧 自請赴越招降劉永福率黑旗 軍擊斃法軍司令。	
光緒十年 1884	法軍進攻基隆，劉銘傳與臺 灣道劉璈應戰。八月，法孤 拔率軍攻基隆，敗，封鎖臺 灣海口。	中法戰爭。法艦砲轟馬尾， 福州船政局毀於一旦。朝鮮 東學黨作亂，清與日發生戰 爭。	朝鮮京城兵變，中日 衝突再起。
光緒十一年 1885	法軍退出臺灣。臺灣建省， 劉銘傳為首任巡撫。十月， 唐景崧授臺灣兵備道。	馮子才於諒山大勝法軍，中 法議合。 法軍進攻陷澎湖。	
光緒十二年 1886	五月，開始清賦（至1889年 完成）。 陳衍受劉銘傳之聘來臺。	英併清屬緬甸。	英首相提出愛爾蘭 自治法案。
光緒十三年 1887	開辦鐵路、煤礦。電線架設 完成。 邵友濂任布政使。唐景崧任 兵備道。	美傳教士哈巴安德在廣州創 辦格致書院（嶺南學堂）。	首屆殖民會議在倫 敦召開。葡萄牙正式 吞併澳門。
光緒十四年 1888	八月，彰化施九緞起事，林 朝棟平定。 唐景崧編就《請纓日記》。	康有為上書主張變法。 北洋海軍成立。	
光緒十五年 1889	建臺灣府（臺中）。宏文書院 成立。唐景崧成立斐亭詩 社。	德宗皇帝親政。	
光緒十六年 1890	劉銘傳辭職，沈應奎代理巡 撫事務。	張之洞創立漢陽製鐵局、漢 陽槍砲廠。	
光緒十七年 1891	劉銘傳獲准開缺。四月，邵 友濂授臺灣巡撫。沈應奎為 臺灣布政使，唐景崧陞臺灣 布政使。	康有為著《大同書》、《新學 偽經考》。	
光緒十八年 1892	邵友濂撤清賦局，新政幾乎 全部終止。 陳仲英任臺灣知府。臺灣通 志總局開設。		

光緒十九年 1893	唐景崧於臺北成立牡丹詩社。唐景崧《請纓日記》刊行，丘逢甲寫序。詩畸刊行。	寮國成爲法國保護國。	
光緒二十年 1894	邵友濂確立臺北爲臺灣省會。九月，邵友濂辭巡撫職，唐景崧繼邵友濂後任臺灣巡撫。楊歧珍、劉永福入臺協防。	朝鮮東學黨之亂，日本趁機出兵。 孫中山成立興中會。以「驅逐韃虜，恢復中華，創立合眾政府」爲會員誓詞。	
光緒二一年 1895	五月，臺灣紳民倡立臺灣民主國，唐景崧、劉永福分守北、南。五月，唐景崧內渡大陸；日軍驅軍南下，沿途遭義軍對抗阻撓；於九月三日入臺南城。 二月，澎湖陷落。三月，中日簽訂馬關條約，中國賠款、割臺灣、澎湖、遼東半島。五月初二，臺灣民主國成立。五月初六日，日軍登澳底；五月十一，日軍攻基隆。五月十二日，日軍進入臺北城，唐景崧走廈門；二十五日樺山資紀在臺北總督府舉行始政典禮。閏五月初七，歃血白龍庵；閏五月下旬，戰於大料崁（大溪）、中壢、龍潭坡；六月上旬，日軍掃蕩中壢以南新竹以北地區；六月中旬，新竹失守；六月二十五日，苗栗失守。七月初，日軍攻陷大甲溪，豐原、清水也告陷。七月初九，臺中、彰化失守。七月下旬，日軍侵入雲林、他里霧（斗南）。八月十一日，日軍分三路南下，雲林、他里霧、大莆林均陷。八月二十一日，日軍攻入嘉義城。七月初開始，日海軍一再入侵安平、恆春、枋寮等海口，八月十一日又進攻臺南，劉永福應戰。戰事不斷，八月底，進犯臺南。九月初三，劉永福去廈門；初四，日軍進入臺南城。	丁汝昌所率北洋艦隊爲日殲滅，澎湖亦陷；四月，中日簽定馬關條約，賠款外並割讓臺灣、澎湖。 孫文、陸皓東廣州起事失敗，逃往日本。 甲午戰敗，朝野震驚，日本形象陡高百倍。中國朝野的日本觀急劇地變化著。戊戌政變以後，特別是庚子事變以後，「要學西學，先學日本」幾成爲國人共識。於是，留日學生源源東渡，東文學校紛紛開設。 康有爲聯合應試舉人公車上書。後組織強學會，其生梁啓超在上海編時務報。 提摩太《泰西新史攬要》正式出版，一時洛陽紙貴。內容涉及世界各國沿革、互相爭戰、政體演變、科技發明、著名人物、風俗習慣等等；書中還傳達「只要奮發圖強，就可以進步」的信息。對不大熟悉世界大勢的士大夫來說，是一部開闊眼界的新書，對尋求禦侮救國之路的志士仁人來說，它是一部啓蒙教科書。〔註2〕	

〔註2〕 熊月之：《西學東漸與晚清社會》緒論（上海：人民出版社，1995年4月第二次印刷），頁601、頁638。

光緒二二年 1896	日任乃木希典為臺灣總督，並在臺灣頒布法律六三號，臺灣總督得有立法權。《臺灣新報》第一號發行，為本島新聞發刊之始。	列強在中國強行瓜分土地。孫中山三民主義理論形成。嚴復譯《天演論》。梁啓超辦理《時務報》。	
光緒二三年 1897	依馬關條約，五月八日為臺灣住民選擇國籍去留決定之日，約六千人返大陸。	德國占領膠州灣。光緒帝接見康有為。義和拳標舉扶清滅洋口號。陳少白到臺北成立興中會分會。	
光緒二四年 1898	兒玉源太郎任灣總督。櫟社成立。章太炎來臺任《臺灣日日新報》漢文編輯。	俄國強租旅順、大連。法國強租廣州灣。英國強租山東之威海衛、九龍半島。日本要求福建不得租讓他國。光緒帝下詔變法圖強，推行新政，八月，舊黨發動政變，此即戊戌政變。梁啓超於日橫濱創辦「清議報」，鼓吹保皇立憲之說。康有為倡設「保國會」，主張保國、保種、保教。保守派反擊，沒多久即停會。嚴復翻譯赫胥黎《天演論》出版，一再申覆強族保種諸事。張之洞寫〈勸學篇〉，主張中體西用。	
光緒二五年 1899	臺南舉辦饗老會。	美國提出中國門戶開放政策，才挽救中國被瓜分的命運。袁世凱任山東巡撫鎮壓義和團。	
光緒二六年 1900	日總督府於淡水舉辦揚文會。義民襲麻豆辦務署。臺北成立「天然足會」。	列強承認美門戶開放、機會均等等宣言，中國暫免被瓜分。八國聯軍陷天津、北京，慈禧、德宗逃西安。保皇會唐才常在武漢起義。	
光緒二七年 1901	日軍搜殺南縣抗日義民。義民襲噍吧年郵局。臺灣第一座現代化圖書館私立臺灣文庫在淡水設立。鼠疫流行，三千多人死亡。林鶴年歿於廈門鼓浪嶼。	慈禧下詔變法，但無誠意。與諸國簽訂辛丑條約，清廷通令全國各省州縣設大小學堂。梁啓超創刊《新民叢報》，宣傳君主立憲制。《黑奴籲天錄》出版。	
光緒二八年 1902	基隆供應自來水。	慈禧、德宗回京。日俄戰爭，中國受無妄之災。殖民會議在倫敦召開。章炳麟、蔡元培等人設立愛國學社，傳播革命思想。陳擷芬創《女報》於上海。嚴復譯《原富》出版。	

光緒二九年 1903	鄭鵬雲《師友風義錄》刊行。	東京留學生馬君武提出排滿復漢主張。 嚴復譯《群學肄言》、《群己權界說》出版。鄒容刊行《革命軍》，鼓吹種族革命。《女界鐘》出版，鼓吹男女平等權。	
光緒三十年 1904	伊能嘉矩著《臺灣蕃政志》。	黃興組織華興會。 日俄戰爭爆發。	朝鮮成為日本保護國。
光緒三一年 1905		袁世凱等人聯名奏請立憲，清廷派五大臣出洋考察。廢科舉制度。嚴重饑荒，造成各省搶米風潮。上海商務總會議決拒用美貨。	
光緒三二年 1906	佐久間左馬任臺灣總督。南社成立。	七月，清廷下詔預備立憲，秋瑾在上海創《中國女報》。嚴復譯《法意》。	
光緒三三年 1907		革命軍起義於鎮南關等地。徐錫麟、秋瑾起事失敗。各省設諮議局。	
光緒三四年 1908	臺灣縱貫鐵路全線通車。	清廷於八月宣佈預備期限為九年，開始試行地方自治。	
宣統元年 1909	基隆石坂文庫開館。	各省設立諮議局。	伊藤博文於哈爾濱為韓人刺殺。
宣統二年 1910	瀛社成立。	廣州新軍譁變。	日併朝鮮。
宣統三年 1911	二月，梁啟超來臺遊歷，並參加臺中櫟社大會。	清廷宣佈鐵路國有政策，湖北、湖南、廣東四省人民大憤，組織保路同志會。 孫中山當選為中華民國臨時大總統。	
民國元年 1912	馬偕紀念醫院開幕。 全臺詩人大會在北郭園舉行。	1912 年元旦，中華民國誕生，是亞洲第一個民主共和國。	
民國二年 1913	八月，中國二次革命，孫文來臺。 十二月，羅福星事件。 鄭如蘭《偏遠堂吟草》刊行。	三月二十日，宋教仁在上海被暗殺。袁世凱向五國銀行借款，譚延闓、李烈鈞、柏文蔚、胡漢民揭開「二次革命」序幕。	第二次巴爾幹諸國戰爭。
民國三年 1914	板垣退助來臺組織同化會。林獻堂等推動臺灣同化運動。	袁世凱下令解散國會，為其皇帝夢鋪路。 孫文於東京組織中華革命黨。	七月，第一次世界大戰爆發。

民國四年 1915	西來庵事件。 臺中一中成立。 林痴仙歿於臺中。	日本提出二十一條無理要求。楊度組織籌安會；梁士詒組全國請願聯合會。袁世凱下令改民國五年爲中華帝國洪憲元年。	
民國五年 1916	臺灣總督府出版《臺灣列紳傳》；五月臺北舉行「實業共進會」。	護國軍起義。六月，袁世凱過世，北洋軍隊分成三大軍閥派系爭逐角鬥。胡適等人提倡文學革命。	
民國六年 1917		黎元洪、段祺瑞失和，督軍團叛變。七月，張勳在北京策動溥儀復辟。南北戰爭展開。	
民國七年 1918		軍閥戰爭（1918～1928）	第一次世界大戰結束。
民國八年 1919		五四運動起。南北和議。中華革命黨改稱中國國民黨。	凡爾賽和會召開。
民國九年 1920	三月，臺灣留學生組織「新民會」，從事政治改革運動。連橫著《臺灣通史》。	直皖戰爭。	
民國十年 1921	一月，臺灣議會設置請願運動開始；十月，臺灣文化協會成立。	孫文成立廣東政府，就任非常大總統。 八月，中國共產黨成立	
民國十一年 1922		廣東軍政府司令陳炯明叛變。 直奉戰爭結束，東三省發表獨立宣言。	
民國十二年 1923		曹錕賄選。護法運動結束。	
民國十三年 1924		孫文在日本發表《大亞細亞主義》。 許地山組織新臺灣安社，鼓吹無政府義。	

附錄二　海東四子年表

年　代	施士洁事蹟	許南英事蹟	丘逢甲事蹟	汪春源事蹟〔註1〕
咸豐五年 1855	一歲 父施瓊芳道光二十五年進士；咸豐四年歸任海東書院。	一歲 十月初五日生於臺灣府城西定坊武館街。		
咸豐六年 1856	二歲	二歲		
咸豐七年 1857	三歲	三歲		
咸豐八年 1858	四歲	四歲		
咸豐九年 1859	五歲	五歲 父特齊公教以唐詩，便能成誦。		
咸豐十年 1860	六歲	六歲 遷居東安坊馬公廟窺園。十月初五，父歿。從陳良玉受業。		
咸豐十一年 1861	七歲	七歲 從許鳳儀受業。		
同治元年 1862	八歲	八歲 從鄭永貞受業		
同治二年 1863	九歲	九歲 從葉崇品受業。		

〔註1〕 汪春源的事蹟，主要依據汪春源〈汪進士自述〉一文（《臺南市政》第八期，1965 年 1 月），再以其他資料爲輔，。

同治三年 1864	十歲	十歲	一歲 十一月二十八日，生於臺灣府淡水廳銅鑼灣雙峯山，行二。	
同治四年 1865	十一歲	十一歲	二歲	
同治五年 1866	十二歲	十二歲	三歲	
同治六年 1867	十三歲	十三歲	四歲 就塾，父龍章公自教之。	
同治七年 1868	十四歲 父施瓊芳卒。	十四歲	五歲	
同治八年 1869	十五歲	十五歲	六歲	一歲
同治九年 1870	十六歲	十六歲 就童子試，伯父亦輝公喜曰：「讀書種不絕矣！」	七歲	二歲
同治十年 1871	十七歲 歲試冠童軍，旋以意外風潮被斥不錄。	十七歲	八歲	三歲
同治十一年 1872	十八歲	十八歲	九歲 祖父學祥公捐館，隨侍父親回彰化東勢角奔喪。	四歲
同治十二年 1873	十九歲 到榕城參加鄉試。	十九歲 時有從商意，隨二兄往大穆學鹽務，以所入助家用。謝憲章勸再就學，乃從先生受業兩年。	十歲 春，龍章公至彰化縣三角莊魏家設教，丘逢甲與呂汝修等往來甚密，以師禮事吳子光。	五歲
同治十三年 1874	二十歲 舉茂才。	二十歲	十一歲 遊淡水廳、禮拜文廟。	六歲
光緒元年 1875	二十一歲 登鄉薦。	二十一歲	十二歲 龍章公於東勢角設教，丘逢甲常往呂家借閱書報。	七歲
光緒二年 1876	二十二歲 中恩科第三甲第二名進士，多末回臺。	二十二歲	十三歲	八歲

光緒三年 1877	二十三歲 冬，客彰淡。	二十三歲 吳樵山卒，遺書許嫁三女慎。	十四歲 受知於丁日昌，獲贈「東寧才子」印。阿罩霧林家來說親，辭。	九歲
光緒四年 1878	二十四歲	二十四歲 廣儲里林家聘爲教師。設聞檉學舍。	十五歲	十歲
光緒五年 1879	二十五歲	二十五歲 入邑庠，撥府學第二名。	十六歲 生母陳夫人卒，葬於大宛山。	十一歲
光緒六年 1880	二十六歲 朱樹吾檄辦彰邑巨戶積案，	二十六歲 科考、歲考均列第一。	十七歲 隨父遷往彰化揀東堡翁仔社教讀。	十二歲
光緒七年 1881	二十七歲 朱樹吾重至臺郡，奉檄赴彰邑會辦巨戶歷年京控積案。施士洁時在鹿港，同往。	二十七歲 娶吳樵山三女慎爲妻。	十八歲 丘逢甲與父及呂汝玉昆仲等人赴臺南應院試，並遊覽臺名勝，所得之詩作合爲《竹溪唱和集》。 〔註2〕	十三歲
光緒八年 1882	二十八歲	二十八歲 蔡綺卿聘爲教授。秋試後，與林致和、邱君養、王漢秋遊榕城鼓山。	十九歲 丘逢甲服闋，獲補廩餼，巡臺福建巡撫岑毓英特予接見，獎勵備至。	十四歲 應童子試，知縣祁星皆拔置第二。又爲侯材驥、劉璈拔取前茅，入庠。
光緒九年 1883	二十九歲 主講白沙書院。	二十九歲 科試一等。六月，母藍氏卒。葬時與吳姓興訟，蒙臺灣縣沈江梅司馬微服往勘，堂結息案。	二十歲 迎娶廖賡芳長女爲妻。	十五歲
光緒十年 1884	三十歲 越南捷報傳來，與祁莘垓夜談聯句。	三十歲 長男贊書（叔西）生。	二十一歲	十六歲
光緒十一年 1885	三十一歲	三十一歲 服闋。中鄉科解元童其竣榜下第四十一名，出張蘊松先生門下。	二十二歲 赴福州鄉試，未售。一子生數日殤。	十七歲

〔註2〕　收入《臺灣風物》第30卷第2期，1980年6月，頁43

光緒十二年 1886	三十二歲	三十二歲 會試，因對策陳述國家危機，考官不錄。仍在蔡綺卿家教讀。	二十三歲	十八歲 秋試，提督學政唐景崧拔爲第一。食廩餼。
光緒十三年 1887	三十三歲 唐景崧聘施士洁爲海東書院長。	三十三歲 認識臺南歌妓吳湘玉。	二十四歲 蕣女生，周期而殤。參加府試、院試，受知於唐景崧，選至海東書院就讀。秋，受招入唐幕府佐治。	十九歲 秋試，提學道唐景崧再拔爲第一。
光緒十四年 1888	三十四歲 雲林新邑八景新成，陳竺軒徵詩，施士洁有詩八首。	三十四歲 長女葵花生。	二十五歲 赴福州應鄉試，中是科鄭懷陝榜第二十八名。	二十歲 中爲舉人。
光緒十五年 1889	三十五歲 施士洁與、蔡占鰲、蔡壽星、道等連名，奏請建立沈葆禎、吳贊誠專祠。	三十五歲 二次會試，仍以言論傷時被放。吳湘玉逝，納其婢吳氏爲妾。	二十六歲 入京參加會試，中三甲第九十六名進士，以親老告歸。與黃遵憲相識。	二十一歲
光緒十六年 1890	三十六歲 施士洁與蔡壽星、林維源等請建林文察專祠。	三十六歲 中會試恩科夏曾佑榜下第十八名。請假回籍。與鄉民合稟請建呂祖宮，並深入番社辦理墾土化番的事業。叔甲生。	二十七歲 主講嘉義羅山書院。遷入新居柏莊。	二十二歲 會試，薦而未售。
光緒十七年 1891	三十七歲 入唐景崧幕府。 編輯《臺澎海東書院課選》	三十七歲 臺南官紳會舉管理聖廟樂局事務；並任以成書院社長。安平縣令陳子岳聘先生掌教蓬壺書院，辭未就。贊元生。	二十八歲 唐贊袞延丘逢甲主講崇文書院。次子斌生。	二十三歲 丁內艱。母逝。
光緒十八年 1892	三十八歲	三十八歲 贊牂生。	二十九歲 次子病亡。丘逢甲娶如夫人呂氏，名隋珠。福建臺灣通志總局開設，丘逢甲兼任通志採訪工作。	二十四歲
光緒十九年 1893	三十九歲 施士洁多次拜訪胡傳，〈臺灣雜感〉作於此時。	三十九歲 贊堃（地山）生。叔甲殤。	三十歲 春，洪攀桂過訪丘逢甲，乃因其門人某因某事。三女錦生。	二十五歲

光緒二十年 1894	四十歲 母親過世。	四十歲 春，唐景崧聘入臺灣通志局，凡臺南府屬的沿革、風物都由他彙纂。 中日開戰，許南英任臺南團局統領；施士洁協辦。番匪劉烏和作亂，率勇平之。	三十一歲 丘逢甲三子琮生，為呂夫人所出。八月，丘逢甲奉旨許督辦團練，率團練守彰化、新竹間。十月，丘所率團練改稱義軍，以「守土拒倭」號召鄉里，並將司令部設於柏莊。	二十六歲 會試，薦而未售。
光緒二一年 1895	四十一歲 乙未新正，唐景崧結「牡丹詩社」。 協同許南英辦理團練。民主國失敗，避地鷺門。	四十一歲 民反對割臺無效，積極籌建民主國，許南英任籌防局統領。屯兵番社附近諸隘。 五月，聞基隆告急，許南英率團練至阿里關，冒瘴得病。聽聞臺北已失，連夜趕回臺南。劉永福命守臺南。 七月，向劉永福建議開設臺南議院。日軍到嘉義，通函請許南英在府辦保良局，遭拒。九月初三日，日軍入臺南，許南英匿	三十二歲 割臺議成，丘逢甲三次刺血上書要求廢約再戰，後又倡「臺灣民主國」，主獨立抗日；丘逢甲任臺灣義軍統領，防守南崁（地屬桃園）一帶，其兄先甲戍守中港、後壠（地屬苗栗）。〔註3〕 事不成，丘逢甲偕家人內渡，先於廈門小住，秋初抵鮀江，後至上杭，邱果園款留甚殷；旋因閩入粵。初冬，購買廬山築	二十七歲 會試，薦而未售。割臺事起，四月四日，汪春源與葉題雁、李清琦、羅秀惠、黃宗鼎等人「為棄地罪仇、人心瓦解，泣籲效死，以固大局」，在北京請都察御使裕德代奏呈文。 四月八日，並參加康有為發起的「公車上書」。 後內渡，寄籍龍

〔註3〕　丘逢甲在籌組臺灣義軍抗日期間致唐景崧等人的十九封信中，明白記述了他勘察地形、調派義軍防戍的過程：經過一個月左右（書信所記日期為三月初至四月初），大致底定，在〈復鄧季垂〉信中則交代了最後安排結果：「中丞初擬調翼軍往南，而以義軍專防中路，兼任籌餉；旋因省垣後路空虛，復調赴北。現中北兩路義軍已調至十營，逢甲自帶五營：誠字三營，靖字一營，捷字一營；以良字兩營，由陳進士登元分節，分防南崁（筆者按：地屬桃園）等處，兼顧省垣後路；以信字三營由家兄先甲分帶別防新、苗一帶（筆者按：營扎後壠）。……貴治布袋嘴（筆者按：地屬嘉義）一帶近迫澎湖，敵氣甚迫，聞已添營，未審布置能周密否？」至於他戍守的詳細地點，在〈致顧緝庭方伯〉信中有說及：「逢甲到南崁防後，詳勘港口情形，略得大勢。……茲將各營分布處所詳列塵覽。港南曰竹園子，王石（筆者按：應為「公」字）廟，崙後，墈子腳；港北曰虎頭山，元帥山，番子厝山，鼻山（其他信中寫作山鼻），獅頭山，狗頭山，後壁厝山，官升崎，大坑山。」由〈致吳光亮軍門書〉可知當時丘逢甲戍守之地為桃園南崁。當時在丘逢甲營中共事的有：邱樹甲、呂慶虞、余紹賡；分防各處的有：邱先甲、謝頌臣、陳登元、邱國霖、吳鎮洸等人。見丘晨波等編：《丘逢甲文集》（廣東：花城出版社，1994年6月），頁257、頁259。

		於城外田莊；初五日，漁人以竹筏私送許南英出安平港，乘船內渡；許南英先至廈門，再轉至汕頭投靠宗人許子榮兄弟，寄籍龍溪。贊能（叔未）、贊喬（叔丁）生。在廈門認識丘煒菱。	邸。丘逢甲在潮時曾晤溫仲和。秋，丘逢甲兄回臺與妻女團聚，為日人逮捕入獄，四個月後始釋放。丘逢甲四子球生。	溪。
光緒二二年1896	四十二歲	四十二歲自暹羅至新加坡。五月，在廣州與陳省三會面。秋，再經暹羅至新加坡，在新加坡時受到宗人許秋河的款待與幫助；並與在廈門會識的邱煒菱進一步交往。	三十三歲春，丘逢甲澹定村山居「心泰平草廬」建成。丘逢甲赴廣州處理「進士造反案」。廣東巡撫許振褘與刑部侍郎廖壽恆會奏丘逢甲抗日保鄉經過，終得清廷「歸籍海陽」之諭旨以結官司。中秋在廣州晤梁詩五。丘逢甲五子丘琳生。謝道隆回臺。	二十八歲
光緒二三年1897	四十三歲郭、謝兩妾相繼疫歿。	四十三歲二月，自新加坡回國；在鷺門與王泳翔重逢。入京，自請開去兵部職務，降換廣東即換知縣；是年到廣州稟到。	三十四歲應潮州府知府李士彬之聘，為韓山書院山長。歲終，因在書院所為被視為異端，遂辭職。與丘菽園、潘蘭史相識。	二十九歲
光緒二四年1898	四十四歲	四十四歲番禺縣令斐伯謙聘分校縣試卷；廣州知府周桂午委分校試卷。次女贊花（蟾花）生。王泳翔卒。	三十五歲主講東山書院。王恩翔與丘逢甲唱和，名之曰《金城唱和集》。與陳望曾、許南英聯絡。冬，前往梅州探望黃遵憲。四女廙、五女廉生。	三十歲服闋，入京補行殿試，中為貢士，未及殿試而返。
光緒二五年1899	四十五歲岑江施氏家族重修家廟，施士洁統任其責。	四十五歲辦理惠、潮、嘉清鄉事務。與丘逢甲重逢、聯	三十六歲籌劃文天祥六六三週年之冥誕紀念活動。除東山書院外，	三十一歲與陳鳴鏘興訟。再次入京補行殿試。

	絡。 汪春源入都補行殿試，許南英題畫梅詩贈之。	兼講澄海縣景韓書院。冬，辭去書院講席之職，納楊守愚、梁詩五等人議，致力於創辦新式學堂。歲終，丘逢甲到香港，與潘蘭史、康有爲、梁啓超、唐才常等晤面。	
光緒二六年 1900	四十六歲 居於西岑二松寄廬。三角莊呂厚菴到鯉魚城見施士洁。	四十六歲 廣州知府陳省三委總校廣府試卷。委辦佛山汾水稅關釐務。遊海豐、五坡嶺、方飯亭。 丘逢甲游歷南洋前，與許南英會面於廣州。	三十七歲 丘逢甲由粵東當局派往南洋調查僑情、宣揚保商局僑務，在汕頭曾晤許南英面，也在香港會晤潘蘭史及日人平山、近藤；抵新嘉坡，曾晤容閎；與邱煒萲飲於觴詠樓，籌得近十萬元的辦學經費。 長子琰、四子球染疫卒，三弟樹甲亦亡。 秋，嶺東同文學堂開辦。冬，丘逢甲造訪人境廬。	三十二歲
光緒二七年 1901	四十七歲 在鯉城晤鄭毓臣。十一月客姪瘦鶴處，常與文友宴飲。臘杪，山吉盛義至薌江招飲鄭毓臣等人，邀施士洁同行，施士洁以事不果赴。	四十七歲 廣州知府陳省三委調鄉試閱卷官，得士七人。	三十八歲 秋冬間，丘逢甲於汕頭爲潮州人士演講孔教眞義。丘逢甲爲嶺東同文學堂監督，其教育以歐西新法教育青年，有志者趨之若鶩。六子璟生，出嗣其三弟樹甲。	三十三歲
光緒二八年 1902	四十八歲 客鷺江瘦鶴姪處。四孫滄湄殤。三男錫熊卒。原配卒。孫女染疫殤；三姜秀娟染疫亡；霞姬娩忌。施士洁亦有釆薪憂。與唐景崧書信往返，並抄錄詩函寄唐。鄭毓臣、鄭養齋二人從施士洁學。鄭毓臣秋鄉試。	四十八歲 委署雷州徐聞縣，縣僻事簡，貴生書院山長楊先生退任，許南英改書院爲徐聞小學堂，選縣中生員入學，邑紳見其熱心辦學，聘他爲掌教，每旬三、六、九日到堂講經史二時。愛民重士，著有政聲。	三十九歲 二月，謝道隆自臺抵粵訪丘逢甲，十日後歸，丘逢甲有詩寄櫟社諸君 仍任學堂監督。	三十四歲 二月，山吉米溪招飲薌江名流，汪春源有〈留園雅集席上即事〉二首。

光緒二九年 1903	四十九歲 七月遷居於瀟謗，抱恙兩月。姪瘦鶴卒。陳槐庭到廈訪施士洁。〈泉南新樂府〉刊載於《新報》十月四日。施士洁爲鄭毓臣父親寫家傳。	四十九歲 卸徐聞縣任，赴廣州，調入內簾評鄉試卷；特授廣州三水縣；未赴任，委赴欽州查辦重案。調署陽春縣知縣，招降巨盜李北海等。因剿匪功著，乃調任陽江軍民同知兼辦清鄉事務，與陽江遊擊會剿土匪，屢破賊巢，受花翎四品頂戴底賞。	四十歲 地方劣紳藉端控嶺東同文學堂會計，欲牽累丘逢甲，兩廣總督岑春煊派員密查，得其眞相，訟案乃結。事後，丘逢甲辭去學堂監督一職，赴廣州推動新式教育，鼓勵學子赴東西洋留學。	三十五歲 中三甲第一百二十名進士，籤發江西。任江西鄉試閱卷官。
光緒三十年 1904	五十歲 五月二十夕，與黃采侯、幼垣昆季、王蒜園、許子山、鄭毓臣、鄭養齋餞米溪於禾江市樓。	五十歲 調署陽江軍民同知。叔西聘同年陳梧岡長女素，回廈門結婚。	四十一歲 四月，回鎮平，設自強社課。夏，創辦鎮平初級師範傳習所，又在東山、員山開辦族學，皆以創兆爲校名。冬，受聘爲兩廣學務處視學，借文明門外之南園治事。	三十六歲 春，榷稅大庾，剔除中飽，嚴杜司巡苛索留難諸積弊，上峰相推許。十月，奉署宜春篆；因需索門包及供應與郡守傅鍾麟意見不合，白諸層臺，上峰躧之。
光緒三一年 1905	五十一歲 福建水路提督黃少春，聘施士洁佐理案牘文移。林爾嘉承父缺任廈門商會總會會長。秋季貢燕之期，施士洁任商辦繳呈貢品到閩省垣。廈士商官紳贈詩送別米溪。	五十一歲 在陽江施行新政，設學務公所，創設陽江智藝所，改濂溪書院爲陽江師範傳習所，養成各鄉小學教員，設立陽江初等小學堂，開辦陽江巡警，派學生往東洋留學，以造專門人才。	四十二歲 丘逢甲參與反美愛國動；爲上杭、平遠、嘉應、興寧等地同宗及異姓籌辦族學。黃遵憲病逝，親往弔唁。丘逢甲七子瓚、八子瑢。 瓚，出嗣其六弟同甲。 南園雅集。與陳寶琛、沈愛蒼往來。	三十七歲 調署長甯，未赴任，旋調署建冒，修葺學堂、考棚，遴選各科教員，政事餘暇，與學生講解切磋。監禁素爲民害之統役楊發；與教士樊禮愛開誠佈公，民教相安。
光緒三二年 1906	五十二歲	五十二歲 改陽江爲直隸州，領恩平、陽春二縣。三月，擬抽陽春西山木捐爲勇費，以解決盜患，因承辦委員躁急，引起木商抗爭。七月初五，陽江智藝所罪犯逃逸，部議開去	四十三歲 受聘爲廣東學務公所議紳，兼任廣府中學堂監督，並被推爲廣東省教育總會會長。時廣府知府陳望曾，丘逢甲舊友也。許南英亦常與會相聚。是年，鄒魯投刺求	三十八歲 署建冒。

		三水本任，撤職留緝；三個月內捕回逃犯過半，於是，准捐復翎頂，回省候委。十二月，委辦順德清鄉事務。	見，並成爲丘逢甲門弟子。	
光緒三三年 1907	五十三歲 施士洁任職商務會，兼領貢燕之局。	五十三歲 委解京餉。委署三水縣，五月，赴任。 贊元入黃埔陸軍小學。長女葵花歸同邑黃榮；是年多歿。	四十四歲 丘逢甲仍任廣東學務公所議紳，並加入立憲團體「廣東自治研究會」。有一份密函上呈清廷，具名密控邱逢甲與革命人互通聲氣。劉士驥密查，因查無實據，乃報省銷案。	三十九歲 八月，奉檄赴署南康府安義縣；訊辦誣告數起、禁絕煙賭、勸辦私塾、改良監獄。在任四年，爲南康府郡守朱錦以大計卓異密荐。
光緒三四年 1908	五十四歲 上峰飭各屬開辦諮議局。廈諮議局之設，商務總會林叔臧，邀集施士洁等人開會。 日本史學家藤野菑廈，施濂舫爲開文學會於榕園別墅。	五十四歲 入都門。 赴三水縣任。委辦戶口，限日清查，派員守催，不發公費；自費八千餘金辦理。與丘逢甲、易實甫、汪辛伯唱和。	四十五歲 梅縣發生學潮，兩廣總督本欲停辦全梅學校，丘逢甲一言以解之。易實甫到廣，與之多次唱和。參加著泔吟社，有〈新樂府四章〉等詩。廣東諮議局成立，丘逢甲當選爲副議長。	四十歲 任安義縣令。
宣統元年 1909	五十五歲 邱韻香來詩，有「願拜門牆」之語。	五十五歲 收服邑匪陸蘭清；捐廉金修三水縣署「作新堂」。 長孫作新出生。	四十六歲 春，澹淡邨心太平草廬攝影成圖，丘逢甲題詩數首。暇於兩廣學務處爲詩鐘之會。兩廣方言學堂發生學潮，廣東當局派丘逢甲爲方言學堂監督。十月，廣東諮議局成立，丘逢甲被選爲議員，繼又被舉爲副議長。十一月，赴上海參加十六省諮議局代表會議。	四十一歲 任安義縣令。
宣統二年 1910	五十六歲 新任廈門領事官菊池義郎抵廈接篆。 沈友士潮州創曉鐘報社。臺北報社主筆魏潤菴來訪，施士洁贈詩。	五十六歲 贊元（叔壬）往東京留學習軍事。	四十七歲 廣東新軍之役起，掩護鄒魯、陳炯明脫險。在諮議局堅持禁賭案之實施。 秋，遊羅浮、西湖、西樵山。	四十二歲 任安義縣令。

宣統三年 1911	五十七歲 出任同安縣馬巷廳長。辭去毒社長一席。王少濤謂臺地詩社林立，欲請施士洁到臺作騷壇盟主。施士洁以為得多數贊成再談。	五十七歲 許南英因嚴禁販賣人口，而與當地紳士不協，而有辭職之念。會特授電白縣，卸三水縣事；將就任，適革命軍興，許南英被舉為革命政府漳州民事局長。後因南北共和，民事局撤銷。贊元投革命軍，並參加三二九之役，事敗被捕，清軍副將黃培松與許南英有舊，秘密將其釋放。因清鼎革，陳梧岡邀許南英落髮為僧，或於虎溪巖邊築室隱居，均未成功。謝汝銓有菲律賓之行，行前過訪。與沈琛笙相識於羊城聽秋聲館，談藝甚歡。	四十八歲 正月，龍章公病逝，丘逢甲居家守制。黃花岡之役，兩廣總督張鳴歧主閉城搜捕革命黨人，丘逢甲力加反對。十一月，被舉為廣東革命軍政府教育部長。十二月，任廣東省三人代表，前往南京參加臨時政府會議。辛亥光復，先生倡議復丘本姓，閩粵族人群起響應。	四十三歲 秋，調署安仁，履任未久，適值光復。攜眷避居上海。
民國元年 1912	五十八歲 任馬巷廳廳長，都督有電取消；馬巷紳民致電挽留，遂得允准。	五十八歲 春，訪馬亦錢。夏末，許南英帶贊牂、贊能回臺南省墓，兼與諸親友敘舊，並將臺南南莊山林的所餘產業分給留臺族人。在臺時，住在吳筱霞園中，與南社詩人朝夕相處，吟詠唱和，也到北部參加全臺詩人聯唱大會，以及瀛社、竹社之擊鉢吟會，至冬始返。	四十九歲 遊南京明孝陵、登掃葉樓。因病南歸，至潮州時獲悉被舉為臨時參議院議員。正月八日，卒於鎮平淡定村山居。	四十四歲
民國二年 1913	五十九歲 應發起人鄭毓臣、施範其、魏潤菴、黃幼青、王雲滄、李鷚程、呂一菴、李石鯨諸氏所請，發刊婆娑仙籟雜誌，宗旨為振興詩教，旁及文賦詞曲一切。秋，舟訪許	五十九歲 同年舊友張元奇為福建民政長，本要任許南英為西路觀察使，許南英辭請任為龍溪縣知事，聘沈琛笙任龍溪修志局總纂，重修《龍溪縣志》，惜未成功。因禁止		四十五歲 民國成立後，攜眷居留滬上，藉避騷擾。大局稍定，乃挈眷渡廈，僦屋漳州。

	南英於龍溪郡廨。得識沈琛笙，唱和不絕。	私鬥與勒拔煙苗，為當豪劣捏詞侵佔公款，省府查不確。許南英便辭龍溪縣知事職，決計不再從政。住漳州管厝巷。與江春源聯繫上。		
民國三年 1914	六十歲 林菽莊四十壽生日晏。 任菽莊鐘社監定。	六十歲 贊喬畢業於廣州光華醫學校；贊元往蘇門答臘。 五月七日，偕沈琛笙、徐蘊山赴菽莊詩社。		四十六歲 任龍溪文廟奉祀官。與子藝農應邀入菽莊吟社。
民國四年 1915	六十一歲 鄭毓臣卒。 閩垣巡按使許世英抵廈，傳見商會各屬僚暨各紳商。	六十一歲 菽莊主人聘許南英為鐘社詩友，與林爾嘉、林景仁、施士洁、沈琇瑩等人多所唱和。叔丑自仰光歸，與臺中林季商之妹訂婚。		四十七歲 九月，辭龍溪縣文廟奉祀官。 十一月，當選為國民會議議員。赴省參與國民大會。
民國五年 1916	六十二歲	六十二歲 四月，回臺參觀臺灣勸業共進會，並與詩友雅聚唱詠。遊關嶺時輕便車出軌，受微傷；秋，返回。九月，菽莊主人薦許南英至蘇門答臘，為張鴻南編輯生平事略。在棉蘭時，與張杜鵑、徐貢覺相識，並酬應唱和。		四十八歲
民國六年 1917	六十三歲 應聘往福州，入「閩省修志局」；寄居鼓浪嶼。 陳槐庭同寓荔園、林陔唐、謝石秋小聚荔園，時將由閩之滬。	六十三歲 三月，次女蟾花歸龍溪陳疇；夏，贊堃至北京求學。 歐戰正酣，船期不定，十一月十一日，許南英因痢疾歿於棉蘭，林景仁將之安葬在當地，碑曰：「此詩人許先生之墓也」。施士洁作〈寄祭許允白文棉蘭日里〉。		四十九歲 汪春源詩作兩首，詩題云：「有賀。春波翁善畫梅，今春航臺島，留數句，予在蕃境，不得相見。翁臨去畫梅一幅，併留別詩二絕，以寄予索和，次韻賦呈。在南投，柳塘居士。」

民國七年 1918	六十四歲			五十歲 與龔顯鶴同任臺灣所辦徵詩活動題爲〈保生大帝〉之詞宗。
民國八年 1919	六十五歲			五十一歲
民國九年 1920	六十六歲			五十二歲
民國十年 1921	六十七歲 參加艋舺龍山寺徵募聯文。			五十三歲
民國十一年 1922	六十八歲 五月二十三日，病卒鼓浪嶼寄寓，年六十八。			五十四歲
民國十二年 1923				五十五歲 病逝於福建漳州振成巷之進士第。

附錄三　海東四子長題詩作統計表

	施　士　洁	許　南　英	丘　逢　甲
1	〈二十初度，矓仙長兄招同劉拙菴、陳榕士兩司馬、楊西庚、朱樹吾兩明府、梁定甫拔萃、傅采若上舍、沈竹泉布衣□□穎軒禮東坡像，以洁與坡老同生日也。次日，□題蘇詩後，成八十韻〉頁 6	〈聞樨學舍將於臘月初五日解館；初四夜，燈花忽開，喜而誌之〉頁 1	〈鎮平城北近校場半里許有奇石離立山谷間，邑人所名爲石伯公者也，予援南宮故事，字之曰丈，並綴以詩〉頁 12
2	〈和友疊前韻以「雨絲風片煙波畫船」八字冠於每句之首〉頁 8	〈丙戌徐仞千、陳梧岡兩同年來京會試，徐捷得工部，陳考得中書；余已入穀，因對策傷時被放。二君強欲留余在京過夏，書此謝之〉頁 7	〈春第相從有年，去歲復間關渡海隨予來粵，今乃請携家歸臺，並請以絹乞詩爲永念，愴然賦此〉頁 26
3	〈惺園復以「藏拙齋」索題，即用元遺山「□亭」韻〉頁 11	〈王泳翔自聞樨學舍告歸，約以二日再來，及期不至〉頁 9	〈長句贈許仙屏中丞並乞書心太平草額，時將歸廣州〉頁 33
4	〈林次臯明經以所居波水莊園圖索題，畫杜「清江一曲抱村流」全首詩意〉頁 20	〈暮春感懷，兼呈林致和孝廉、王泳翔茂才、陳卜五茂才諸友〉頁 15	〈仙屏中丞手書「掃除萬事付諸命，卓犖高才獨見君」楹帖見贈賦謝〉頁 35
5	〈淡北陳母邱太宜人煉丹活子徵詩冊，爲其令嗣少白茂才題〉頁 29	〈與陳子模、傅若采、張愷臣遊夢蝶園，拜五妃墓；飲於竹溪寺，女校書四人與焉〉頁 18	〈家芝田（漱秀）市菊數盆見贈，時已冬十月矣，感其晚芳，摘我鬱抱，聊賦拙什以質芝田〉頁 40
6	〈五月廿九日，方伯夏小濤師命陪楊臥雲山長、楊心眤農部、王紫溟校官午宴斐亭，賦此誌謝〉頁 31	〈己丑在都，讀呂汝修孝廉詩草，作此以當題詞，並呈邱仙根詩伯〉頁 20	〈家瓊樓、晴溪過訪，兼贈陽明碑刻寒支文集，即送歸上杭〉頁 43

7	〈七月既望，同拙菴、定甫飲西庚寓齋。醉後，聽潘老鼓琴，次拙菴韻〉頁31	〈邱仙根工部以詩索畫梅，用其原韻應之。時仙根掌教崇文書院，而余辭蓬壺書院之聘〉頁24	〈潮陽東山張、許二公祠為文丞相題沁園春詞處，旁即丞相祠也，秋日過謁，敬賦二律〉頁63
8	〈李毓南艤尹招同馬子翊校官、楊端孟孝廉、朱可堂內史、凌英如參軍，飲吳園地上〉頁35	〈臺局之變，臺北郭茂才會川仗義與抗，所謀不遂，聞其來鷺江虎溪嚴祝髮為僧矣；感而作此〉頁36	〈黃香鐵先生（釗）故宅有樓翼然，今斥為酒家矣，與客飲此，追話遺事，感賦六絕句〉頁69
9	〈辛陔招同江子儀孝廉、李敘卿廣文飲紅毛樓下寓齋，用前韻〉頁48	〈陳子承司馬囑題梅花圖，為其節母鄭太宜人寫照〉頁45	〈小除日與曉滄遊開元寺，遂西過叩齒菴，傍城根園池抵南門，登樓晚眺作〉頁79
10	〈浴佛前一日，唐維卿廉訪招同倪耘劬太令、楊穉香孝廉、張漱菜廣文、熊瑞卿上舍、施幼笙茂才遊竹溪寺，次廉訪韻〉頁52	〈遊海豐五坡嶺文信國公祠堂，拜瞻方飯亭文山先生像〉頁56	〈風雨中與季平游東山，謁雙忠、大忠祠，兼尋水簾亭、紫雲巖諸勝，疊與伯瑤夜話韻〉頁93
11	〈臺灣雜感和王葑畇孝廉韻，胡鋹華太守同作〉頁53	〈邱仙根工部付書王伯嵩索畫梅，適余將之任徐聞，倚裝作畫應之，並題此詩〉頁57	〈祝文信國公生日日，得伯瑤風雨中見懷詩答寄，疊前韻〉頁95
12	〈丁亥四月二十五日，偕游少仙司馬、倪耘劬大令、古濟生貳尹小飲「陳氏別館」，耘即席見贈兩絕，如韻還答〉頁63	〈重九日，徐展雲先生、林致和孝廉偕遊石門嶺，酉兒執鞭從之；余以官守所羈，不獲同往〉頁61	〈季平為書「澹定邨」三大字，並書贈「馬來西極、龍臥南陽」二語為楹帖賦謝〉頁98
13	〈羅穀臣太守招同耕劬、漱菜、穉香、瑞卿消夏竹溪寺〉頁66	〈癸卯鄉闈分房襄校，和同鄉虞和甫鎖院述懷原韻〉頁66	〈乞夏季平重書文信國沁園春詞并拙作雙忠廟聯語〉頁100
14	〈氅丈同林時甫太僕登萬松關弔林剛愍少保、謝琯樵參軍殉□□、□感臺事，次韻和之〉頁78	〈衙齋隙地種桃藝菊，入望敷榮；而余又奉檄調陽江，書此別〉頁68	〈芷谷居士畫大幅水墨雲山瀑布二圖并題見贈，長句賦謝〉頁108
15	〈避地鷺門，骨肉離邊數月矣，歲暮始復團聚。舉家乘小輪船赴梅林澳，風逆浪惡，不得渡，晚宿吳堡，感事書懷〉頁79	〈與柯參戎月波會剿石梯、珠環土匪紀事六十韻〉頁70	〈鳳凰山下投宿文氏家，詢之，蓋信國公裔也，出其廬陵所刊族譜及公詩文集、自訂年譜、遺像三、手書一幅見示，感而有作〉頁112
16	〈清明日，鍾壽若太史招同陳香雪庶、林鹿儔、陳青湘、林可山三孝廉、林小蘆上舍作展花朝臺江雅集詩〉頁90	〈出京之前一日，王吉臣、幹臣昆季祖餞於陶然亭。是日陰雨，賦此誌感〉頁76	〈黃子惠曾由滬上同舟至直沽，一別十年矣，相見饒平縣廨，尊酒話舊，賦此為贈〉頁115
17	〈泉垣旅次，呂厚菴文學自臺中三角莊來，贈予日槧宋林和靖、明高清邱二詩集。厚菴父汝玉上舍、叔汝修孝廉，予二十年前友也〉頁94	〈施澐舫山長在廈用「寄鄭養齋原韻」作詩二首寄贈，並索和章；仍用原韻奉呈〉頁77	〈百丈埔為宋張丞相世傑夫人許氏大戰元兵殉節處，舊有祠，廢久矣，子惠署縣為商復舊蹟〉頁115

18	〈毓臣、養齋秋試不售，景商以詩慰之，即次其韻〉頁125	〈三水高等學堂教員黃雲坡（鍾峻）廣文見贈二首，倒疊原韻奉和〉頁81	〈劉慧君（少拔）廿年舊友，曾從余義軍，內渡寓漳，來潮見訪，賦贈〉頁122
19	〈瘦鶴姪邀同黎伯鄂司馬、日本山崎君、杜彝珍、□□昆季，夜宴紅樓醉歌〉頁126	〈和高安中路自治會議長陳伯莪見贈原韻，並留別邑內諸君子〉頁96	〈林氅雲郎中（鶴年）寄題蠔墩忠蹟詩冊，追憶舊事，次韻遙答〉頁130
20	〈毓臣赴鼓浪嶼醉中失足墜水，幾溺；蓋爲予傳語傺屋故也〉頁129	〈壽陳篤臣尊甫渚芸先生暨德配周太夫人六旬雙壽〉頁97	〈爲潮人士衍說孔教于鮀浦，伯瑤見訪有詩，次韻答之〉頁174
21	〈咫園省試罷歸，訪我於瀰謔不晤而去，以詩箋、華履相貽；三疊前韻酬之〉頁133	〈黃仲琴贈漳郡開元寺寶幢石刻「陁羅尼經」搨本〉頁101	〈法政學堂宴日本法學博士梅謙次郎，同行結城球，即席有詩，因次其韻〉頁194
22	〈癸卯歲除，病幾殆而獲愈；新正戚友來賀，書此以博一笑〉頁141	〈壬子春日過霞陽訪馬君亦錢，得觀所藏圖書，復賞所植花木。信宿三日，踚蘇嶺，歸海滄〉頁103	〈將之嶺東勸學，沈濤園廉訪以長句見送，次韻奉答，兼柬雲階、張堅白〉頁205
23	〈米溪臨別觴予於浪嶼公廨，出示所藏古硯數十，詩以紀之；因次其韻〉頁145	〈壬子午節前一日，與蓮塘學校陳畹蘭教員並陳其純昆季放舟滄江〉頁105	〈題易實甫所藏張夢晉歲寒三友圖，實甫自言張後身〉頁210
24	〈五月二十日同人餞別米溪於鷺江市樓，即席次米溪韻〉頁148	〈與謝石秋、星樓、林湘畹、黃茂笙遊岡山超峯寺中途遇雨〉頁109	〈題實甫所藏廬山開先寺宋牧仲施唐人地獄變相圖並寫經殘卷〉頁210
25	〈景商以安溪「騎虎巖」茶相餉，俗稱「茶王」，並索償詩，口占塞責〉頁161	〈窺園梅花二株被日人移植四春園，問亦枯悴而死；以詩弔之〉頁110	〈是日之客王方伯外，有蔣亦璞廉訪、潘左階觀察、夏用卿殿撰，而主人則丁伯厚侍講，吳玉臣編修、汪莘伯廣文及予也，十疊前韻〉頁218
26	〈景商和韻，復引鄭板橋鑴印語自署款曰「門下走狗某」。疊韻答之，時除夕前一日也〉頁162	〈敝廬因日人築路取用，子弟輩別謀住所〉頁110	〈歸粵十四年矣，愛其風土人物，將長爲鄉人，詩以志之；十五、十六、十七疊韻〉頁220
27	〈景商復和韻，有「詩恥」、「國恥」之語，三疊前韻答之〉頁162	〈舊友陳基六相遇於新竹吟壇，口占絕句見贈。即用原韻，口占兩絕以報〉頁129	〈二十三疊韻，學使所居爲南園，豹君方伯與新學使沈君子封皆能詩〉頁221
28	〈前詩意有未盡，於古人贈言之旨殊仄仄也。臨別復書此，以進旭園〉頁163	〈壬子冬日吳園小集，以「鴛鴦」命題，林湘畹得雙元，謝籟軒、趙雲石俱得眼。餘興未已，往寶美樓開宴〉頁131	〈湘文叟五月邀往上涌啖黑葉荔枝，約六月桂味熟再來，叟病不果，承畫扇見予，如次扇中詩韻〉頁228
29	〈林菽莊京卿招同陳威季太守、汪艾民司馬、龔叔翊主政、鄧舜農少尉游南普陀寺攝影〉頁165	〈甲寅閏五月七日偕沈琛笙、徐蘊山赴菽莊詩社；夜發薌江，曉至江東橋，趨謁黃石齋先生講堂〉頁149	〈題劉伯端德配范菱碧所畫帳額二十四番花信圖〉頁229

30	〈家又六明經、絹庭上舍、玉章太學約友同游鼓山，小憩水鏡亭撮影〉頁166	〈健人公子正月二日壽辰，適余回家度歲歸來；讀陳迁叟、施耐公壽詩，望塵弗及，強作此篇〉頁164	〈晴皋以平蠻三將題名及元祐黨籍碑搨見贈並先以詩賦此答謝〉頁233
31	〈和蝯叟「鴻雪堂詩」韻，時將有遼東之行，酒綠燈紅，感懷贈別〉頁169	〈十六日晚遊公園，與茂笙、石秋、景山各口占數詩〉頁169	〈以攝影法成澹定邨心太平草廬圖，張六士為題長句，次其韻〉頁242
32	〈和月華具勒毓朗「奉使鷺門宴犒美國軍艦即事口占」韻〉頁171	〈二十五日為五妃殉節日，同雲石祭奠，成詩二首〉頁170	〈嘯桐北上歸，臥病滬瀆，屢書來索詩，以紀當時之事，今春復申前約，距亡日僅浹旬耳〉頁247
33	〈怡園弟二□□燹餘檢得唐中丞「詩畸」一部，感懷索□〉頁176	〈成德橋成，公善領事擬於日涓潔落之，感而成詩見示；敬和原韻〉頁178	〈實父以木棉雙鶴歌見寄，時約游端未果行，次韻寄答〉頁256
	〈韻香攝影相貽並索題句，予報以最近攝影一幀，書此綴之〉頁181		〈新寧劉小芸將為大江南北之游，介孝方索詩壯行，為賦四絕句〉頁277
34	〈陳威季、龔樵生招同許魯山度支、張履謙司馬游日光巖寺，即鼓浪嶼洞天處也〉頁185		〈予題楊子仙宮詩，讚仙也，吾宗之彥，與邑人士和章稠疊，不仙之讚而讚讚仙者，戲為玄語，以答雅貺〉頁290
35	〈盧用川鱁尹以墨拓魏碑、壽山石印相貽，作此謝之，兼柬其尊甫坦公〉頁190		〈鎮平城北山曰蕉嶺，又曰桂嶺，書院所由名也，蕉桂故粵產，今此山乃無萌蘗之存，濯濯者虛有其名矣，若於書院補植以存名實，亦山城一故事也，因賦二詩，寄衡南大令〉頁296
36	〈庚戌除夕，鷺門提帥公署梅花盛開。坦公時在幕中，折贈數枝，以為寒齋清供，並索償詩〉頁192		〈張琴柯以所摹其先德萬里歸舟圖索題，為賦四絕句〉頁297
37	〈鸚塵新悼僕姬，用馮□山哭月容韻，□□□□即和其韻〉頁195		〈聞言者屢有改科舉之議，疊頤山見贈韻，簡溫慕柳同年金山書院〉頁301
38	〈受篆舫山，感時十二絕句，錄寄廈門菊池領事、臺南鈴村宮司〉頁202		〈烈婦篇為廣東候補從九品馮景鰲繼室方孺人作〉頁304
39	〈歲壬子重九日，菽莊林先生浪嶼別墅宴集同里諸詩人。時，菽將有海外之行，挈其長君小眉就姻於日里；不佞躬茲勝會，烏得無言？倡為近體二章，權當喤引；餞菽莊，兼以賀文郎也〉頁208		〈伯惠以其先人禹勤刺史柳陰洗馬圖索題，為賦四絕〉頁305

40	〈今年冬至，寒瘦全慳，擬有所作；夜以尊酒自犒，輒復閣筆。東海棄民忽擲新詩示我，心頭鹿鹿，率爾操觚，如韻和之。棄民殆亦如周之與施，相視而笑，莫逆於心歟〉頁211		〈長至日張景唐少尉以所著地理辨正再疏見示，為題冊首〉頁307
41	〈世宙陵夷，子衿佻達，抱道之士，怒然憂之。王子少濤秉姿獨粹，績學彌劭，庸中佼佼，百不一遇。與予同里，夙不謀面。頃游鷺門，恨相知晚。是固恂恂儒者，而又有志於為詩者也。鷺門旭瀛書院，學子薈焉，少濤實司訓導。暇輒文酒過從，出示「賞青廬」、「泊寄樓」諸吟草，勾予釐定。邇復自署「曾經滄海」一圖，廣徵海內外名流鉅子題詠，兼及書畫，仿為百衲之製。予維少濤年少美才，應求之雅，環球咫尺；斯圖特嚆矢耳。爰志四絕，為異日券〉頁214		〈送何孝廉北上，何故門下士，且嘗佐予軍，今亦回籍于潮，感昔勖今，輒有斯作〉頁311
42	〈邇來蛛隱，不出戶庭；雖抱葉雌蟬，而絕塵離俗，無悲憫怨尤之致，斯足怡矣。吾友景商代議士，今之健者，亦古之狂。其於吾也，迹判雲泥，情同印鉅。歲月電邁，昀將北行，攜手河梁，則又不能不慷慨歔欷作荊卿變徵調也。王子少濤與吾同志，共就敝廬，拂榻聊餞一杯。爰命侍兒洗手調羹，以侑薄酌。客中鴻雪，爪迹堪珍，書此為他日券〉頁221		〈曉滄不工畫而為謝疊峰少尉作小幅山水，自題詩其上，戲為書此〉頁319
43	〈許允白、汪杏泉兩君，勞燕分飛，倏逾十稔。今日藕江萍水，天假之緣。讀允白『壽杏泉詩』，感憾係之；走筆次韻，用質吟壇〉頁223		〈滋膺同年以吟草偶存及四樓吟集見示，題此歸之〉頁321
44	〈藝農、幼青強欲觴予初度，自維屈正則庚寅謫降，不禁感懷身世，無限蒼涼，伏枕口占，沈沈睡去；醒後錄塵允白、杏泉，並謝諸君子〉頁226		〈李伯質太守屢牘乞退，歸志決矣，相處四稔，不能無言〉頁323

45	〈允白和「心」字韻七律三首，自薌江郵寄鷺門；觸我吟懷，感書時事，疊韻答之〉頁229		〈揭陽林虞笙孝廉得硯十二方于京口，背縮鐫周石鼓文者四、漢碑者八，蓋百硯齋故物也，拓本見示，爲題冊端〉頁328
46	〈乙卯十二月十有二日，林季繩公子二十有一初度，健人其猶子也，以詩爲壽，如韻和之〉頁251		〈男兒富貴總由我圖，畫折枝牡丹萱草花，而總束以我草，萱花紅而牡丹乃白者，謂素富貴則無憂也，眉仙爲瓊珊作此，而乞予題之〉頁330
47	〈去年六十初度，與東海棄民約爲生祭之詩而未果，今又一年矣。棄民詩來，如韻和之〉頁252		〈扶風君有私印曰「黛玉性情、香菱遭際」，鈴之牘尾，意有所感，書此爲寄〉頁333
48	〈臺中詩友陳槐庭同寓荔園，用竺初韻見投，疊此酬之〉頁267		〈風雨中與季平游東山，謁雙忠、大忠祠，兼尋水簾亭、紫雲巖諸勝，疊與伯瑤夜話韻〉頁334
49	〈同學謝石秋茂才小聚荔園，時將由閩之滬，以詩錄別，次韻送之〉頁268		〈王紱溪山漁隱圖長卷，高宗南巡時，賜惠山竹鑪山房僧者也，亂後圖失，展轉爲裴伯謙明府所得，時方重築山房，將以歸之，因出相示，謹次卷中諸臣恭和韻〉頁340
50	〈寄祝王君孝緝母林太夫人七十壽，先友可莊殿撰之室也〉頁270		〈絜齋世丈以西園述懷集蘇六十韻詩見示，爲賦五古四章〉頁347
51	〈陳遂園茂才患瘻十年，一割而愈，因仿袁隨園『告存七絕句』，徧索同人和詩〉頁272		〈立冬後連日得雨，十九疊韻柬伯瑤，兼寄蘭史、曉滄、菽園〉頁351
52	〈歲暮旋岑，族人涂生、伯箴喬梓以詩相質，書此勖之〉頁274		〈桃源女史朱伯姬，九江先生女公子也，能詩畫，爲蘭史作小幅而自題絕句其上，蘭史出觀，因爲書此〉頁356
53	〈蘇菱槎孝廉出示其先曾王父鼇石制府「公車得意圖」索題，蓋制府未第時同安鄭泳所繪也〉頁282		〈唐韡之觀察以淨翠園詩見示，有懷舊園主人維卿方伯師〉《柏莊詩草》頁87
54	〈漳州貞節劉氏，幼與同里吳生光珪爲婚，未嫁而吳死。氏年十八，自矢歸吳，奉舅姑以終。先後立孤二人，皆死；抱孫亦死。嫂有老婢重其節，憐其老而病也		〈重過臺南道署，憶自丁亥入署讀書，文酒之會極盛，至園亭新築，唱和之作裒然成冊。覓舊夢而難忘，思墜歡之莫續；用前淨翠園即事詩韻，賦寄維卿師。時師方

	，躬侍惟謹。光緒甲辰九月，漳有洪水之厄，氏年八十三矣，與婢相持而死。己未正月，延陸士族爲葬於北山而徵詠焉〉頁 289		入覲，將南還也。《柏莊詩草》〉頁 91
55	〈讀吳且園殿撰「正氣研齋遺稿」，即題白華庵主僧裝小影，應頑陀公子之屬也〉頁 293		
56	〈立夏日，錢生文顯招飲海天吟社，坐有張堯咨、沈少彭箏瓠交奏。酒後，同黃雁汀、余雨農作。是夕，遲周墨史不至〉頁 294		
57	〈金華檢察廳長陳君邦屏自號「嚼梅軒主人」，官廨中藝菊甚盛，其夫人楊氏亦能詩，郵寄四絕句索和，即次其韻〉頁 305		
58	〈菽莊吟社自癸丑至庚申八年矣，花事惟菊特盛，主人屬同社十八子各以八律詠之〉頁 312		
59	〈庚申除夕，菽莊主人爲饋歲會，同吟社諸子作〉頁 315		
60	〈朱樹吾明府別三年矣，至是始復來臺。大府檄辦彰邑某巨戶積案，招余同往，於烏日莊，極承款洽，感而有作〉頁 317		
61	〈朱樹吾明府重至臺郡，旋奉檄赴彰邑會辦一巨戶歷年京控積案。適余客鹿浦，明府館於烏日莊，時復往還，出示近作，因和原韻〉頁 318		
62	〈聞劉省三爵帥到臺，張幼樵星使到省有感，仍用前韻〉頁 321		
63	〈與江子儀孝廉、李洪九廣文同集星垛明府旅館小飲聯句〉頁 322		
64	〈（甲申）閏重五日，同星垛、子儀飲於胡耀庭城守協署，夜集星垛旗館，子儀託倦先歸，遂與星垛口占聯句〉頁 324		

65	〈莘垞明府、敍卿廣文、子彝孝廉與侯漢卿上舍同過敝齋，晚飯後乘興聯句〉頁325		
66	〈甲申閏夏和同年祁莘垞大令（徵祥）「月夜有懷」原韻〉頁329		
67	〈春日同朱樹吾、楊西庚兩明府、梁定甫拔萃集飲吳家園聯句〉頁330		
68	〈次韻（甲辰五月二十夕，與黃采候、幼垣昆季王蒜園、許子山、鄭鵬雲、養齋諸同人公餞米溪詞兄於禾江市樓，酒酣，米溪爲布袋和尙之歌戲贈阿毓，一坐拊掌，復唱三絕，以紀斯會。行將別矣，不佞根觸疇曩，烏得無言？用次元韻，錄請印正——施士洁〉〉《詩友風義錄》